Knaur.

Knaur.

Über die Autorin:

Kuki Gallmann lebt seit 1972 in Kenia. Ihre Bücher *Ich träumte von Afrika* (verfilmt 2000 mit Kim Basinger) und *Afrikanische Nächte* waren Weltbestseller. Zuletzt erschien *Die Nacht der Löwen.* Nach dem tragischen Tod ihres Mannes und dem ihres Sohnes wandelte sie die Familienfarm in die *Gallmann Memorial Foundation* um.

Kuki Gallmann
Elefanten in meinem Garten

Erzählungen

Aus dem Italienischen von
Gabriela Schönberger

Knaur Taschenbuch Verlag

Die italienische Originalausgabe erschien unter dem Titel
Elefanti in giardino
bei Mondadori, Mailand.

Bitte besuchen Sie uns im Internet:
www.droemer-knaur.de

Vollständige Taschenbuchausgabe 2004
Knaur Taschenbuch
Ein Unternehmen der Droemerschen Verlagsanstalt
Th. Knaur Nachf. GmbH & Co. KG, München
Copyright © 2001 by Kuki Gallmann
Copyright © 2002 der deutschsprachigen Ausgabe bei
Droemersche Verlagsanstalt
Th. Knaur Nachf. GmbH & Co. KG, München
Alle Rechte vorbehalten. Das Werk darf – auch teilweise – nur mit
Genehmigung des Verlages wiedergegeben werden.
Umschlaggestaltung: ZERO Werbeagentur, München
Umschlagabbildung: Picture Press
Satz: Ventura Publisher im Verlag
Druck und Bindung: Clausen & Bosse, Leck
Printed in Germany
ISBN 3-426-62536-9

*Für meine Großmutter, für meine Mutter, für Sveva
und alle Frauen meiner Familie:*

Bleib ruhig, mein Herz, es sind Gebete,
diese großen Bäume.

Rabindranath Tagore,
bengalischer Dichter

Inhalt

Einleitung 9
Elefanten in meinem Garten 11

Erster Teil

Eine andere Welt 15
Wie wir lebten 22
Für meine Großmutter,
die Wunder vollbringen konnte 31
Eine Familie aus Frauen 48
Die unsichtbare Freundin 60
Der Schnee vergangener Zeiten 70
Ein sanfter Jäger 82
Kindheit – Erinnerung an Emanuele 87
Der Weg nach Afrika 97

Zweiter Teil

Der Ort der dunklen Wasser 107
Schneller als die Pelikane 122
Sie kamen in Schwärmen 142
Die Frauen der Pokot 151
Eine Dynastie von Hunden 169

Ehret die Pflanzen 184
Straußeneier 195
Elefanten in meinem Garten 206
Michael 224
Der Hügel der verlorenen Ziege 241
Für immer Afrika 253

Anhang

Früchte der Erde 271
Glossar 327
Danksagung 329

Einleitung

Dieses Buch handelt von einem Leben in Afrika und seinen fernen italienischen Wurzeln. Aber es ist das Essen, das sich wie ein roter Faden durch alle Geschichten zieht, oder besser gesagt, die fremden Nahrungsmittel, wie ich sie in der Wildnis vorgefunden habe, oder auch die vertrauten, die in der Erinnerung das Gefühl des erwachenden Geschmackssinns auslösen.
Die Erinnerungen an den Krieg, die Wärme meiner Familie, der Verlust geliebter Menschen, die Gesellschaft von Tieren, der Gesang der Vögel, die Generationen meiner Hunde – geschätzte und treue Gefährten meiner Tage –, sind Thema dieses Buches. Und natürlich die Elefanten, die nachts in meinen Garten kommen, die Zebraherden, das Gebrüll der Löwen im Busch, nur wenige Meter von mir entfernt, während ich das hier schreibe. All das ist unsichtbar, aber um vieles realer, als sähe ich es tatsächlich mit eigenen Augen.

Es ist die wahre Geschichte der Orte, der Menschen und der lebendigen Natur, die mich umgibt und die ich Tag um Tag aufs Neue sehe, rieche, höre und schmecke.
Und nicht zuletzt ist es auch die Geschichte unserer Nahrung, ihres Erwerbs, ihrer Zubereitung und ihres Genus-

ses. Der Poesie wilder, unberührter Landschaften und der Menschen, mit denen ich viele Stunden meines Lebens verbringe: Simon Itot und Muniete, Patrick und der alte Lauren, der mir die Pilze bringt, die auf den Termitenhügeln wachsen. Es ist die Geschichte derjenigen, die nicht mehr sind, aber einmal von größter Bedeutung für mich waren, es ist die Geschichte meiner Freunde von den Pokot, meiner vergangenen und meiner gegenwärtigen Familie – Sveva und Aidan.

Die Aufgabe, die großartige Natur Afrikas zu schützen, der Respekt vor den Früchten der Erde und der Geschmack der Träume auf meinen Lippen, sie sind meine Motivation.

Kuki Gallmann
Laikipia, Kenia, im Mai 2001

Iko ndofu kwa shamba
Elefanten in meinem Garten

Über die Schreie der Nachtvögel, den Chor der Baumfrösche und das Konzert der in der Vollmondnacht völlig außer Rand und Band geratenen Stare hinweg ist ein dumpfes Grollen zu vernehmen, wie ein Donner, aber viel mächtiger als der ferne Ruf einer Hyäne oder das Poltern der Steine, die unter den Hufen der galoppierenden Büffel hochspritzen, wenn sie zur *menanda** von Kuti fliehen, um dort zu trinken.
Ich lege meinen Füller beiseite und lausche. Ich weiß, was das Geräusch zu bedeuten hat.
Plötzlich dringt ein grelles Trompeten durch die Nacht, die Frösche verstummen, und ich spüre das Dröhnen der schweren Stiefel des alten Lauren, der sich im Laufschritt nähert. Ich bin bereits aufgesprungen und greife nach meiner Fackel und dem Gewehr.
»*Mama.*« Lauren klopft an mein Fenster. »*Mama, iko ndofu kwa shamba.* Da sind sie wieder, die Elefanten im Garten.«
Wie ich vor langer Zeit gelernt habe, ist ein Gewehrschuss

---

* Desinfektion des Viehs und Ort, an dem dies stattfindet

in die Luft die schnellste Methode, sie in die Flucht zu jagen.
Ich folge dem Alten hinaus in die Nacht und muss dabei wieder einmal denken, wie weit entfernt ich doch von Italien bin.

Erster Teil

I
Eine andere Welt

Es gibt keine ehrlichere Liebe
als die Liebe zum Essen.

George Bernard Shaw,
Mensch und Übermensch

Ich bin im Juni 1943 während des Zweiten Weltkriegs in Italien zur Welt gekommen. Zu einer Zeit, als es noch kein Fernsehen gab, als die Konversation noch eine Kunst war, auf die man großen Wert legte, als es noch normal war, Gedichte und Klassiker zu lesen, und unsere Familie sich zweimal am Tag um den großen Esstisch meines patriarchalischen Großvaters mütterlicherseits versammelte, um in quasi religiöser Andacht üppige und köstliche Mahlzeiten zu verspeisen, die frisch im Haus zubereitet worden waren und deren Bestandteile aus unserem Garten kamen.

Ich bin in einer Welt aus alten Männern und Frauen aufgewachsen. Die Jungen, unter ihnen auch mein Vater, waren alle im Krieg. Wir lebten in einem großen, chaotischen Haus auf dem Land, samt Großtanten, Großonkeln, meiner jungen Mutter und deren Schwestern, und die Stunden des Tages schleppten sich im wohlig matten Rhythmus vergangener Zeiten dahin.

Das Frühstück wurde auf großen Tabletts serviert, auf mit Häkelspitze gesäumte Deckchen, die uns ein Dienstmädchen aufs Zimmer brachte. Wir lagen faul im Bett, während die Fensterläden geöffnet wurden, um die grelle Sonne – worauf wir erschrocken die Augen zusammenkniffen – oder einen Schwall frostiger Nebelschwaden hereinzulassen.

Normalerweise gab es heißen Milchkaffee, manchmal auch einen Ersatz aus gerösteter Zichorie, was wahrscheinlich viel gesünder war. Der *caffè latte* wurde in großen Tassen mit viel Milch serviert, dazu gab es verschiedene Marmeladen aus Aprikosen, Zwetschgen oder Kirschen, frische Bauernbutter, Brot, das die Wärme des Ofens noch in sich trug, und Anisplätzchen.

Das Mittagessen kam pünktlich um halb eins auf den Tisch. Bereits einige Zeit zuvor zogen die köstlichsten Duftschwaden durch alle Winkel des Hauses und erfüllten die Zimmer mit einer unsichtbaren, aber dennoch äußerst realen Präsenz. Nach dem Essen – und bis zum späten Nachmittag, wenn die Freundinnen der Großmutter zu Besuch kommen sollten – zog ich mich widerstrebend zum Mittagsschlaf in mein Zimmer zurück, das im dämmrigen Zwielicht lag.

Dort legte ich meinen Kopf auf das Kissen aus weißem Leinen, das von vor langer Zeit verstorbenen Urgroßmüttern bestickt worden war, und sah zu, wie die Schatten an der Zimmerdecke wie eine Fata Morgana tanzten, ein in Schwarzweiß gedrehtes, filmisches Abbild des Lebens, das sich auf der Landstraße unter den Fenstern meines Zimmers abspielte.
Zweige bewegten sich in Zeitlupentempo, Umrisse von Menschen tauchten auf, verschmolzen miteinander und verschwanden wieder, ein einsames Fahrrad fuhr über mir zwischen den verschlungenen Stuckarbeiten und dem starren Leuchter hindurch. Fasziniert beobachtete ich dieses Schauspiel an jenen schwülen Nachmittagen; eine ganze Welt entfaltete sich vor meinen Augen, der erste Spielfilm meines Lebens.

Nach der Mittagsruhe zog sich die Großmutter um und tauschte das Kostüm vom Vormittag gegen ein Nachmittagskleid aus fliederfarbener oder taubenblauer Seide ein, ihre beiden Lieblingsfarben. Ein Hauch rosa Puder auf der Nase und ein Anflug von Rouge auf den Wangen unterstrichen ihren hellen Teint, ein wenig Lippenstift zeichnete die Konturen ihres Mundes nach. Ihre Haare waren im Nacken zu einem weichen Knoten geschlungen, der von einem durchsichtigen Netz zusammengehalten wurde und so ihren Schwanenhals noch besser zur Geltung brachte.
Die Freundinnen nahmen meist im Salon mit den Spitzenvorhängen vor den Fenstern Platz. In der schönen Jahreszeit setzten sie sich auch hinaus ins Freie, in den Garten,

unter eine Gruppe hoher und majestätischer Libanonzedern. Ich hatte schon früh gelernt, auf diese imposanten Bäume zu klettern, sodass ich, versteckt hinter den silbrigen Nadeln und wie ein Vogel auf einem Ast kauernd, ungesehen ihren Gesprächen lauschen konnte.
Die Damen plauderten über Gott und die Welt, wobei sie einander förmlich mit »Sie« anredeten – Signora Maria, Signora Elena. Hin und wieder wurde der Spitzenschleier gelüftet, der die Haare bedeckte und bis über die Augen reichte, und die Damen schlürften blassen Tee mit Zitrone und knabberten Mandelplätzchen, die sie mit anmutig gespreizten, von blauen Adern durchzogenen und mit antiken Ringen geschmückten Fingern hielten.
Wenn sie sich dann verabschiedeten, wurde der Salon vom Großvater, den Großonkeln und deren Freunden mit Beschlag belegt. Zartes Veilchenaroma aus Parma, der Duft nach Vanille und nach Fracas, dem Parfüm meiner Großmutter, wurden von dem strengeren Geruch nach Pfeifentabak und dem bitteren Aroma des Vorkriegs-Punt&Mes* verdrängt. Darunter mischte sich noch der diskrete Lavendelduft von Jean Marie Farina, dem Eau de Cologne des Großvaters.
Das Gespräch verlagerte sich nun auf den Krieg, auf die Politik, die Bombardierungen, auf die Menschen, die in die Konzentrationslager nach Deutschland geschickt wurden und nie mehr zurückkommen würden, auf zerrissene Familien und verlorene Freunde.
Nur im Flüsterton wurde über meinen Vater gesprochen,

---

* bitterer Kräuterschnaps der Firma Carpano (A. d. Ü.)

der sich den Partisanen angeschlossen hatte, um an Boykottaktionen gegen die Deutschen teilzunehmen, und in einer nebligen Nacht hinter den feindlichen Linien mit einem Fallschirm abgesprungen war.

Die Nachricht hatte sich bald im Ort herumgesprochen, und die Angst machte sich breit in unserem Leben wie ein unsichtbarer, tödlicher Rauch. Denunziationen, Anspielungen und Drohungen durchbrachen immer wieder die augenscheinlich so ruhige Oberfläche unseres Lebens.
Die schmachvolle und grausame Verfolgung der Juden hatte allerorten zu Loyalitätskonflikten geführt. Unterschiedliche Standpunkte und die moralischen Entscheidungen, die ein jeder zu treffen hatte, hatten tiefe und unüberwindliche Gräben zwischen den Italienern aufgerissen und unausweichlich in den Bürgerkrieg geführt.
Brüder ermordeten ihre Brüder, Verbrecher jeglicher Couleur waren an der Regierung, im Namen des Patriotismus wurden Grausamkeiten und Gewalttaten verübt. Ein dunkles Kapitel in der Geschichte Italiens.
Mein Vater hatte seine Wahl getroffen.
Kuriere, die in jenen Tagen Tausende von Leben retteten und oft ihr eigenes dabei verloren, warnten meine Mutter. Denn sie und ich schwebten in höchster Gefahr, als Geiseln genommen zu werden. So hatte meine Mutter bereits Fluchtpläne geschmiedet, um sich mit mir zusammen an einem sicheren Ort zu verstecken, sobald man ihr das Zeichen dazu gegeben hätte.
Ich kann mich vage und verschwommen wie in einem Traum an einen Nachmittag erinnern, an dem ich viel-

leicht zwei Jahre alt war. Das Ende des Krieges mit all seinen Schrecken und Repressalien der letzten Stunde war nahe.
Die Erwachsenen hatten sich schweigend in der dämmrigen Bibliothek versammelt.
Ich saß auf dem Schoß meiner Mutter. Aus der Art, wie sie mich beschützend festhielt und fest an sich drückte, aus dem Ernst, der aus den Gesichtern aller Erwachsenen sprach, schloss ich, dass etwas Ungewöhnliches vor sich ging.
Die Fensterläden aus Holz waren geschlossen, und durch die Ritzen drangen, zusammen mit den dünnen Sonnenstrahlen, zornige Stimmen in den Raum, in dem man eine Stecknadel hätte fallen hören.
Alle hielten den Atem an.
Neugierig und völlig die im Zimmer herrschende Spannung vergessend, kramte ich mit meinen dicken Fingern in einer Schachtel auf dem Schreibtisch und verletzte mich dabei an einem Bleistiftspitzer. Ein winziger Tropfen Blut quoll rot aus meiner Fingerkuppe. So etwas hatte ich noch nie zuvor gesehen. Ich fing zu schreien an, mehr aus Überraschung als aus Angst. Sofort streckten sich mir ein Dutzend erwachsene Hände entgegen, um den Schrei aus meinem aufgerissenen Mund zu ersticken. Die Dringlichkeit und der Ernst ihrer Gesten ließen mich schlagartig verstummen und brannten gleichzeitig die Erinnerung an diesen Augenblick für immer in mein Gedächtnis.
Lange Zeit später erfuhr ich, dass damals eine Gruppe des als äußerst grausam verschrienen faschistischen Kampfverbandes *Decima Mas* einen jungen Partisanen mit einem

Fleischerhaken an unserem schmiedeeisernen Gittertor aufgehängt hatte, als Warnung, was mit Verrätern geschehen würde.

Sie verweigerten der Mutter die Erlaubnis, sich ihrem Sohn zu nähern. Erst im Morgengrauen des übernächsten Tages, als er endlich gestorben war, durften sie und ihre Schwestern seinen Körper in eine Decke hüllen und fortbringen, um ihn irgendwo heimlich auf dem Feld zu verscharren.

II
Wie wir lebten

… ich hörte das Zirpen der Grillen / aus dem frisch
gemähten Heu, ihren immerwährenden Gesang /
ich hörte von den Fröschen im Graben /
ein langes, nie endendes Gedicht …

Giovanni Pascoli, *Romagna*

Mein Vater war in Gefangenschaft der Faschisten von Salò geraten, und erst viele Monate später sollte ihm die Flucht gelingen. Kuriere hatten mit dem Fahrrad über hundert Kilometer zurückgelegt, um meine Mutter zu informieren, und der seit langem vorbereitete Plan wurde nun in die Tat umgesetzt.

In meiner Erinnerung sehe ich die Umrisse Erwachsener vor mir, die in einer mondlosen Nacht dahineilen. Ein Dienstmädchen, das mich und ein Bündel Kleider auf dem Arm trägt, hilft meiner Mutter. Unsere Körper ducken sich gegen eine Hecke, wir spüren feuchte Blätter auf unserem Gesicht, dann geht es im Laufschritt durch einen

Wald, wo es nach Piniennadeln riecht, bis wir endlich durch einen Hintereingang die Sicherheit eines Klosters erreichen, dessen Schwestern uns großzügig Asyl gewährten.

Es könnte um die Karnevalszeit gewesen sein. Eine vage Erinnerung an Masken, Kostüme, Schulaufführungen, Hymnen, Chöre, Fettgebackenes mit Vanillecreme und den für mich neuen Geschmack nach köstlichen klaren Suppen mit kleinen Teigringen steigt in mir hoch. Wir verbrachten einige Tage in diesem Kloster, in einer anderen Welt. Wir waren in Sicherheit und beschützt, und ich kann mir die Unsicherheit meiner Mutter, ihre Ängste und Sorgen um meinen Vater, von dem wir nichts wussten, nur ausmalen.
Am Tag darauf kamen sie zu uns nach Hause, um uns zu verhaften, trafen uns aber nicht mehr an. Stattdessen nahmen sie meinen Großvater zum Verhör mit. Aber er wusste nicht viel, das Kriegsende stand bevor, und man wollte kein weiteres Verbrechen riskieren. So ließen sie ihn wieder laufen, und nach einiger Zeit kehrten auch wir zurück.

Das Abendessen in Crespano del Grappa – pünktlich um acht Uhr – stellte immer ein besonderes Ereignis dar. Selbst in jenen traurigen und mageren Tagen hatten wir immer Gäste, da meine Großeltern für ihre Gastfreundschaft bekannt waren und unseren hausgemachten Spezialitäten ein unwiderstehlicher Ruf vorauseilte.
In diesem Haus war ich das einzige Kind: Kinder waren in jenen unsicheren Zeiten ein Segen und eine willkommene

Ablenkung, sodass ich seit meiner frühesten Kindheit immer an allen Mahlzeiten der Familie teilnahm. Ich saß zur Rechten meiner Großmutter, die mir höchstpersönlich das Fleisch in kleine Happen schnitt und dabei stets die besten Teile für mich auswählte. Dann sah sie mir mit gütigen, vor Zuneigung strahlenden Augen beim Essen zu.
Ich kann mich an einen Abend gleich nach der Flucht meines Vaters erinnern. Es war ihm gelungen, sich gesund und unbehelligt nach Rom durchzuschlagen. Die ganze Familie hatte sich um ein antiquiertes, dunkelrotes Radiogerät versammelt; es war kurz vor dem Essen. Im Radio waren Interviews mit Kämpfern und Helden der *resistenza*, des italienischen Widerstands, nach der Befreiung zu hören.
Die männliche Stimme klang jung und eloquent, aber müde.
»Pass auf, das ist dein Papa!«, sagten die anderen stolz und lachten.
Ich schlief über meinem weichen Ei ein, ohne ein Wort verstanden zu haben.

Zu meinem fünften Geburtstag bekam ich ein kleines Haus geschenkt, in dem ich mit meinen Puppen hätte spielen sollen. Es stand draußen im Garten, unter einer Gruppe von Pinien, und die Wände waren weiß, das Dach rot gestrichen. Der Tischler meines Großvaters hatte es gebaut. Er hieß Sisto und war das sechste Kind einer im Ort ansässigen Bauernfamilie. Wie Alexander der Große hatte er ein braunes und ein blaues Auge.
In meinem kleinen Haus gab es nur ein winziges Regal an

der Rückwand und einen quadratischen Tisch mit einem einzigen Stuhl, da ich keine Spielkameraden in meinem Alter hatte.

Puppen interessierten mich jedoch nicht besonders, und bald schon verwandelte ich mein Häuschen zum großen Vergnügen der Erwachsenen in eine Bar.

Alle halfen mir, ein Dutzend leere Orangeadeflaschen der Marke Recoaro auszuspülen und neue Etiketten mit blauem Rand darauf zu kleben, die Tante Vittoria für mich in schwarzer Tinte mit den Namen der Liköre und Herzmittel beschriftete, die aus unserer Hausbar umzufüllen sie mir zuvor bereits geholfen hatte.

Ein paar Gläser, ein alter, mit Eis gefüllter russischer Samowar und eine Karaffe mit Limonade vervollständigten meine Ausrüstung. Voller Stolz servierte ich den Erwachsenen meine Kreationen und reichte dazu die Haselnüsse, die ich zuvor an den Hecken gesammelt und in dem rußgeschwärzten Holzofen in der Küche geröstet hatte.

Es war eine faszinierende Welt und ganz nach meinem Geschmack.

Obwohl es damals praktisch unmöglich war, sich Vorräte der rationierten Lebensmittel anzulegen, mangelte es uns im Unterschied zu den Unglücklichen, die in der Stadt zurückgeblieben waren, fast nie an Abwechslung auf unserem Speiseplan.

In unserem großen Garten gab es nämlich eine Obstplantage mit Johannisbeersträuchern und Himbeeren, zwei Reihen Apfelbäume und eine Reihe mit Winterbirnen, Kirschen, Pfirsichen, Aprikosen, Feigen und Pflaumen.

Außerdem hatten wir eine fruchtbare Laube, in der eine seltene Traubenart wuchs, ohne Kerne, dafür aber mit einem so exquisiten Aroma, wie ich es danach nie mehr gekostet habe. Im venezianischen Dialekt nannten wir sie »*uva zebiba*«, was aus dem Arabischen kommt und nichts anderes als Sultaninen bedeutet. Die venezianischen Kaufleute, die sich auf die Meere des Mittleren Orients gewagt hatten, hatten sie von dort mitgebracht.
Unser Garten versorgte uns also mit allem, was wir brauchten, und noch mit vielem mehr.
Allein die köstlichen Erinnerungen an frisch geerntete Karotten. Süß und saftig schmeckten sie noch nach der Erde, die wir gleich draußen, unter dem Wasserhahn, abgewaschen hatten. Und dann die Tomaten, die noch die Wärme der Sonne in sich trugen und deren Saft wir uns samt der goldgelben Samen in den Mund spritzten!
Wir hielten auch ein paar schwarzweiß gesprenkelte Milchkühe. Sie bewohnten einen Stall, der sich etwas unterhalb eines Heuschobers befand. Dorthin zog ich mich mit Vorliebe zurück, um mich zu verstecken und meinen Tagträumen nachzuhängen. Ein Stall voller Hühner, weiß wie Schnee, lieferte uns Eier und gebratene Hähnchen, der Taubenschlag unter dem Dach, aus dem ständig das Gurren der Vögel drang, Pasteten und gebratene Täubchen. Da wir nur wenige Tiere hielten – wir brauchten ja nicht viele –, kannte ich sie alle, und mit den Schweinen, manchmal waren es vier, manchmal fünf, war ich sogar befreundet. Es waren die witzigsten und intelligentesten Tiere, die ich kannte. Kaum nahte der Herbst – und mit ihm der Metzger, um Würste, Salami und Presssack zu fabrizie-

ren –, wurde ich auf lange Spaziergänge fortgeschickt, die mich in Begleitung von Lidia und einem Imbiss aus Brot und Himbeermarmelade hinunter bis zum Bach Astego führten. So blieb es mir erspart, die grausigen Details der Hofschlachtung mitzuerleben.

Ich liebte diese Ausflüge, allein die Vorbereitungen bereiteten mir schon das größte Vergnügen. Wir füllten unseren Korb mit Panini und Himbeersaft, und dann konnte es losgehen. Fröhlich hüpfte ich über die staubige Straße, immer die Reihe Pyramidenpappeln entlang, bis wir zu dem schmalen Feldweg gelangten, der ganz versteckt hinter den dichten Blättern der Kornelkirsche und den Haselnuss- und Mäusedornsträuchern lag. Nichts entging dem prüfenden Blick meiner neugierigen Augen: Die Welt der wuchernden Pflanzen und des abwechslungsreichen Unterholzes – auf den Boden gefallene Walnüsse, glänzende Kastanien, die aus ihren grünen, aufgeplatzten stacheligen Schalen drängten, Büschel von Alpenveilchen und junge Pilze –, all das präsentierte sich mir direkt in Augenhöhe, während ich die Abkürzungen entlanglief, die zu dem schnell fließenden Astego führten.
Mittlerweile gehört diese Welt der Vergangenheit an. Sie ist auf einen Teil meines Gedächtnisses begrenzt, den ich für meine Träume, für weit zurückliegende Sinneseindrücke reserviert habe. Aber selbst heute sind sie noch so lebhaft wie damals und durchzucken wie Blitze die Oberfläche meiner Erinnerung. Gott weiß, welche Assoziationen manchmal dahinter stecken.
Auch jene langen, mittäglichen Mahlzeiten gehören dazu,

wenn das Licht warm auf uns und die stets blütenweißen Tischtücher fiel, auf das Silberbesteck von San Marco mit seinem Muschelmuster, das nach Lagune roch, auf die mundgeblasenen Gläser aus Murano, so durchsichtig, dass der bernstein- oder rubinfarbene Wein in seiner ganzen Pracht darin bewundert werden konnte.

Dem Essen wurde in unserer Familie aus Feinschmeckern größter Respekt entgegengebracht. Man aß stets voller Konzentration, der Geschmack und die Art der Zubereitung wurden mit größtem Vergnügen, aber auch mit großem Sachverstand kommentiert.

Aus diesem Grund war ich, so weit ich zurückdenken kann, immer an allem interessiert, was mit Essen zu tun hatte.

Ich verbrachte Stunden in der Küche meiner Großmutter. Ich saß auf einem geflochtenen Stuhl, beobachtete die Köchin und nahm, sozusagen aus erster Hand und wie nebenbei, die raffinierten Zubereitungstechniken in mir auf, die ich aus Büchern sonst nie gelernt hätte.

Wie man Geflügel ausnimmt und wie man geschickt eine Masse zerstampfter Kartoffeln in weiche Gnocchi mit zarten Mustern verwandelt; wie man frische Milch zu Ricotta, Zucker, Mandeln und Essig zu knusprigem Krokant verarbeitet; wie man Mehl und Eier zu feinen Streifen aus Tagliatelle formt in der Zeit, die das Wasser zum Kochen benötigt. Stunden um Stunden meiner Kindheit verstrichen mit der eifrigen Beobachtung dieser wunderbaren Verwandlungen, die aus simplen Zutaten kulinarische Hochgenüsse zauberten. Ich beobachtete unsere Köchin Elda und lernte fürs Leben.

Zur damaligen Zeit war es in Italien absolut unerlässlich, dass eine junge Frau – ob sie nun Hilfe im Haushalt hatte oder nicht – in der Lage war, die traditionellen Gerichte der Region perfekt zuzubereiten, aus der sie stammte. Dies war in meinem Fall das Veneto.

Als ich ein wenig älter war, schlug meine Mutter vor, dass meine jüngere Schwester und ich uns im Kochen üben sollten. Sie wählte den Donnerstagabend, an dem wir normalerweise Gäste hatten, und wir sollten ganz allein ein komplettes Menü ausrichten. Keiner durfte uns dabei helfen, aber da Barbara Süßspeisen liebte und ich nicht, beschlossen wir bald, unsere Aufgaben aufzuteilen: Ich bereitete den ersten und zweiten Gang zu und sie die köstlichen Desserts, die einem das Wasser im Mund zusammenlaufen ließen.
Damals war es nicht üblich, Möbel oder Kochbücher käuflich zu erwerben; Möbel erbte man von vorhergegangenen Generationen, und Kochrezepte wurden in mündlicher Überlieferung und durch das Beispiel in der Familie weitergegeben; es war also nicht nötig, irgendetwas nachzulesen.
Doch um unsere Fantasie als Köchinnen anzuregen, und auch aus Gründen der Abwechslung, griffen wir hin und wieder zu dem einzigen Rezeptbuch, das uns zur Verfügung stand: Eine alte, gebundene Ausgabe des *Talismano della Felicità* aus dem neunzehnten Jahrhundert, das unserer Urgroßmutter gehört hatte. Die mit Tusche gezeichneten Illustrationen stellten bis in kleinste Details alle erdenklichen Küchengeräte dar, raffinierte Formen,

Kochutensilien aller Arten, selbst enorme Rinderhälften samt der Anleitung zum Schlachten des lebenden Tiers waren abgebildet. Die Mengenangaben kamen uns selbst in der Nachkriegszeit unserer Kindheit absurd vor, in einer Epoche, in der die Frau im Haus regierte, die Familien groß waren, das Essen im Mittelpunkt stand und das Kochen selbst als Kunst erachtet und respektiert wurde – als *segreto della felicità*, als das Geheimnis des häuslichen Glücks.

»Man nehme ein Dutzend Eier, zwei Liter Sahne, ein Kilo geriebenen Parmesan und Fontinakäse aus dem Val d'Aosta, dazu ein Kilo weiße Trüffel ...«, hieß es in einem Rezept, und schon wurden wir fortgetragen in eine Welt aus glänzenden Kupfertöpfen und von der Decke baumelnden Schinkenhälften nebst Girlanden aus Knoblauch und Peperoni, wie sie in den verräucherten Küchen weitläufiger Villen hingen, die mittlerweile leider der Vergangenheit angehören.

Ich liebte das Magische und Kreative an der Kunst, köstliche Gerichte für die Menschen zu erschaffen, die mir nahe standen. Für mich ist Kochen auch heute noch eine edle Kunst, wie die Bildhauerei oder die Musik, und dient keinem anderen Zweck, als die Früchte der Erde zu loben und zu preisen.

III
Für meine Großmutter, die Wunder vollbringen konnte

> … wenn der Abend sich über den alten Garten
> deines Hauses senkt, senkt die Erinnerung sich
> über mein Herz, das dir so zugetan, und wieder
> sehe ich dich vor mir.
>
> Guido Gozzano, *Signorina Felicità*

Meine Großmutter war ein Medium.
Alle in unserer Familie wussten das, aber keiner machte deswegen ein besonderes Aufheben.
Bereits als Kind soll sie – so wurde mir erzählt – in jenen schläfrigen Nachmittagsstunden, wenn die Erwachsenen ihr tägliches Nickerchen genossen, mit ihrem Bruder und ihren Cousins in der dämmrigen Bibliothek spiritistische Sitzungen abgehalten haben. Oft, wenn der massive Tisch aus Walnussholz zu knarzen und zu zittern anfing und sich ein paar Zentimeter über den Boden erhob, kam es zu überraschenden Vorhersagen, die merkwürdigerweise auch noch eintraten. Wenn meine Großmutter dann auf-

stand, ernst und würdevoll in ihrem Kittel aus gestärktem Piquéstoff und den langen, grauen Strümpfen, schwebte er in der Luft hinter ihr her.

Im Lauf ihres Lebens war es ihr, wenn sie ein besonderes Anliegen hatte, zur Gewohnheit geworden, sich allein an einen Tisch zu setzen, sich auf ein kleines Stück weißes Papier oder Stoff zu konzentrieren und dabei langsam mit dem Daumennagel kleine Kreuze zu ritzen. »Kreuzchen machen«, nannte sie diese seltsame Praxis in ihrem venezianischen Dialekt.

Ihre spirituelle Macht soll, wie es heißt, so groß gewesen sein, dass sie sogar kleinere Gegenstände von einer Ecke des Zimmers in eine andere wandern lassen konnte. Aber viel mehr Eindruck machte es, als sie damals, frisch mit meinem Großvater verheiratet, sein Automobil zum Stehen brachte, wenn er sie ab und an allein zu Hause ließ, um mit seinen Freunden auszugehen – ein Umstand, der ihr gar nicht behagte.

So kam es vor, dass plötzlich, während er über eine Brücke fuhr oder in eine kleine Landstraße einbog, das Fahrzeug, wie von einer großen, unsichtbaren Hand gebremst, stehen blieb.

Wenn sie sicher sein konnte, dass der Abend des Großvaters nun bestimmt ruiniert war, ritzte sie von neuem ihre Kreuzchen, doch dieses Mal mit der Absicht, den Zauber wieder zu lösen. Die große, unsichtbare Hand hob sich, und das Automobil fuhr mit einem Ruck wieder los, ebenso unerklärlich, wie es zuvor stehen geblieben war.

Klopfte ihr Gatte dann am nächsten Morgen mit zerknirschter Miene an die Tür ihres Ankleidezimmers, während sie an ihrem Frisiertisch mit dem Marmorsockel saß, empfing sie ihn gelassen und mit einem kleinen, wissenden Lächeln. Aber sie legte ihre Hornbürste mit dem silbernen Griff nicht aus der Hand und fuhr betont langsam fort, ihr dichtes, kastanienbraunes Haar, das ihr bis zur Taille reichte, die üblichen hundert Mal zu kämmen. Sie muss ungemein schön und rätselhaft ausgesehen haben in ihrem spitzenbesetzten Negligé.

In den folgenden Jahren bat ich sie oft vor einem Examen oder einer gefürchteten mündlichen Prüfung in Mathematik – ein Fach, das ich hasste – um ihre Hilfe. Ich ging zu ihr, und sie umfasste meine kleine Hand mit ihren großen Händen, drehte sie und ritzte mit dem Daumennagel kleine Kreuze in meine Handfläche. Manchmal nahm sie dabei auch einen ihrer Ringe ab, steckte in mir an den Zeigefinger der rechten Hand und bemerkte wie nebenbei: »Du schaffst das, mach dir keine Sorgen.«

Ich glaubte an ihre Worte, und das verlieh mir eine derartige Sicherheit, dass die Prüfung normalerweise auch gut ausging.

Denselben, fast schon entrückten Tonfall hatte sie, wenn sie mich mittels eines kleines Kreuzes an der betreffenden Stelle von einem Hauptproblem, einer kleinen Unreinheit oder einer Warze heilte: »Wirst sehen, das vergeht schon.« Und ein paar Tage später sollte ich dann tatsächlich aufwachen und überrascht – und mit einem gewissen Gefühl der Leere im Magen, wie immer angesichts des Unerklärlichen – feststellen, dass meine Haut wieder glatt und frisch war, als wären die Unreinheiten nie da gewesen.

Ihre Gabe brachte meine Großmutter jedoch in schweren Konflikt mit ihrem katholischen Glauben. Manchmal ging sie deswegen zweimal am Tag in die Kirche, und das bei jedem Wetter.

Sie verließ das Haus stets untadelig gekleidet, im Sommer fand ihr blasser Teint Schutz unter einem weißen, bestickten Sonnenschirm, im Winter hinter einem Schleier, der an einer Pelzmütze befestigt war. Als Kind begleitete ich sie oft an den Frühlingsabenden, wenn ein pfirsichfarbenes Licht über den roten Ziegeldächern lag und die ersten Schwalben kreischend den Himmel füllten.

In der mit Kerzen geschmückten und nach Weihrauch duftenden Kirche kniete ich neben ihr nieder, eingelullt von der auf Latein gelesenen Messe, verzaubert von den tausend Lichtern, und fiel mit meinem kleinen Stimmchen ein in der Chor der Gemeinde, die, einem christlichen Mantra gleich, in endloser Wiederholung mit »Ora pro nobis« auf die Anrufungen des Rosenkranzes antwortete.

Im Lauf ihres Lebens hatte meine Großmutter des Öfteren Vorahnungen und wusste bereits im Voraus, was geschehen würde.

Damals stellte ich mir oft die Frage, was für ein Segen und gleichzeitig Fluch diese Gabe für sie wohl sein musste. So hatte sie ihren eigenen Tod vorhergesehen. Oft und ohne einen Anflug von Melancholie sprach sie mit abgeklärter Stimme davon, dass sie im Alter von achtundsiebzig Jahren im Sommer an einem Aneurysma des Gehirns

sterben würde, wie bereits zuvor ihre Mutter und ihre Großmutter.
Und tatsächlich trug es sich so zu, und als meine Mutter gramgebeugt an ihr Sterbebett eilte, schlug ihr aus dem Zimmer, in dem sie aufgebahrt war, ein intensiver Duft nach Gardenien entgegen, und ein übernatürliches Licht, orangerot und violett wie ein nordischer Sonnenuntergang, erstrahlte.
Ich war gerade im Urlaub, als sie starb.
Damals verbrachten mein erster Mann Mario und ich unsere kurzen, heißen europäischen Sommer immer auf einem Boot und segelten auf der Adria in Richtung Jugoslawien. Dort waren die Scampi so frisch, dass man sie samt der Schale braten konnte, und die Seespinne, die nur in tiefen Gewässern zu finden ist, war von unvergleichlicher Qualität: Gekocht mit ein wenig Zitrone, Olivenöl und frisch gemahlenem Pfeffer schmeckte sie einfach köstlich. Wir liebten es, uns unter freiem Himmel, in der Sonne und am Meer aufzuhalten.
Als wir in Venedig anlegten und den Parkplatz nach unserem Auto absuchten, bemerkte ich bereits von weitem einen weißen Zettel, der unter dem Scheibenwischer steckte.
Ich blieb stehen, wie vom Blitz getroffen von einer plötzlichen, wenig willkommenen Gewissheit.
»Es ist wegen der *nonna*«, erklärte ich einem verblüfften Mario. »Sie ist tot. Das steht auf dem Zettel.«

Und so war es auch.

»Liebe Kuki«, war in der regelmäßigen Handschrift meiner Mutter zu lesen, »vielleicht hat dich ja eine meiner Nachrichten erreicht, und du weißt schon von der *nonna* ...«

Ich wusste schon damals, dass ich, zumindest teilweise, ihre hellseherischen Fähigkeiten geerbt hatte.

Wie in ihrem Fall, war diese Gabe auch bei mir in jungen Jahren stärker gewesen, um dann später im Verlauf meines Lebens in Abständen wieder aufzutauchen und mir tragische Geschehnisse zu einem Zeitpunkt zu enthüllen, zu dem ich noch gar nichts davon hatte wissen können.

Außerdem hatte mir meine Großmutter die Begabung vererbt, mit meinen Händen zu heilen und gewisse Geruchs- und Lichtphänomene zu erzeugen. Und ich muss gestehen, dass der eine oder andere kleine Tisch auch hinter mir herschwebte und mir wie aus dem Nichts Steine vor die Füße fielen.

Ich glaube, ich war tatsächlich so etwas wie ein harmloser Poltergeist.

Unser Haus war voll von Porträts unserer Vorfahren, an deren Namen wir uns teilweise überhaupt nicht mehr erinnern konnten. Mit der für Kinder so typischen Fixiertheit auf Details hatten es mir vor allem ihre Gewänder und Gesichtszüge angetan, die mir noch heute lebhaft in Erinnerung sind. In meiner Fantasie erfand ich Geschichten, deren Hauptdarsteller sie waren. Das Gemälde, das mir am meisten gefiel, war das große, ovale Porträt einer steif und ernst wirkenden Signora, die auf dem Kopf eine gepuderte Perücke mit langen, weißen Korkenzieherlocken

trug und ein weites, graublaues Kleid anhatte, das mit cremefarbener Spitze verziert war.
Es war nicht besonders schön, und meine Mutter, die von Kunst etwas verstand, glaubte nicht, dass dieses Bild, wie manch anderes Porträt in unserem Haus, von einem berühmten Künstler stammte. Aber die Dame strahlte eine gewisse noble Haltung aus, und obwohl sie meiner Großmutter überhaupt nicht glich, erinnerte mich manches an sie, die vielleicht so ausgesehen hätte, wäre sie zweihundert Jahre früher auf die Welt gekommen.
Auf dem Bild war der Hals der Signora nackt und ohne Schmuck, aber ich war sicher, dass sie eigentlich eine filigrane, mit Aquamarinen in der Farbe ihrer Augen besetzte Goldkette hätte tragen müssen.
Viele Jahre später, als ich in Afrika lebte, hatte ich eines Nachts einen lebhaften Traum von meiner Großmutter. In ihren großen, bleichen Händen trug sie eine Kette, die genauso aussah wie die, die ich mir so oft vorgestellt hatte. Sie hatte sie aus einem mit einer seidenen Kordel verschnürten Beutel aus dunkelrotem Samt genommen und mir gezeigt.
»Die ist für dich«, erklärte sie mir, »du darfst aber nicht vergessen, wo ich sie hinlege. Das ist nämlich ein Versteck, wo sie sonst nie mehr gefunden wird.«
Neben ihr stand ein kleines, elegantes Möbelstück aus dunklem, glänzendem Holz, mit Intarsienarbeiten in Perlmutt und in orientalischem Stil gefertigt. Sie öffnete eine der vielen Schubladen und nahm den Boden heraus, worauf ein Geheimfach sichtbar wurde, in dem sie das Geschmeide samt Beutel versteckte.

Ihr Mona-Lisa-Lächeln – dasselbe wie das der Dame auf dem Bild – schwebte noch in der Luft, als ich schlagartig in meinem Zimmer in Nairobi erwachte. Das Licht der Morgendämmerung fiel bereits rosig durch die geschlossenen Vorhänge.

Der Eindruck, den der Traum bei mir hinterlassen hatte, war so stark und nachhaltig, dass er sich nicht einmal im Licht der Sonne auflöste. Ich rief meine Mutter in Venedig an und beschrieb ihr den Traum in allen Einzelheiten.

»Wo befindet sich dieses Möbel? Ich kann mich nicht erinnern, es jemals gesehen zu haben. Hat es tatsächlich existiert?«

Auch ohne ihr Gesicht zu sehen, spürte ich, wie sie den Atem anhielt.

»Ich rufe dich sofort zurück. Ich muss dringend mit deiner Tante Otti sprechen.«

Kurz danach, nachdem sie sich mit ihrer Schwester beraten hatte, rief sie mich zurück.

Das Möbelstück schien es tatsächlich gegeben zu haben. Es stand immer im Ankleidezimmer meiner Großmutter und wurde in der Familie wegen seines exotischen, überladenen und fremdartigen Stils nur das »chinesische Ungetüm« genannt.

Doch niemand hatte je gewusst, dass es dort ein Geheimfach gab, und jetzt konnte niemand mehr nachsehen, ob darin vielleicht eine Kette verborgen war. Zusammen mit allen anderen Einrichtungsgegenständen im Stadthaus meiner Großeltern war es im Sommer 1943, als ich erst wenige Wochen alt war, bei der Bombardierung von Treviso zerstört worden.

Die *nonna* war eine sehr schöne Frau.
Für ihre Zeit war sie groß, schlank auch noch in mittleren Jahren, immer mit Geschmack und Eleganz gekleidet und von ruhiger und zurückhaltender Ausstrahlung.
Sie war ein geradliniger und stolzer Mensch, dabei aber sanft und großzügig. Sie war höflich und wohlerzogen. In ihr vereinten sich alle Tugenden einer Signora aus dem neunzehnten Jahrhundert, ein Jahrhundert, das sie bewunderte, dem sie immer noch anzugehören schien und das sie eigentlich nie hinter sich gelassen hatte.
In einem ovalen Gesicht mit regelmäßigen Zügen, einer hohen Stirn, schwarzen Augen und einer geraden, fein geschnittenen Nase mit leicht geweiteten, aristokratischen Nasenflügeln war es der breite, üppige Mund mit den fleischigen Lippen und den regelmäßigen Zähnen, der alle Aufmerksamkeit auf sich zog. Er galt als zu modern für seine Zeit. In dem Versuch, wenigstens mir zu dem unerreichbaren Schönheitsideal eines kleinen, rosigen Schmollmündchens zu verhelfen, wie man es nur auf bestimmten Porträts zu sehen bekommt, zwang Großmutter mich deshalb, stundenlang, ziemlich schnell und mit spitzem Mund den alten Reim »*pomo-pera-prugna*«* zu wiederholen. Ihrer Ansicht nach hätte diese Übung meinen Mund verkleinern müssen.
Aber leider war mir kein Erfolg beschieden.

---

* italienischer Sprechreim: Apfel, Birne, Zwetschge (A. d. Ü.)

Meine Großmutter redete nicht viel, dafür waren ihre Hände umso geschickter. Ganze Nachmittage verbrachte sie damit, zu sticken oder zu häkeln.

Nachmittags, während die anderen ihr Mittagsschläfchen hielten, das Haus in der matten Wärme still dalag und die Fliegen im Staubkegel der nachmittäglichen Sommersonne tanzten, setzte sie sich an ihren Nähtisch mit den gedrechselten Beinen, wo sie Nadeln, Nähfaden und alle anderen Knäuel mit Garn aufbewahrte. Meistens war sie allein, manchmal leistete ihr ein Dienstmädchen Gesellschaft, manchmal auch ich.

Ich saß meiner Großmutter am Tisch gegenüber. Ihre großen, geschickten Hände, die den meinen ähnelten – das heißt, so wie sie jetzt sind –, bewegten sich flink über ein Spinnennetz aus Fäden und Häkelmaschen. Fantastische Stickereien mit raffinierten Mustern entstanden auf ihrem Schoß, so, als hätte sich ein Schwarm Schmetterlinge auf einem Hügel aus Seide niedergelassen.

Ihren Arbeiten haftete tatsächlich etwas Unwirkliches an: Auf den ersten Blick schienen ihre Stickereien und Häkelbordüren zart und durchsichtig wie Blütenblätter, erwiesen sich aber als äußerst haltbar und robust. Mit Liebe und Sorgfalt zum Detail hergestellt, überlebte der größte Teil davon sie noch lange. Meiner Großmutter verdanke ich die wundervollen Spitzensäume für Tischtücher, Servietten und Mitteldeckchen, die heute noch von vielen Menschen in meinem Haus in Afrika bewundert werden. Dreißig Jahre nach ihrem Tod und weitere vierzig Jahre nach der Entstehung ihrer Stickereien wird meine *nonna* für mich dadurch wieder lebendig.

Hin und wieder unterbrach sie ihre Arbeit und erkundigte sich, wie es mir denn ergehe. Dann beugte sie sich über mich, um mir mit großer Geduld Anweisungen zu geben und jeden Stich genauestens zu überprüfen. So kam ich in den Genuss, an ihrem Parfüm zu schnuppern, das so intensiv nach Gardenien und Hyazinthen roch, und ihre fein geschwungenen Ohrläppchen – zart und durchsichtig wie eine Muschel – mit den Perlenohrringen zu bewundern.

Ich liebte diese Momente, die ich heute wie einen kostbaren Schatz in meiner Erinnerung hüte.
Unsere beiden Köpfe, die sich über ein Muster beugten, ihre sanfte Stimme mit dem Singsang des venezianischen Dialektes, die mich wegen eines besonders schwierigen Stiches beriet, ihre Geschichten aus längst vergangenen Zeiten: als Kind mit langen Wollstrümpfen und grauem Kittel in der Klosterschule, als blutjunge Braut meines staatlichen Großvaters, die mit ihm verbrachten Jahre während des Ersten und Zweiten Weltkriegs, die Bombardierung von Treviso und der Verlust der gesamten Einrichtung ihres Hauses.
»Wir haben es nur dir zu verdanken, dass der Großvater noch am Leben ist«, erzählte sie mir immer wieder. »Dir und seinem Chauffeur Costanzo.«

Dass Treviso überhaupt bombardiert wurde, war an sich schon eine merkwürdige Angelegenheit, ein typisches Beispiel für die zufälligen und fatalen Folgen eines im Krieg begangenen Fehlers.

Treviso besaß nicht die geringste strategische Bedeutung. Es war ein hübsches, verschlafenes Städtchen, am Ufer des Flusses Sile gelegen. »... wo Sile und Cagnan zusammenfließen«, wie Dante mit überraschend genauen Geografiekenntnissen geschrieben hatte.

In Treviso gab es mehr Gaststätten als Kirchen, elegante Villen im Stil Palladios, umgeben von Gärten mit hohen Bäumen entlang des Terraglio, der antiken, von Kutschen befahrbaren Straße, die Treviso einst mit Venedig verband. Rosskastanien wuchsen auf den mittelalterlichen Mauern mit ihren Toren aus behauenem Stein, unter denen heute der nicht sonderlich dichte Verkehr hindurchfließt. Aber schon damals existierte ein reges kulturelles Leben, genährt von den unterschiedlichsten Künstlern.

Es war ein tragischer Schreibfehler, der das Ende eines Teils der Stadt bedeutete. Treviso klang ähnlich wie Tarvisio, ein wichtiger Eisenbahnknoten Richtung Österreich und Deutschland, der mehr als hundert Kilometer weiter nördlich inmitten der Berge lag und das eigentliche Ziel des Luftangriffs in dieser Nacht war. Es wurde also die falsche Stadt bombardiert, und als am nächsten Morgen die Sonne aufging, herrschte tiefe Stille über Schutt und Ruinen.

Es war eine laue Sommernacht, und die notorischen Nachtschwärmer, denen es bisher gelungen war, den Krieg zu ignorieren, nahmen gerade ihren Aperitif oder einen Punt&Mes an der Bar des Stella d'Oro zu sich, als eine der vielen Bomben vom Himmel fiel. Sie waren auf der Stelle tot, und mit ihnen alle, die sich in einen Luftschutzkeller geflüchtet hatten, wo eine weitere Bombe einschlug. Alles war zerstört, die schönen Denkmäler, die Paläste und Villen, das Geheimnis der Dame in Blau – all das war für immer vom Antlitz der Erde verschwunden, völlig grundlos.

Mein Großvater war wie durch ein Wunder davongekommen. Von diesem Zeitpunkt an schwor er, dass ich allein es war, die ihm das Leben gerettet hatte, auch wenn ich mit meinen wenigen Wochen gar nicht in der Lage dazu gewesen sein konnte. Da ich eben erst geboren war und die Gefahr bestand, dass wir bombardiert wurden, hatte sich unsere Familie aufs Land begeben, zuerst nach Gorgo al Monticano, wo der Großvater eine Trockenanlage für Seidenkokons besaß, die anschließend weiter zur Spinnerei nach Crespano transportiert wurden. Die Anlage war wegen des Kriegs geschlossen, aber es gab ein Wohngebäude in der Nähe, das auf einen grünen, träge dahinfließenden Fluss blickte. Der Chauffeur meines Großvaters, Costanzo, hatte ihn an jenem fatalen Abend überredet, nach Gorgo hinauszufahren, um dort die Nacht zu verbringen, statt in der drückenden Hitze der Stadt, und mich zu besuchen, seine erste Enkeltochter, die er heiß und innig liebte. Der Großvater stimmte zu.
Diese Entscheidung rettet ihm das Leben. Am nächsten Tag war von ihrem wunderbaren alten Haus und allem, was darin war, nur noch ein tiefes Loch übrig.

Noch viele Jahre später erinnere ich mich an die Streifzüge mit meinen Spielkameraden über den Dächern der zerstörten Stadt. Meine Eltern durften natürlich nichts davon wissen. Wir kletterten zuerst auf einer Terrasse nach oben und stiegen über Schutt- und Trümmerhaufen hinweg. Über steil geneigte, vom Krieg zerstörte Zimmerdecken rutschten wir wieder nach unten, wenn von den eigentlichen Treppen nur noch ein gezackter Schattenriss an nackten Mauern, von denen der Putz bröckelte, zu sehen war. Kahle Gärten und elegant geschwungene Pfade, die ins Leere führten, kennzeichneten die Plätze, wo sich zuvor stolze Paläste erhoben hatten.

Wie ihre Stickereien erweckte auch die Großmutter einen zerbrechlichen Eindruck, obwohl sie über große innere Kraft verfügte und ganz und gar nicht scheu war. Sie liebte die Gesellschaft anderer Menschen und verbrachte lange Nachmittage beim Canasta-Spiel mit ihren Freundinnen.
Mit Vornamen hieß sie Maria, wie ich, und ihr Namenstag, den sie mit mir teilte, war stets ein ganz besonderer Anlass.
Er fiel auf den zwölften September und lag noch in den langen Schulferien, die damals vier Monate dauerten. Auch nach dem Krieg wurde dieser Tag in Crespano ausgiebigst gefeiert, vor allem als die Lebensmittelrationierung immer weniger spürbar war und es alles bald wieder in Hülle und Fülle gab.
Zu Anfang fielen die selbst gemachten Geschenke noch bescheiden aus. Meine Mutter war berühmt für ihre kleinen, handgenähten Kreationen aus Stoff, wie Nadelkissen oder bestickte Geldbörsen aus Filz.
Es gab weder Fernsehen noch sonstige Ablenkungen, und

unser Leben war von einer gesunden, ländlichen Schlichtheit geprägt.

Meine Großmutter hatte sich in ihrem Herzen immer noch ein Stück ihrer jugendlichen Unschuld bewahrt, und allein schon die Vorbereitungen zu ihrem Fest, das alle sehr ernst nahmen, lösten die größte Freude bei ihr aus.

Das Fest erreichte seinen Höhepunkt nach dem Abendessen mit vielen Gästen, bei dem es ihre Lieblingsgerichte gab: Krabben mit Zitronenmayonnaise, Risotto mit Steinpilzen und reichlich Parmesan, gebratenes Perlhuhn mit Markknochensauce, gegrillte Polenta, roten Radicchio, ihr unnachahmliches Dessert aus Crème brûlé mit Maraschino, glasierten Maronen oder kandierten Veilchen zum Kaffee. Das alles gipfelte schließlich in dem, was mein Großvater etwas großspurig und antiquiert als »pyrotechnisches Spektakel« bezeichnete.

Am Morgen des Namenstages brach er bereits zeitig nach Treviso auf, um seine Einkäufe zu tätigen. Als echter Gourmet überließ er bei der Gestaltung der Speisenfolge nichts dem Zufall und genoss nichts mehr als die Auswahl der speziellen Zutaten für festliche Mahlzeiten.

Mit einem Fahrzeug voller Vorräte, die der treue Chauffeur Costanzo in die Küche schleppte, kehrte er wieder zurück. Große, eckige Stücke Parmesankäse und trübes Olivenöl aus der Toskana, Gorgonzola und Spumante. Bald drehte sich der Spieß mit den Perlhühnern über dem Feuer, der Moschusgeruch der Steinpilze verbreitete im Haus Erinnerungen an dichte Wälder, wir alle boten unsere Hilfe an, die Krabben zu schälen, und ich war ganz aufgeregt vor Vorfreude.

Ich wusste, dass unter den vielen Päckchen auch eines war, das mit besonderer Vorsicht behandelt werden musste, da es leicht entzündbar war – das mit den Feuerwerkskörpern.

Costanzo half dem Großvater dabei, sie höchstpersönlich an strategisch wichtigen Punkten aufzustellen, hinter dem Hügel am Ende des Gartens, wo sich zu anderen Zeiten der Luftschutzraum befunden hatte, in dem jetzt die Weinkisten kühl gelagert wurden.
Und wenn es dann dunkel wurde, nach dem Essen und dem Austausch der Glückwünsche und Geschenke, nahmen wir voller Vorfreude draußen auf einer Reihe Stühle Platz, die *nonna* auf dem Ehrenplatz und ich neben ihr, da wir beide ja gefeiert wurden.
Ausnahmsweise durfte ich bei dieser Gelegenheit auch mal ein Gläschen Maraschino, Anisette oder gar einen Amaretto trinken. Der Genuss dieser raren Köstlichkeiten war für mich schon Fest genug.
Und dann explodierten die ersten Raketen: Kometen jagten mit breit gefächertem Schweif in den Himmel, und wir folgten ihrem Aufstieg mit staunenden Augen, bis sie als funkelnde Feuerräder und Lichtkaskaden wieder zu Boden fielen.
Der Großvater genoss seine Rolle als harmloser Sprengmeister ungemein, und irgendwie glaube ich noch heute, dass er dieses Spektakel eigentlich nur für mich veranstaltete.
Aber wenn ich mich daran erinnere, wie ich im bunten Schein der Lichter, die abwechselnd ihr Gesicht erhellten,

meine Großmutter zu meiner Linken betrachtete, dann war nicht zu übersehen, dass sich auch auf ihrem heiteren und gelassenen Antlitz die kindliche Freude meiner Emotionen widerspiegelte.
In dem milden, rosigen Licht waren alle Falten geglättet, und sie war wieder zum Kind geworden.

IV
Eine Familie aus Frauen

In unseren Haus lebten außer meiner Mutter und der Großmutter auch noch mehrere Tanten.
Zwei Großtanten, Maria und Giuseppina, dazu die beiden Schwestern meiner Mutter, eine älter als sie, Tante Vittoria, genannt Vito, und eine jünger, Tante Ottorina, genannt Otti.

Tante Maria war meine Taufpatin. Sie war mit dem Bruder meines Großvaters verheiratet, ein Mann mit einem stattlichen Äußeren, einem bleistiftdünnen Schnurrbart und einem gewissen Ruf als Frauenheld, der kurz nach dem Krieg an einem Herzanfall verstarb, möglicherweise als Folge übermäßigen Genusses zu vieler üppiger Mahlzeiten und zu vieler hübscher und draller Freundinnen, von denen ihn eine, Irma, eine bäuerliche Schönheit mit grünen Augen, die als Haushälterin in einem ihrer Landhäuser arbeitete, noch um viele Jahre überlebte. Die Ehe der beiden war kinderlos geblieben, und ich habe Tante Maria noch bestens als feine Dame in Erinnerung, stets bleich und hager und in schwarze Seide gehüllt, auf dem Kopf einen altmodischen, tristen Witwenschleier, der ihr bis auf die zarten Knöchel

fiel und den sie vom Tod ihres Gatten an bis zu ihrem eigenen trug.
Sie war eine aristokratische Erscheinung, mit großen, tragischen schwarzen Augen und schmalen, nervösen Händen mit Ringen an jedem Finger, ständig damit beschäftigt, Zigaretten zu drehen, die sie mit einer eleganten goldenen Spitze rauchte. Hoch gewachsen und eckig, erinnerte sie fatal an einen Vogel Strauß. Sie hatte ein gutes Herz, war aber reserviert und nicht gewöhnt an den Umgang mit Kindern. Oft bewegte sie sich durch das Haus wie ein Schatten.
Wenn sie nach dem Krieg zu uns zu Besuch kam, brachte sie mir jedes Mal eine große Schachtel mit kunstvoll geformten Marzipanfrüchten mit. Sie ist für mich für immer mit dem Geschmack nach Mandeln, Vanille und dem Rauch von Zigaretten verbunden.

Tante Giuseppina, auf Venezianisch Beppa genannt, war die Frau des Bruders meiner Großmutter, auch er ein jovialer, korpulenter Mann, immer korrekt gekleidet, mit einem weißen, nach Eau de Cologne duftenden Tüchlein in der Tasche seines Glencheckanzugs. Er besaß einen fröhlichen, gutmütigen Charakter und schien keine Sorgen zu kennen.
Die Tante hingegen war klein, lebhaft und hatte schwarze Augen, die ständig in Bewegung waren. Sie trug stets Seidenkleider und zierliche Hüte mit einem kleinen Schleier, der ihre Augen bedeckte.
Die beiden bewohnten ein altes Patrizierhaus im Herzen von Treviso, mit hohen Türen aus eingelegtem Walnuss-

holz und wunderschönen Fußböden aus venezianischem Terrazzo, der wie Nougat aussah. Das Haus stand inmitten eines großen Gartens voller Büsche und Bäume, am Ufer des Sile, den man durch ein Eingangstor betrat, an dem sich dicht Glyzinien emporrankten. Meine Tante nannte mich *pitusso*, was im venezianischen Dialekt so viel wie »Küken« heißt. Der Name blieb mir auch nach meiner Heirat und der Geburt meiner Kinder.

Meine Lieblingstante war Zia Vittoria, genannt Vito.
Für eine Frau ihrer Zeit war sie sehr groß und schlank. Sie hatte mahagonifarbenes Haar mit blonden Lichtern und ein überwältigend schönes Gesicht mit wachen, intensiven Augen.
Auch wenn sie in meiner frühen Kindheit nicht älter als achtundzwanzig Jahre gewesen sein konnte, war sie bereits damals von jener undefinierbaren Aura der zukünftigen alten Jungfer umgeben. Sie heiratete tatsächlich nie, verbrachte ihre Jugend und ihre besten Jahre in aufopfernder Pflege ihrer Eltern und führte ein monotones Leben ohne jede Überraschung, fast wie eine Nonne.

Kurz nach dem Krieg steckte ich mich – bei der Tochter unserer Bäckersfrau, wie es schien – an und erkrankte an einer schweren Form von Keuchhusten.
Meine Mutter war damals schwanger, und meine Krankheit, die sie nie gehabt hatte, galt als ernste Gefahr für ein Neugeborenes.
Aus diesem Grund wurde ich zu meinen Großeltern geschickt, die in der Zwischenzeit in ein neues Heim in Tre-

viso gezogen waren, nachdem ihr Haus 1943 von den alliierten Bomben zerstört worden war.

Dieser Keuchhusten war mit Sicherheit das wichtigste Ereignis meiner frühen Kindheit, da er mich zwang, nicht nur mein Zuhause und meine Gewohnheiten, sondern auch den Ort zu wechseln. Mit einem Wort, alles.

Meine Mutter in einem so zarten Alter zu verlassen muss eine aufwühlende Erfahrung für mich gewesen sein. Aber die permanente Präsenz und Hingabe von Tante Vito waren meine Rettung. Sie schlief jede Nacht neben mir, um mich in jenen nicht enden wollenden Nächten, wenn ich, von Husten- und Brechanfällen geplagt, bellte wie ein Hund, mit unendlicher Geduld besser pflegen zu können.

Sie war fast ein vollwertiger Ersatz für meine Mutter und brachte es mit ihrer Zuneigung fertig, mein Gefühl des Verlustes zu kompensieren. Aber die Erfahrung, von zu Hause fort zu sein, lehrte mich eine emotionale Unabhängigkeit, die mir in den kommenden Jahren noch sehr nützlich sein sollte.

Die Bindung an meine Tante Vito blieb stark und von besonderer Qualität, solange sie lebte. Ihre Fröhlichkeit und Großzügigkeit kamen von Herzen, und ihre Begeisterung war echt und unverkrampft; die Tatsache, dass sie ihre Jugend geopfert hatte, um anderen zu helfen, hatte keine Spuren von Neid oder Verbitterung in ihr hinterlassen, und ich verehrte sie dafür.

Viele Jahre später – es ist noch nicht allzu lange her –, als ich mich wegen meiner Stiftung in Kalifornien aufhielt, rief mich meine Mutter an, um mir zu sagen, dass Tante

Vito schwer krank und völlig ans Bett gefesselt sei und es nicht mehr lange dauern würde.
Sie war mittlerweile weit über achtzig, und die Ärzte rechneten nicht damit, dass der Tod noch lange auf sich warten ließe.
Ich flog umgehend nach London und reiste von dort über Venedig nach Treviso, traurig und mit schwerem Herzen, um mich von ihr zu verabschieden.
In einem abgedunkelten Zimmer voller Möbel und vertrauter Gegenstände, die mich an meine Kindheit erinnerten, lag Tante Vito in ihrem großen Mahagonibett, den Kopf auf einem völlig verschwitzten Leinenkissen.
Sie nahm mich nicht wahr, als ich auf Zehenspitzen, um sie nicht zu stören, ins Zimmer trat.

Ich setzte mich an ihr Bett und berührte leicht mit den Lippen ihre Stirn.
Ihr von der Krankheit schwer gezeichnetes Gesicht schien seltsam jung und wehrlos in seiner Hingabe an einen unruhigen Schlaf. Die geschlossenen, von blauen Adern durchzogenen Lider zitterten, als sie langsam ihre bernsteinfarbenen Augen aufschlug.
Eine unbändige Freude trat in ihren Blick, als sie mich erkannte, und einen Augenblick lang war sie wieder jung und gesund wie damals, als sie mich in ihren Armen hielt.
»Mein liebes Mädchen«, murmelte sie, »mein liebes Mädchen, du bist gekommen.« Die Anstrengung war offensichtlich zu viel für sie, und sie schloss die Augen.
»Dieser Schmerz. Wenn nur der Schmerz aufhören würde, wenigstens für einen Moment.«

Sie zwang sich, erneut die Augen zu öffnen.
»Du bist meine Tochter, meine Tochter, weißt du, die Tochter, die ich nie gehabt habe. Mein Glück. Mit dir zusammen zu sein bedeutete Glück für mich, mein Kind.«

Ein Aufflackern wahren Glücks schien ihren grauen Wangen für einen Augenblick Farbe zu verleihen.
Die Krankenschwester kam mit einem Tablett ins Zimmer. Sie stellte es auf das Nachttischchen und machte rasch und mit effizienten Handbewegungen das Bett.

»Sie isst nichts mehr. Sie hat den ganzen Tag noch kein Essen angerührt. Der Mund tut ihr weh, er ist voller Blasen von den Medikamenten. Vielleicht schaffen Sie es ja, dass sie ein paar Bissen zu sich nimmt.«
Erinnerungsfetzen steigen hoch: ein junges, liebevolles Gesicht, das sich nach einer Nacht voller Krämpfe und Hustenanfälle über mein von Erbrochenem und Tränen beschmutztes Kindergesicht beugt, ein seidenes Nachthemd, das ihren schlanken Körper umhüllt, einen Esslöffel mit Brühe, dann einen Esslöffel mit süßem und klebrigem Sirup, der an meine Lippen gehalten wird.
Eine junge Stimme voller Liebe und Geduld: »Mein Mädchen, versuch das mal zu schlucken. Nur zwei Tropfen, ganz langsam ... Braves Mädchen, und jetzt noch ein bisschen ...«
Ein Kissen, um ihren gebrechlichen Rücken zu stützen, ein Löffel mit in Brühe aufgelöstem Grieß, der gegen ihre bläulich verfärbten, aber immer noch vollen Lippen gehalten wird: vertauschte Rollen.

»Vito, nur zwei Tropfen, ganz langsam. Das gibt dir wieder ein bisschen Kraft.«
Sie betrachtete mich mit vertrauensvollen und aufmerksamen Augen, wie ein Kind. Die Suppe ging daneben und tropfte von ihren halb geschlossenen Lippen.
Sie war wieder eingeschlafen. Ich verbrachte zwei Tage an ihrem Bett, ehe ich wieder nach Kenia zurückkehren musste.
Am letzten Morgen setzte ich mich an ihr Bett und hielt lange ihre Hand, ohne ein Wort zu sagen.

Adieu«, sagte sie zu mir. »*Adieu*. Ich gehe jetzt. Ich gehe zur Großmutter … zum Großvater … zu Emanuele. Ich werde dich nicht mehr sehen, mein Mädchen. Danke, dass du gekommen bist. Aber ich habe auf dich gewartet, weißt du. Jetzt kann ich gehen.«
Mein Hals war wie zugeschnürt von der Angst, die ich so gut kannte.
»Wir werden uns wieder sehen. Aber du musst mir ein Zeichen geben, Vito, bitte. Wo immer ich auch gerade sein werde, gib mir ein Zeichen, wenn du ankommst. Ich weiß es dann schon zu deuten.« Sie nickte mit geschlossenen Augen, bereits sehr weit weg.
Einige Tage später, als ich wieder in Kenia war, in Kuti, stieg ich hinauf in mein Büro, das hoch oben auf Pfählen aus *mutamayo** errichtet ist und auf die Savanne hinausblickt. Nicht ein Lüftchen regte sich in der brütenden Mittagshitze.

* wilder Olivenbaum

Auf meinem Tagebuch, das aufgeschlagen auf dem Schreibtisch lag, als hätte es eine zarte Hand mit Absicht dort platziert, prangte eine frische Gardenie, die kein Wind hätte hierher tragen können.
Die Tränen liefen mir über die Wangen, als ich über Satellitentelefon meine Mutter in Venedig anrief und sie mir sagte, was ich schon wusste, nämlich, dass Tante Vito von uns gegangen war.

Tante Otti war zweifellos die Schönste in unserer Familie. Langes, aschblondes Haar, Schwanenhals, Engelsgesicht, haselnussbraune Augen mit goldenen Einschlüssen. Ihre Hochzeit fand in Crespano statt, als ich ungefähr ein Jahr alt war. Ich kann mich noch ganz dunkel an die Zeremonie erinnern, an irgendetwas, das mit dem zu tun hatte, was ich trug, an winzige orangerote und blaue Blüten auf einem weißen Piquéstoff.
Für die Hochzeit der Tante hatte mir meine Mutter, die – wie ihre Mutter – eine begnadete Schneiderin war, ein besonderes Kleid genäht, mit einem passenden Hütchen mit breiter Krempe aus demselben Stoff, um mein Gesicht vor der Sonne zu schützen. Ich kann mich nur noch an wenig erinnern, da ich ja noch sehr klein war, aber ein kleiner Cousin ist in meinem Gedächtnis haften geblieben, gerade geboren, ein hübsches Kind mit zwei Grübchen auf den Wangen, wenn er lächelte, und mit feinen, blonden und seidigen Haaren. Er war nur ein Jahr jünger als ich und hieß Paolo, aber alle nannten ihn Paolino.
Wie in einem Ausschnitt eines vertrauten Films sehe ich ihn ein wenig später in seinem hölzernen Laufstall unter

den Libanonzedern, wo er mit den Beinchen strampelte. Und dann ist mir lebhaft in Erinnerung geblieben, wie ich bei dem Versuch, ihn zu ermutigen, die ersten Schritte zu tun, rückwärts gehe und dabei mit dem Ellbogen an ein heißes Bügeleisen stoße, das am Rand eines Tisches steht.

Allein der Gedanke daran ruft wieder den Schmerz meiner ersten Verbrennung in mir wach und die Verwunderung, als ich mit ansah, wie meine Haut sich wölbte und eine L-förmige Blase bildete, von der ich auch heute noch eine kaum sichtbare Narbe trage.

Damals, als ich noch nicht lesen konnte, ließ dieses seltsame Mal mein Schluchzen verstummen, da es dieselbe Form hatte wie der mit einem roten Band gesäumte Spitzenstrumpf, den die geheimnisvolle Befana mitten in der Nacht, mit Süßigkeiten und Bonbons gefüllt, zum ersten Mal in meinem Leben für mich zurückgelassen hatte.

Die Befana war für mich eine alte, hässliche Frau, die wie eine Hexe auf einem Besen ritt. Sie hatte langes, weißes, strubbeliges Haar, ein Kinn voller Warzen, aus denen borstenartige Haare wuchsen, und eine lange, gebogene Nase. Ihre unangenehme Aufgabe bestand darin, ungehorsamen Kindern Kohle, braven Kindern aber bescheidene Geschenke wie Pralinen und Nougat in die Strümpfe zu stopfen, die sie zuvor rund um den Herd aufgehängt hatten.

Die Befana war arm, auf ihre barsche Art aber auch großzügig, und stieg in der Nacht zum Dreikönigstag durch den rußigen Kamin, um ihre Geschenke im Haus zu deponieren und ein karges Mahl aus Brot, Käse und einem Glas

Rotwein zu verzehren, das man ihr hinstellte, um sie milde zu stimmen.

Während ich mich unruhig im Schlaf hin und her warf, gequält von Angst erregenden Bildern dieser Hexe, die sich in unser sicheres Haus schlich, richtete meine Mutter die Geschenke her und manipulierte das Essen. Auf dem Brot hinterließ sie Abdrücke von Fingernägeln, vom Käse biss sie ein kleines Stück ab, und den Wein trank sie ganz aus. Sie hatte ja keine Ahnung, welchen Schrecken dieser Existenzbeweis der Befana in meiner Fantasie hinterlassen würde.

»La Befana vien di notte con le scarpe tutte rotte col vestito da furlana, viva viva la Befana«*, sang das Kindermädchen von Paolino, ein großes, kräftiges Mädchen mit hellen Haaren und roten Wangen. Sie sah aus wie das blühende Leben, wenn sie den blauen Kinderwagen vor sich her schob, nur ihre Stimme war etwas rau, wenn sie sang, und meinem Vater, der Arzt war und sich besser als wir mit solchen Dingen auskannte, gefiel das gar nicht.

Und tatsächlich steckte sie meinen Cousin mit einer tödlichen Form von Tuberkulose an, aus der eine Meningitis erwuchs, eine Krankheit, gegen die es damals noch kein Heilmittel gab.

»Meningitis tuberculosa« war ein neuer, für mich unverständlicher Ausdruck, ein feindseliger Klang in meinen Ohren, der Visionen von Höhlen und Gräben in mir wachrief und gegen den offensichtlich selbst die geballte Kraft unserer Liebe nichts ausrichten konnte.

---

* Nachts kommt die Befana mit zerriss'nen Schuhen und mit 'nem langen Umhang. Befana, Befana, es lebe die Befana.

Eines Nachts, ein paar Jahre nach Kriegsende, als wir nach Treviso umgezogen waren, wurde ich von dem schrillen Geräusch des Telefons geweckt. Ich stand auf und tappte in Richtung jenes unheilvollen Klangs im Dunkeln. Die Fliesen aus schwarzweißem Mosaik fühlten sich kalt an unter meinen nackten Füßen.

In der Diele saß meine Mutter in einem rosa Nachthemd auf der antiken Truhe mit den Intarsien, die mich eines Tages nach Afrika begleiten sollte. Merkwürdig starr, als hätte er sich in ein abstoßendes schwarzes Insekt verwandelt, hielt sie den Telefonhörer in der Hand und wiederholte mit einer erwachsenen, abwesenden, seltsam tonlosen und endgültigen Stimme, die ich nicht an ihr kannte und die mir Angst machte, die ich nicht hören wollte und die mich in Tränen ausbrechen ließ: »*El xe morto, el xe tutto finito.* Er ist tot, es ist alles vorbei.«
Im Lauf der folgenden Stunden wurden bruchstückhaft die Einzelheiten von Paolinos traurigem Ende enthüllt. Aber mir wurde nie erklärt, was denn nun eigentlich genau passiert war, weil zur damaligen Zeit die Erwachsenen noch der Meinung waren, dass Kinder den Tod nicht verstehen könnten und man vor ihnen die Wahrheit verbergen müsse.
Doch ihre unvorsichtig im Schmerz geäußerten Bemerkungen kamen mir dennoch zu Ohren und machten mich sehr betroffen, wie alles, was man nicht mit eigenen Augen sieht. Die Fantasie neigt nun mal dazu, eventuelle Lücken mit nicht realen Details aufzufüllen.
»Seine Haare waren ihm während seiner Krankheit bis auf

die Schultern gewachsen ...«, hieß es, und ich stellte mir seine feinen Haare vor, wie sie ihm bis auf die weißen Schultern fielen. »... am Schluss hat er sich aufgerichtet und mit einem Ruck den Kopf zurückgeworfen.« Und dabei sah ich das bestickte Betttuch aus Leinen vor mir, völlig durchgeschwitzt, dazu ein Kissen mit dem Abdruck seines kleinen Körpers.
Ich versuchte zu verstehen, aber wichtige Zusammenhänge entgingen mir.
Alles schien unverändert, aber es war, als hätte ein gewaltiger böser Flügel seinen Schatten über unsere Familie geworfen, die Erwachsenen bedrückt und wortkarg zurückgelassen und einen Vorhang aus Melancholie über uns gebreitet, den selbst mein kindliches Wesen nicht mehr verschwinden lassen konnte.

Tante Otti, die mit ihrem inneren Licht jedes Zimmer, das sie betrat, zum Leuchten gebracht hatte, verwandelte sich in einen grauen, gleichgültigen Schatten. Ihre Stimme verlor jede Musik, und selbst die Farbe ihrer Augen verblasste.
Ich akzeptierte diese äußere Verwandlung, die mich so sehr verwirrte, als unausweichliche Folge des Todes, der alles verdunkelt und ruiniert. Aber ich behielt meine Erkenntnis für mich. Damals begriff ich zum ersten Mal, dass auf dieselbe Weise auch die Blumen in ihren Vasen verwelken, leise und ohne jedes sichtbare Zeichen.

V
Die unsichtbare Freundin

Was ist ein Freund? Eine einzige Seele,
die zwei Körper bewohnt.

Aristoteles

Von dem Tag, an dem ich meinem Vater das erste Mal begegnete, ist mir so manches noch in Erinnerung: die zaghaft freudige Atmosphäre, das abgehackte Flüstern, der Geruch der Holzdielen des Vorzimmers, in das man mich zum Schlafen legte, damit meine Gegenwart nicht die Intimität meiner Eltern störte. Es waren viele Jahre vergangen, seit mein Vater und meine Mutter zusammen gewesen waren, praktisch seit vor meiner Geburt.
Der Krieg war vorbei, und mein Vater war zurückgekehrt. Er war aus dem Gefängnis entflohen, in das sie ihn mehrere Monate lang gesperrt hatten. Er hatte während des Widerstands als Verbindungsoffizier für die Alliierten operiert und eine Gruppe von Partisanen geführt, die in den

Hügeln von Col di Luna, im Nordosten des Veneto, ihre Basis hatten.

Mein Vater war wieder da, und vor lauter Freude und Aufregung über diese Neuigkeit konnte ich nicht einschlafen: Die flüsternden Stimmen auf der anderen Seite der Zwischenwand, wobei vor allem die kräftige, männliche überwog, drangen als fremde Geräusche durch die dünne Wand, die mich zum ersten Mal im Leben von meiner Mutter trennte.

Bis zu diesem Moment war mein Großvater mütterlicherseits die Vaterfigur für mich gewesen, der wichtigste Mensch in meinem Leben, den ich bewunderte und für allmächtig hielt.

Der Großvater war ein sanfter, freundlicher Mensch, hoch gewachsen, von anziehendem Äußeren, auch wenn er bereits früh alle Haare verloren hatte. Er besaß ein ebenmäßiges Gesicht, einen gut geformten Kopf, einen großzügigen Mund und funkelnde braune Augen.

Er war ein eleganter Mann und auf eine traditionelle und antiquierte Art stets untadelig gekleidet. Im Winter trug er, um seine Füße warm zu halten, graue Filzgamaschen über seinen blank geputzten Schuhen, so wie Onkel Dagobert in dem Comicheft von Walt Disney. Seine Schuhe waren ihm überhaupt sehr wichtig; er besaß eine eindrucksvolle Sammlung, und natürlich mussten sie alle handgearbeitet sein und glänzen wie ein Spiegel. Dazu kamen Dutzende von Hemden aus Seide, Baumwolle und Leinen in allen möglichen Varianten, alle mit seinem gestickten, blauen Monogramm auf der linken Seite. Anzüge besaß er für alle Gelegenheiten und Jahreszeiten: aus

feinstem Kaschmir, grauem Flanell, beigem Gabardine, blauem oder weißem Leinen, aus schwarzweißem Glencheck, nicht zu vergessen natürlich Smoking und Cut. Ich kann mich nicht erinnern, ihn je ohne Krawatte gesehen zu haben.
Er benutzte auch einen Stock und trug im Sommer stets einen Strohhut, im Winter einen aus englischem Filz. Höflich fasste er sich an die Krempe, wenn er einem Bekannten begegnete; handelte es sich dabei um eine Dame, folgte dieser Geste rasch ein angedeuteter Handkuss.
Seine Redeweise war ruhig und gesetzt. Im Umgang mit mir war er von unendlicher Geduld, und ich betete ihn an dafür.

Die Rückkehr meines Vaters verlieh unserem Leben eine neue Dimension. Viele junge Leute besuchten uns, und abends hallte der Garten wider von Partisanenliedern, Spielen, Musik und der neu erwachten Lebensfreude der Erwachsenen.
Die winzigen grünen und roten Lichter, die zuvor die Flugzeuge angekündigt hatten, die das schlafende Land mit Bomben überzogen, störten unsere Nächte nicht mehr. Der Luftschutzraum hinten im Garten, in dem unsere Nachbarn und das halbe Dorf in erst unlängst vergangenen Schreckenszeiten Zuflucht gefunden hatten, war jetzt nichts weiter als ein kleiner, grasbewachsener Hügel, auf den ich zum Spielen hinaufkletterte. Unter mir, in seinen dunklen und feuchten Räumen, lagerte frisch und kistenweise der gute Wein, den es an unserem Tisch nun wieder zu trinken gab.

Es war zu dieser Zeit, dass sich mir ein höchst unwahrscheinlicher Anblick bot, als ich hinauf zu den weit entfernten Bergen blickte, die bläulich schimmerten wie die vertrauten Horizonte unserer Erinnerung. Mehrere große Bäume, die nach einer überdimensionalen Vorlage gepflanzt zu sein schienen, formten zwei Buchstaben des Alphabets: Ein riesiges M, das sich dunkelgrün auf der weiten Wiese des Abhangs abzeichnete, und ein Stück darüber ein umgedrehtes M, an dem allerdings der letzte Strich, sprich Baum, fehlte. Es war, als hätte die Hand eines Giganten im Schreiben plötzlich innegehalten, weil er es sich anders überlegt hatte.
Man sagte mir, dass die beiden Buchstaben Maria bedeuten würden.
Aber das erklärte man mir quasi im Vorübergehen, ohne noch mehr hinzuzufügen, so wie es die Erwachsenen häufig tun, wenn ihnen die Zeit fehlt, die Neugierde von Kindern zu befriedigen.

Maria war einer der Namen, auf die ich getauft war. Damals wusste ich es nicht, und es kam mir auch nicht in den Sinn, dass sich die beiden Buchstaben auf Maria, die Mutter unseres Herrn Jesus, beziehen könnten. Und da alles, was mit Religion und ihrer Ausübung zu tun hatte, in unserer Familie nicht sehr populär war, glaubte ich, ohne allerdings den Grund zu begreifen, dass sie sich auf mich bezögen. So groß war meine Sicherheit, geliebt zu werden. Die simple Tatsache, stets im Mittelpunkt der Aufmerksamkeit und unter der wohlwollenden Beobachtung von zwanzig Augen zu stehen, verwöhnt von allen

Erwachsenen, für die ich Hoffnung in schwierigen Zeiten und einer unsicheren Zukunft verkörperte, hatte dies bewirkt.

Und dennoch war ich allein.

An den Nachmittagen, wenn ich in mein großes Bett mit der kühlen Bettwäsche aus besticktem Leinen gesteckt wurde, vertrieb ich mir die Zeit mit Schattenspielen an der Decke: Den dort tanzenden Reflexen des Sonnenscheins gab ich Namen, die ich irgendwann einmal gehört hatte, und verwandelte sie in verschwommene Gesichter, in Gestalten, die meinem Wunsch nach Freunden, nach Gleichaltrigen entsprangen. Sie sollten mir Gesellschaft leisten bei meinen einsamen Spielen als Erstgeborene und einzige Tochter in jenen Tagen des Zweiten Weltkriegs in dem kleinen Dorf im Veneto, wo es uns hin verschlagen hatte.

So erblickte an einem jener Nachmittage, während alle anderen, ermattet von dem reichlichen Mittagessen, ihre tägliche Siesta hielten und der im schrägen Sonneneinfall tanzende Staub wie eine Klinge das Halbdunkel des Zimmers durchschnitt, meine geheime Freundin das Licht der Welt.

Franca Carletto tauchte ziemlich überraschend auf, aber vielleicht hatte ich sie in meiner Fantasie ja schon lange vorher zum Leben erweckt. So stark war mein Wunsch gewesen, nicht mehr allein über die Wiesen laufen zu müssen und endlich jemanden zu haben, der meine kleinen Geheimnisse mit mir teilte – ganz zu schweigen von den vielen Kuchen, den Johannisbeeren und der Apfeltorte, die mir manches Mal allein einfach zu viel waren. Irgend-

wie zwängte sich meine Freundin durch die Ritzen der rissigen Fensterläden aus Holz und suchte sich ihren Platz in dem von Träumen bevölkerten Schweigen des schlafenden Hauses.
Aus weiter Ferne und matt vor Hitze drangen gedämpft die üblichen nachmittäglichen Geräusche zu mir herauf: brummende Sägen, die sich anhörten wie riesige, sonnentrunkene Insekten, das intensive Zirpen unsichtbarer Zikaden, ein Chor verschiedenster Vögel, die geschäftig im kühlen Zweigwerk sangen, und das vertraute Gackern der Hühner, wenn sie zu ihrer eigenen Überraschung wieder mal ein Ei produziert hatten.

Ich spürte ihre Gegenwart mit einer Sicherheit, die ich nie zuvor empfunden hatte; ich stemmte mich im Bett hoch, richtete mich auf und hieß sie in meinem Leben willkommen mit klopfendem Herzen, der Begleitmusik wahr gewordener Träume.
Ich begrüßte sie sogleich mit ihrem Namen, den ich wer weiß wo gehört hatte und den sie für immer tragen sollte. Ich machte ihr Platz neben mir, und von diesem Moment an war sie ständig an meiner Seite, bis sie ersetzt wurde durch richtige Kinder aus Fleisch und Blut, mit denen ich spielen konnte. Aber von meinen Freunden war sie mir die treueste und vielleicht auch die beste, da sie nie auf ein bestimmtes Gesicht festgelegt war und je nach Tageslaune Aussehen und Farben, Stimme und Charakter wechselte und sich meinen Wünschen anpasste, wie es ein echter Mensch niemals vermochte.
Sie kannte keine Vorlieben, die nicht die meinen waren.

An ihr konnte ich meinen ganzen Groll und Unmut auslassen, aber ich konnte sie auch lieben und lieh ihr, ohne zu zögern, meine wertvollsten Spielsachen, sicher, dass sie sie immer in Ehren halten würde.
Ich war ihr dankbar für ihre Beharrlichkeit, ihre Geduld, mir stumm überallhin zu folgen und meinen Erzählungen zu lauschen, die jetzt keine Monologe mehr waren und mein langes Schweigen durchbrochen hatten. Ich vergaß nie, am Tisch die besten Bissen für sie übrig zu lassen, die ich sorgfältig am Rand meines Tellers sammelte, ehe ich selbst zu essen begann. Damit sie sich neben mich setzen konnte, balancierte ich ganz außen am Rand meines geflochtenen Kinderstühlchens, und nachdem ich mir die Hände gewaschen hatte, streckte ich ihr das Handtuch hin und wartete, dass sie es mir gleichtäte.

Flach an die Wand gedrückt – ich erinnere mich heute noch an den Gipsgeruch des Verputzes –, schlief ich ein, um ihr Platz in meinem Bett zu machen, und ich wünschte ihr gute Nacht mit einem Kuss ins Leere.
Meine Mutter machte sich zuerst so ihre Gedanken. Ich kann mich an einen raschen Blickwechsel über meinen Kopf hinweg erinnern, an dem Tag, an dem ich verkündete, dass von nun an meine Freundin Franca Carletto bei uns leben und mit mir essen, schlafen und spielen würde.
Ich muss den Erwachsenen allerdings zugute halten, dass sie nie versuchten, mir meine kleine Freundin auszureden. Die Zuneigung zu mir ließ sie erahnen, dass ich ihnen das

nie verziehen hätte. Außerdem waren sie sich der Schwierigkeiten bewusst, die es bedeutete, ein körperloses, gleichzeitig aber reales, allmächtiges und unfassbares Wesen von der Zweideutigkeit einer Elfe und dem makellosen Glanz einer Illusion zu zerstören. Schließlich akzeptierten sie ihre Gegenwart und gingen manches Mal sogar so weit, einen zusätzlichen Teller mit Essen auf meinen Tisch zu stellen oder taktvoll nachzufragen, ob meine Freundin nicht müde sei, nachdem sie so lange in der Sonne gespielt habe, und ob ich ihr nicht vorschlagen wolle, mich in den Schatten der Pinien zu begleiten, um sich dort neben mir auszuruhen. Manchmal keimte dann schon ein gewisser Verdacht in mir.
Über meine Freundin wurde versucht, mich freiwillig zu dem zu bewegen, was ich sonst nur widerwillig akzeptiert hätte. Aber das begriff ich schnell, da ich trotz meiner Naivität ein waches und neugieriges Kind war. Und – das war am wichtigsten für mich – die Erwachsenen lachten mich nie aus. Humor kann ein Rettungsanker sein, aber ein dröhnendes Lachen kann töten. Die Zerbrechlichkeit von Träumen verträgt keine beißende Ironie.

Dann trat eines Tages ein echtes Kind in mein Leben, strohblond und mit sehr hellen Augen. Seine Eltern waren Schweizer und hatten im Dorf, kaum dass der Krieg zu Ende war, eine große, alte Villa mit geheimnisvollen Bäumen gekauft, nicht weit weg vom Haus des Großvaters. Und sie hatten sich mit meiner Familie angefreundet. Der Junge war so alt wie ich, so allein wie ich und hieß Raoul.

Ich kann mich noch bestens an das erste Mal erinnern, als er zu mir zum Spielen kam. Er stürmte fast in unseren dämmrigen Vorraum, und die Sonne in seinem Rücken ließ sein glattes Haar, das von einer Haarnadel seitlich auf der hohen Stirn festgehalten wurde, weiß erscheinen.
Er trug kurze Hosen aus Leder, und auf dem Querteil der Hosenträger war ein Edelweiß aufgestickt. Das war das merkwürdigste Kleidungsstück, das ich jemals gesehen hatte. Er lachte, griff nach meiner Hand und gab mir einen Kuss. Dann hielt er mir eine kleine Glocke aus Silber hin, eine Miniaturausgabe der großen Glocken, wie sie die Kühe um den Hals tragen, damit sie auf den Bergweiden nicht verloren gehen.
Als ich sie entgegennahm, bemerkte ich aus dem Augenwinkel eine Art Flattern, auf das ich aber nicht achtete, so versunken war ich in die große Freude, einen so seltenen und wertvollen Gegenstand zu besitzen.
Heute weiß ich, dass wir aus dem Augenwinkel die seltsamsten Dinge wahrnehmen, Phänomene, die mit unseren gewohnten Konventionen und bekannten Dimensionen nicht zu vereinbaren sind: verblasste Blumen, abgehacktes Flüstern, verschwommene Gesichter, zarte Spitzen und weiße, scherenschnittartige Gestalten aus der Vergangenheit, kandierte Veilchen, voller Erinnerung, kaum mehr wahrnehmbare Lavendeldüfte, uneingestandene Hoffnungen und subtile Wehmut, die der Verstand nicht wahrhaben will.
Ohne schlechtes Gewissen, und das war auch richtig so, lief ich zum Spielen mit meinem neuen Freund hinaus in die Sonne.

Erst viele Jahre später, als ich durch Zufall in einem Schmuckkästchen meiner Mutter die schwarz verfärbte, silberne Glocke und mit ihr eine verlorene Erkenntnis wieder fand, kamen mir meine unsichtbare Freundin und der Zeitpunkt ihres Weggangs wieder in den Sinn.

VI
Der Schnee vergangener Zeiten

Wo ist der Schnee vergangener Zeiten?

François Villon,
Ballade des dames du temps jadis

Wo immer wir auch leben, woran wir auch glauben, es sind Riten, die unser Leben bestimmen, und dabei ist Weihnachten mit Sicherheit einer der wichtigsten, ganz gleich, ob wir gläubig sind oder nicht. Weihnachten ist *die* Gelegenheit, in regelmäßigem Abstand Verwandte und Freunde zu treffen, Geschenke auszutauschen und familiäre und freundschaftliche Bande zu pflegen.
Im Lauf der Jahre habe ich viele Weihnachten in Kenia verbracht, in der drückenden Hitze der Küste, wo die Weihnachtsbäume aus Korallenzweigen bestanden, behängt mit versilberten Muscheln, wo es zum festlichen Mittagessen gegrillte *colo-cole*-Filets und Felsenaustern gab und der Weihnachtsmann auf einem Kamel angeritten kommt.

Es hat auch in meinem Leben Weihnachtsfeiern gegeben, die von besonderer Bedeutung für mich waren und an die ich mich lebhafter als an andere erinnere, und dennoch ist es passiert, dass sich der Nebel der Zeit über die Details gelegt und zum Teil diese Erinnerungen gelöscht hat – wie es ja mit vielen Dingen im Leben der Fall ist.

Von Weihnachten 1946, als meine Schwester zur Welt kam, sind mir vor allem drei Dinge in Erinnerung geblieben: der Schnee, der Keuchhusten und die fantasievolle Krippe von Gianfranco Mantovani, den wir liebevoll Ciccio nannten.

Ciccio war der einzige Sohn des praktischen Arztes im Krankenhaus von Crespano und zehn Jahre älter als ich. Er musste damals also dreizehn Jahre alt gewesen sein, und seine große Leidenschaft galt Motoren und allem, was mit Mechanik zu tun hatte. In seiner Weihnachtskrippe gab es eine moderne, elektrisch betriebene kleine Eisenbahn, die eine kurvenreiche Strecke mit vielen Tunnels zurücklegte, Brücken überquerte und Hügel aus Pappmaché erklomm, um zu guter Letzt in schneller Fahrt einen Stall zu passieren, wo eine verblüffte Gruppe aus Gipshirten in Erwartung von Wundern verharrte.

Die Krippe nahm ein ganzes Zimmer ein, und Ciccio verbrachte dort Stunden, auf dem Bauch liegend, um seine Miniaturlokomotive und die mit Kieselsteinen und Sand beladenen Waggons durch märchenhafte Landschaften fahren zu lassen, wo Pappkartonpinien einträchtig neben Palmen wuchsen, an den Ufern einer aus Spiegelscherben gefertigten Seenplatte, die umgeben war von dichten Büscheln aus echtem Moos.

Die Familie Mantovani war mit uns befreundet – der Vater war auch unser Hausarzt –, und die Villa, in der sie lebten, lag direkt neben der unseren. Um während des Kriegs der allgegenwärtigen Gefahr zu entgehen, in den Stunden des Ausgehverbots eine öffentliche Straße überqueren zu müssen, hatten wir einen Teil der Hecke, die unsere Gärten teilte, zurechtgestutzt, damit die Familien sich besuchen konnten, ohne auf die Straße treten zu müssen.

»*Saltar el mureto*« – über das Mäuerchen hüpfen, nannten wir es, erst eine Steinstufe zu erklimmen, die eigens zu diesem Zweck dort platziert worden war, um uns anschließend über die niedrige, von immergrünen Kletterpflanzen bewachsene Mauer zu schwingen, und zwar dort, wo die Hecke zurückgeschnitten worden war.

Ciccio, der wie alle Jungen in der Pubertät einen unersättlichen Appetit hatte, nutzte die Gelegenheit und sprang, nachdem er zu Hause gegessen hatte, über besagte Mauer und leistete uns zum Mittagessen oder Frühstück Gesellschaft, wo er selbstverständlich ein zweites Mal speiste. Alle mochten ihn gerne, und nach dem Kriegsende verbrachte er viel Zeit mit meinem Vater, der in ihm einen idealen und begeisterten Begleiter für Wanderungen und Skiausflüge in die schneebedeckten Berge der Umgebung fand.

Dieses erste Weihnachtsfest nach der Rückkehr meines Vaters war eine Zeit der Wunder für mich: Der erste Weihnachtsbaum meines Lebens mit seinem Geruch nach Piniennadeln, und nicht zu vergessen, der englische Offizier namens Nicholson, der bei uns zu Gast war und dem ich nicht nur meine erste Tafel Schokolade, sondern auch meinen Spitznamen verdanke, der mir ein Leben lang bleiben sollte – *Cookie*, sprich: Kuki, was auf englisch so viel wie Keks bedeutet.

Aber auch später, als ich älter wurde, war Weihnachten immer ein großes Fest für mich, angekündigt durch den Klang der Kirchenglocke, die an Heiligabend, am vierundzwanzigsten Dezember, im grauen Morgenlicht durch die geschlossenen Fensterläden drang.
Der Baum im Wohnzimmer war bereits fertig geschmückt mit Lametta und zarten, fantasievollen Vögeln aus vergoldetem und grünem Glas. Sie hatten lange, gebogene Schnäbel und ähnelten auf merkwürdige Weise den in der Nähe des Äquators beheimateten *sunbirds**, die ich Jahre später in Afrika beobachten sollte, wo sie, hektisch mit den Flügeln flatternd, den Nektar aus den orangeroten Aloeblüten in meinem sonnendurchfluteten Garten saugten.
Eine ganze Ecke des Zimmers nahm die fantasievoll gestaltete Krippe ein, denn wie Bethlehem tatsächlich ausgesehen hatte, konnten wir nur erahnen. Bemalte Holzfiguren stellten Hirten dar und Frauen in langen Gewändern, die Amphoren auf dem Kopf trugen, es gab Pfützen aus Glas, in denen Gänse aus Zelluloid schwammen, künstliches Gras, Kamele und Kameltreiber und sogar eine kleine Schafherde, die von einem Jungen in einer Tunika bewacht wurde.
Dazu einen Stall, einen Esel und einen Ochsen, eine blau

---

* Honigsauger (A. d. Ü.)

gekleidete Madonna mit weißem Schleier, einen bescheidenen, bärtigen Josef in einem brauen Überwurf und eine leere Futterkrippe, in die während der Nacht heimlich ein nacktes, rosiges Jesuskind gelegt werden würde, das aussah, als sei es bereits fünf Jahre alt, und das wir Kinder am nächsten Morgen entdecken sollten.
An diesem Tag wurde mir das Frühstück nicht ans Bett gebracht, da ich seit Mitternacht fastete, um mit leerem Magen die heilige Kommunion zu empfangen, und zwar während der Frühmesse im Dom und in Begleitung der einzigen Hausbewohner, die in die Kirche gingen: die Großmutter, Tante Vito und ein Dienstmädchen.

Der Dom war still und menschenleer am frühen Morgen. Im schwachen, blaugrünen Licht, das durch die großen, mit Geschichten aus dem Evangelium bemalten Fenstern fiel, traten wir durch eine kleine, halb verborgene Tür hinter dem Hauptaltar. Während sich auf den abgetretenen Stufen die Abdrücke meiner kleinen Füße über die wer weiß wie vielen Spuren legten, die Prozessionen von Gläubigen im Lauf der Jahrhunderte hier hinterlassen hatten, stiegen wir in die Krypta hinunter mit ihren Gerüchen nach uralten Gräbern, Weihrauch und feuchtem Gestein.
Dort unten reihte sich ein Alkoven mit gewölbter Decke an den anderen. Darin standen Altäre, die von Hunderten von Kerzen erleuchtet wurden, mit Kreuzigungsszenen, Votivherzen aus Silber und verstaubten Reliquienschreinen. Hinter Glasdeckeln schlummerten die vertrockneten Skelette obskurer Heiliger, vergessen seit Jahrhunderten.

Alte Frauen mit Tüchern auf dem Kopf knieten, Gebete murmelnd, nieder, Ministranten, die viel jünger waren als ich, schwenkten glänzende Weihrauchkessel, und der Geruch stieg in aromatischen Wolken in die Höhe und drang in jede Ecke. Priester in schwarzen Gewändern und Stolen aus weißer Spitze stimmten Litaneien an und segneten Becher mit Messwein. Heidnische Bilder vorchristlicher Riten schienen sich aus dem Nebel der Jahrtausende zu lösen.

Draußen bekamen wir rote Wangen vor Kälte. An der Straßenecke verkaufte eine Frau mit grauen, fingerlosen Handschuhen heiße Maroni, und das Haus der Großeltern erwartete uns. Vor allem die hell erleuchtete Küche mit Tischen, die sich bogen unter der Last der für den Abend vorgesehenen Speisen: glänzende Seebarsche, Schüsseln voller Mayonnaise, Berge aus frisch gekochten, winzigen Krabben, die darauf warteten, geschält zu werden.

Die wertvollsten und schmackhaftesten Krabben der Adria waren rosa und klein wie ein Kinderfinger. Da meine Hände geschickter und schneller als die der Erwachsenen waren, bekam auch ich einen Schurz und setzte mich an den Tisch, stolz, helfen zu dürfen. Es war eine Tradition der venezianischen Küche, am Weihnachtsabend ein Menü aus Fisch zu servieren, die so genannte *cena di magro*. In unserer Familie gab es zu diesem Anlass immer dieselbe Speisenfolge.

Krabbencocktail in hellroter Sauce mit Mayonnaise, Risotto mit Weißwein und einer Brühe aus Fisch und

Kräutern, gedämpften Seebarsch mit Petersilienkartoffeln, Olivenöl und Zitrone, danach diversen Krokant und Nougat aus Haselnüssen und Mandeln, Pralinen, getrocknete Aprikosen, Pflaumen, Walnüsse und Marrons glacés als Nachspeise.

Waren alle Gäste, alle Cousins und Cousinen, Onkel und Tanten versammelt und der Aperitif serviert, ertönte plötzlich draußen auf der Terrasse das Klappern von Holzpantinen, und wir Kinder verharrten in gespannter Erwartung.

»Das Jesuskind ist da!«, ließ sich eine Stimme vernehmen. »Da ist sein Esel.« Der Weihnachtsmann war damals noch eine fremde Tradition, und erst einige Jahre nach Kriegsende und unter dem Einfluss der Amerikaner sollte seine heidnische, rotwangige Gestalt die alten Gewohnheiten verdrängen.

Der Weihnachtsbaum erstrahlte im Glanz von hundert echten Kerzen, und die Geschenke waren bereits ausgebreitet, als wir Kinder im Gänsemarsch ins Zimmer traten und Laute der Bewunderung und der Vorfreude ausstießen.

Am nächsten Tag, an dem wir alle sehr verschlafen waren, bestand das festliche Mittagessen aus *Tortellini in brodo*, das heißt, aus einer kräftigen, mit Sherry verfeinerten Brühe mit Tortellini, gebratenem Perlhuhn mit Markknochensauce, gegrilltem Radicchio, Hallimasch-Pilzen, einem butterreichen Panettone, Champagner und Süßwein.

Jedes Jahr waren dieselben Personen anwesend, und jeder konnte sich selbst ein Bild machen, wie die Zeit verging. Man musste nur auf die feinen Pinselstriche achten, die das

Leben auf den vertrauten Gesichtern derer, die wir liebten, hinterlassen hatte.

Es war wie in einer unzählige Male wiederholten Aufführung: Der Nachwuchs der jüngeren Paare betrat die Szene durch die weiße, auf der rechten Seite liegenden Tür, die Neugeborenen vom Vorjahr hatten mittlerweile zu laufen gelernt, die Jugendlichen waren vernünftiger geworden, und ein bläulicher Schatten hatte sich um das Kinn der jungen Männer gelegt, während aus den jungen Mädchen junge Frauen geworden waren, denen ihr Äußeres mit einem Mal sehr wichtig war und die bald zu vollen und reifen Blumen erblühen sollten. Die Alten waren noch älter geworden, ihre Haare noch dünner, ihr Körper noch gebeugter, und mancher von ihnen würde bald – der eine abrupter, der andere zögernder – durch die schwarze Tür zur Linken von der Bühne abtreten und nie mehr zurückkehren, um teilzuhaben an jenen langen, immer wiederkehrenden Weihnachtsessen.
Die leuchtenden Gesichter meiner Familie, die sich im matten Licht des Winters um die Tafel versammelt hatten, sind in meinem Gedächtnis eingegraben wie eine Daguerreotypie, deren Feinheiten niemals ganz verblassen können.

Auf das christliche Weihnachten folgte eine heidnische, fröhliche Jahreszeit, der Karneval, der damals in Italien bis zur Fastenzeit noch ausgelassen gefeiert wurde mit kunstvoll gefertigten venezianischen Masken, Musik, Festen, Luftschlangen, Papierkugeln und jeder Menge köstlicher

Dinge zum Essen. Die *nonna*, die eine Schwäche für Süßes hatte, übertraf sich selbst mit ihren für diese Zeit des Überflusses typischen Leckereien. Eine Platte nach der anderen wurde zu den ersten Festen gereicht, die ich als junges Mädchen bei uns zu Hause gab: Fettgebackenes mit Rosinen, eine Art Ausgezogene mit Vanillezucker, kleine, mit Butter bestrichene Krapfen, mit Zabaione gefülltes Gebäck aus Brandteig, Meringen mit frischer Schlagsahne, Karamell mit kandierten Mandarinen, frische Feigen, Spieße mit Weintrauben, die in Karamellzucker getaucht waren, und nicht zuletzt lockere, duftende Krapfen mit einem Herzen aus Aprikosenmarmelade, die aufs Kinn tropfte, wenn man nicht aufpasste. Meine ersten kleinen »Partys« verwandelten sich rasch in Triumphzüge der Konditoreikunst, und meine jungen männlichen Gäste mit ihren noch heiseren Stimmen und dem immensen Appetit pubertärer Wachstumsschübe vergaßen alle Posen und alles Gehabe erwachsener Männer, mit dem sie uns beeindrucken wollten, und stürzten sich ohne Verlegenheit auf die süßen Teile.
Das andere große Fest war Ostern.
Den Auftakt zu österlichem Geist und Eiern in Hülle und Fülle bildete jedes Jahr ein ganz bestimmter Kuchen, den uns eine Patientin meines Vaters schenkte.

Es war ein Kuchen aus gelbem, lockerem Biskuit, der nach Mandeln duftete und mit einer rosa Glasur überzogen war. Ein echtes, hart gekochtes, helltürkis bemaltes Ei war in der Mitte platziert, und winzige Zuckereier in verschiedenen Pastelltönen säumten den Rand der Torte.

Kurz danach fingen auch wir an, die Eier zu Dutzenden zu färben. Wir kochten sie in mit Essig verdünntem Wasser, um die Farbe zu fixieren, und ließen sie anschließend in kleinen, mit Papier gefütterten Körbchen auf den Tischen trocknen. Schälten wir sie, um sie zu essen, war das Eiweiß mit blauen Adern durchzogen wie bei riesigen Stareneiern.

An Ostern überwog eine heitere, freudige Stimmung – endlich wieder Frühling nach einem langen, im Haus verbrachten Winter. Wurden die Tage dann länger und wärmer, tauchten an den Zweigen der Forsythien gelbe, an Sterne erinnernde Knospen auf. Krokusse und Hyazinthen durchbrachen die harte Kruste der winterlichen Erde, Wolken aus rosa Blüten verwandelten die Pfirsich- und Apfelbäume an den Hängen der Hügelketten in duftige Farbtupfer wie auf einem Paravent aus orientalischer Seide. Zwischen den Grashalmen drängten geheimnisvolle frische Knospen ans Licht; Margeriten und Ranunkeln, Veilchen und die staubigen Blüten der Mimosen säumten die schräg abfallenden Gräben.
Der Wind verlor seinen Biss, und wir schlüpften in neue Kleider in hellen Farben, während die Großmutter ihre Kollektion an Sommerhüten ausführte, die mit tausend verschiedenen Schleiern und Bändern geschmückt waren.
Nur den Karfreitag mochte ich überhaupt nicht, denn da bestand die Großmutter aus Verehrung für die Tradition darauf, sieben Grabstätten in sieben verschiedenen Kirchen zu besuchen, und von mir erwartete sie, dass ich sie begleitete.

In den Kirchen war es fast völlig dunkel. Selbst die roten Lampen waren erloschen, sonst Hinweis auf die Präsenz der geweihten Hostie in den Tabernakeln seitlich der Altäre, die jetzt als Zeichen der Trauer mit violetten Paramenten geschmückt waren. Die Atmosphäre war bedrückend: Die Priester trugen schlichte Messgewänder mit violetten Stolen ohne die üblichen Stickereien, und vor dem Hauptaltar waren verblüffend realistische Statuen des leidenden Christus nach der Kreuzabnahme zu sehen. Einige davon, vielleicht sogar die meisten, waren Werke berühmter alter Meister, aber dafür hatte ich nur wenig Sinn.

Ich kann mich an lange Schlangen alter Frauen erinnern, die grauen Häupter mit schwarzen Kopftüchern verhüllt, an Damen mit Handschuhen und Hut, deren Mäntel an Kragen und Saum mit Nerz und Persianer geschmückt waren. In meiner Erinnerung waren es vor allem die Frauen, die in die Kirche gingen.

Als ich an der Reihe war, beugte auch ich meine Knie und küsste starr die Wundmale, die wie Blüten auf den Handflächen erwuchsen, umschlossen von wie zu Krallen gekrümmten Fingern, durchbohrt von den Nägeln des Kreuzes. Die Speerwunde an dem ausgemergelten Brustkorb des Herrn, die Löcher in seinen knochigen Füßen, durchbohrt von riesigen Nägeln, an denen schauerlich das Blut aus Gips austrat, das alles fühlte sich kalt unter meinen zusammengepressten Lippen an.

Alle Christusfiguren hatten schöne, vom Leid und von der Agonie gezeichnete Gesichter, ihre Haut schimmerte grün und grau und spannte sich über hohlen Wangen. Sie hielten die Augen halb geschlossen, während grausame, lange Dornen sich in ihre Stirn aus Marmor oder Holz bohrten, in die wie bei einem Hippie der Antike lange, ungekämmte Haare fielen. Voller Angst hielt ich meine Augen geschlossen und stellte mir vor, nicht da zu sein.

In der Kapelle des Collegio Zanotti, wo ich unter der Woche in die Schule ging, lagen zwei Nonnen auf dem Fußboden aus Marmor. Die Arme in bittender Haltung über ihren verschleierten Köpfen ausgebreitet, beteten sie in stundenlanger Bußfertigkeit.

Am liebsten wäre ich davongelaufen, aber die Großmutter, die ich liebte und der ich nicht wehtun wollte, hielt mich fest an der Hand.

VII
Ein sanfter Jäger

… und der Jäger, der aus den Bergen nach Hause kommt.

R. L. Stevenson, *Underwoods*

Es gibt Geschmacksnoten aus meiner Kindheit, die mich unweigerlich an andere Orte und in andere Zeiten zurückversetzen: an Abende auf dem Land, auf hohen Stühlen vor einem Kamin, umgeben von funkelndem Kupfer und Silber, den Geschmack nach Röstkastanien und neuem Wein im Mund, Bratspieße mit Vögeln vor Augen, die sich langsam an einem Rost drehen, dazu süße Säfte, *baicoli** und Liköre.

Wenn im November der Nebel über den Feldern aufstieg und die Weintrauben erstarrten an den ersten frostigen Morgen, wenn unerwarteterweise goldene Kugeln an den

---

* trockene venezianische Kekse

schwarzen, verkrümmten, orientalisch anmutenden Ästen der Kakipflaumen hingen und das vereiste Gras blass und rau wurde, dann ging der Großvater mit seinem Kauz und dem Drehspiegel auf Lerchenjagd.
Immer wieder ein faszinierendes Erlebnis für mich.
Der Kauz war ein merkwürdiger Vogel, ruhig, mit großen gelben Augen und schweren Lidern, die sich hin und wieder, wie bei uns Menschen, öffneten und schlossen. Seine Gegenwart und der glänzende Spiegel lockten die anderen Vögel in Schwärmen an.

Viele Jahre später in Afrika fiel mir auf, dass sich die Vögel dort bei Schlangen ähnlich verhielten, so, als ob die Gefahr sie gleichzeitig erregte und anzöge.
Jedes Mal, wenn wir über unseren Vogeltränken oder über einem Busch im Garten aufgeregtes Gezirpe hörten, gingen wir nachsehen, denn es war sehr wahrscheinlich, dass die Stare und Webervögel versuchten, der Welt mitzuteilen, dass sie eine Schlange aufgestöbert hatten.
Die Hunde bildeten daraufhin einen Kreis um die Schlange, aber kurioserweise immer mit entsprechendem Abstand, sodass sie nicht angegriffen werden konnten, und fingen im Chor zu bellen an, ein monotones, einsilbiges Alarmgeheul.
Die Vögel konzentrierten mittlerweile ihre ganze Aufmerksamkeit auf die Stelle, wo die anvisierte Puffotter sich zischend zusammenrollte.
Auf die gleiche Art und Weise kamen die Stare mit den langen Schwänzen im Morgengrauen paarweise angeflogen, um mit Kampfgeschrei ihre Spiegelbilder im Haus zu

attackieren und die Konsolen aus Holz zu besudeln, wenn wir vergessen hatten, nachts die Fenster zu schließen.

Der Kauz meines Großvaters ernährte sich hauptsächlich von zerkleinerter Hühnerleber, benötigte für sein Verdauungssystem aber die Faserstoffe aus den Federn seiner Beute. Hin und wieder kam es deshalb vor, dass er sich rasch und ohne lange Umstände auf eine unserer Tauben stürzte und sie verschlang, um kurz darauf eine Kugel aus unverdauten Federn hervorzuwürgen, ein seltsames, hartes Ding, feucht und wellig, das an den Zauber eines *muganga,* eines afrikanischen Medizinmannes, erinnerte.

Das Ritual der Vorbereitung auf die Jagd versetzte mich stets von neuem in Aufregung. Der Großvater brach bereits früh am Morgen in Begleitung seines Chauffeurs Costanzo auf, mit einer Wolldecke im Kofferraum und einer in einer ledernen Hülle steckenden Thermoskanne voll heißem Kaffee, dazu einem Picknickkorb, beladen mit allen möglichen Panini, die keiner so gut wie er zuzubereiten wusste: Es gab längliche Milchbrötchen, mit einer dünnen Senfschicht bestrichen und mit einer Scheibe des milden, unvergleichlichen San-Daniele-Schinkens und ein paar in Öl eingelegten Artischocken belegt; dicke, runde Brötchen mit einer Füllung aus Zitronenmayonnaise, Thunfisch, gehackter Petersilie und einer grünen Olive als krönendem Abschluss; Scheiben Vollkornbrot, entweder belegt mit Provolone und reifen Tomaten oder aber mit Salami und Rucola. Für den Notfall hatte man natürlich auch noch eine Flasche Cognac dabei und eine Schachtel mit Pralinen aus bitterer Schokolade, um »in Fahrt zu kommen«.

Am selben Abend kam der Großvater wieder zurück und wurde mit großem Hallo empfangen. »*El xe tornà!* Er ist wieder da!«, ertönten die Rufe, während er Dutzende von Vögeln in langen Ketten aus braunen und schwarzen Federn aus dem Wagen trug.
Wenn wir sie rupften, pendelten die kleinen Köpfchen auf zarten Hälsen hin und her. Trotz aller Freude und Aufregung taten sie mir in dem Moment doch fast ein wenig Leid.
In kürzester Zeit war die Küche mit Federn gefüllt, die aus den großen Blecheimern zu unseren Füßen herausquollen, und auf den Marmortischen häuften sich die kleinen Vogelleiber.
Bald würden sich die Lerchen, abwechselnd mit einer Scheibe Speck und einem Salbeiblatt, auf langen Spießen langsam auf dem großen Bratenrost aus Kupfer drehen.
Ein köstlicher Duft würde durch unser Haus ziehen – ein wahrhaft königliches Mahl, diese winzigen Vögel, die wir gierig und ohne Reue verschlangen.

Mein Großvater war ein freundlicher Mensch. Er war ruhig und umsichtig, und seine Leidenschaft für die Jagd schien in krassem Gegensatz zu seinem friedliebenden Charakter zu stehen.
Aber es gab Episoden, die Aufschluss über seine wahre Natur erlaubten.
Das Stadthaus der Großeltern besaß auf der Rückseite

eine große Veranda, die auf den Fluss Sile blickte und an der sich ein außerordentlich kräftiges und üppiges Exemplar von Glyzinie emporrankte.
In der trockenen Jahreszeit, wenn der Wasserpegel sank und übel riechende Schlamminseln inmitten der langen, grünen Algen des Flusses sichtbar wurden, schwammen monströse *pantegane* – Süßwasserratten mit langen, nackten Schwänzen, groß wie Kaninchen – ans Ufer und kletterten den Stamm der Glyzinie hoch, um aus der Küche Essen zu stehlen.

Der Großvater erwartete diesen Augenblick mit großer Freude – endlich wieder eine Gelegenheit, zum Gewehr greifen zu dürfen. Mit einem merkwürdig fiebrigen Glänzen in seinen gütigen Augen und unter den aufgeregten Bitten der Großmutter und der Tante, die ihn baten, ja auf sich Acht zu geben, machte er sich auf die Jagd nach den *pantegane*.

Meiner grenzenlosen Bewunderung für ihn tat dieses Gemetzel mitten in der Stadt jedoch keinen Abbruch; es schien auch keinen anderen zu irritieren. Aber wenn ich heute daran zurückdenke, muss ich zugeben, dass es wirklich ein seltsames Verhalten und überhaupt nicht in Einklang zu bringen war mit dem sanften und ruhigen Menschen, als den ich meinen Großvater kannte.

VIII
Kindheit – Erinnerung an Emanuele

Weiße Kindheit, die sich wie ein Seufzer
durch die grünen Wälder bewegt.

W. H. Auden, *New Year Letter*

Mein Sohn Emanuele, der damals noch ein kleines Kind war, und ich lebten nach der Trennung von meinem ersten Mann zusammen mit meiner Mutter in einer Villa am Ufer des Flusses Brenta, in einem Ort namens Mira.

Ich will einen x-beliebigen Tag aus der Vielzahl vergangener Tage herausgreifen, die bis jetzt mein Leben ausmachten.
Der Tag soll dir gehören, Emanuele.
Nehmen wir einen Tag im November, in Mira.
Der Morgen klopft mit klammen Fingern an die vereisten Fensterläden, die schon viele Winter kommen und gehen sahen.

In meinem Zimmer, das mit antiken Möbeln und Teppichen ausgestattet ist, mit dem Bett aus Messing und Eisen, dessen Schicksal es will, dass es mir nach Afrika folgen wird ... Das Bett glänzt im dämmrigen Zwielicht, und der Morgen erscheint in Gestalt des runden, gutmütigen Gesichts von Sandra, die mich über die Teetasse hinweg freundlich anlächelt.
»Guten Morgen, Signora«, sagt sie und öffnet erst das Fenster und dann die Läden, um einen Schwall frostiger Morgenluft hereinzulassen.
Drei Fenster, und der bleierne Himmel und der graue Nebel dringen als feiner Dunst in mein Zimmer.
Ich trinke meinen Tee mit Zitrone und überfliege rasch die Schlagzeilen der Zeitung.
Dann klopfst du. Ich weiß, dass es deine kleine Kinderhand ist, da ich bereits deine letzten, schnellen Schritte auf dem Korridor hörte, bevor du draußen vor meiner Tür stehen bliebst.
Du kommst herein mit deinen langen, blauen Kordsamthosen, einem blauen Pullover und deinem weißen Hemd, das quasi als letztes Zugeständnis an die Kindheit noch ein mit Volants besetztes Krägelchen hat.
Deine glatten Haare, der Pony über deinen dunklen, intelligenten Augen.
Haben sie sich je verändert, deine Augen?
Hat sie sie je verlassen, die Unschuld der Kindheit, oder war sie vielleicht nie vorhanden?
Aus deinen Augen sprach eine Weisheit, die sie alt anmuten ließ, selbst an jenem zufällig gewählten Wintermorgen.

Du kommst herein, um mich zu begrüßen, du gibst mir einen Kuss auf die Wange, deine frische Haut berührt einen Moment die meine, und du sagst mir, dass du jetzt zum Spielen hinausgehst.
Hinter dir kommt dein Kindermädchen, Cina, so dünn in ihrem Rock und der blauen Strickjacke. Sie hält deinen Lodenmantel und deine Mütze.
Dann bist du weg, und ich trete ans Fenster, um dir nachzusehen. Du steigst die Steintreppe hinunter, bis du auf dem Kiesweg stehst, hinter den kürzlich erst gepflanzten Rosenbüschen, die starr wie Skelette in den Himmel ragen, und dann bist auch schon draußen vor dem Tor und folgst Cina die Straße in den Ort hinein.
Ich klopfe an die Fensterscheibe, um deine Aufmerksamkeit zu erregen, aber das Eisentor schließt sich hinter dir, der graue Nebel scheint dich zu verschlingen, du hast nichts gehört. Du bist weg.

In jenen Jahren schienen die Tage wie hinter einem dünnen, gnädigen Schleier zu vergehen. Es war eine Zeit des Wartens, dass der schlummernde Samen aufginge und sich die Zukunft, die sich langsam andeutete, endlich offenbarte.

Noch ganz verborgen, doch bereits in dir angelegt, war da diese Sehnsucht nach einer exotischen Welt, von der du bisher nur gelesen oder über mich etwas gehört hattest.
Es war eine Welt, die aus fantastischen Tieren und aus Menschen bestand, die so anders waren als die, die du bereits kanntest.

Eine Welt der Gegensätze und unbegrenzten Schönheit. Von unendlicher Weite, mit Dschungel, Wäldern und Savannen. Mit prähistorischen Seen und Bergen aus Rosenquarz, mit Inseln aus schwarzem Sand, weißen Stränden und einem blauen Ozean, mit sich im steten Wind wiegenden Palmen, mit Affenbrotbäumen, mächtig wie Säulen längst versunkener Tempel.

Mit Elefanten, die über den niedrigen Wald wie über ein Meer hinwegblicken, mit Nilpferden, die am Ufer träger Flüsse ruhen, mit Giraffen, die noch die höchsten Zweige von der Akazie mit dem flachen Schirm weiden.

Wo die Menschen in Hütten aus getrocknetem Lehm wohnen, rund wie Brote, in Behausungen aus geflochtenen Zweigen, die gelben, runden, umgestülpten Körben ähneln, oder in Häusern aus roter Erde mit Dächern aus Stroh.

Menschen, die Tücher um die Hüften tragen, sich mit Glasperlen, der Haut und den Federn von Straußen schmücken, die sich in rote oder schwarze Decken hüllen und Speere tragen. Wunderbare, wilde Menschen, die dem Ursprung noch nahe sind.

So weit weg wie möglich von Mira.

In gewisser Weise war es ein trauriges Haus. Die Reihe Zypressen hinter der Allee aus Linden verströmte eine düstere Atmosphäre, da sich dahinter ein aufgelassener Dorffriedhof befand. Diese Ecke des Gartens war für uns für immer mit einer traurigen Erinnerung verbunden, an den Tag, als wir Moshes Körper dort fanden.

Moshe war ein fröhlicher Mischlingshund gewesen, der

sich während eines heftigen Gewitters auf die Schwelle unseres Hauses geflüchtet hatte. Dort hatte ich ihn gefunden, zitternd, durchnässt bis auf die Knochen. Auf der Suche nach Zuflucht hatte er sich zwischen die Rhododendronbüsche am Fuße der Marmortreppe, die zum Eingang führte, geschleppt. Sein struppiges, schwarz, braun und gelb geflecktes Fell verriet seine plebejische Herkunft. Er hatte sich auf den Boden gedrückt, seinen langen Schwanz über sich gebreitet, und betrachtete mich mit dem elenden Blick eines Findlings, der mit allem abgeschlossen und nichts mehr zu verlieren hat. Er hatte lebhafte, wache Augen, und sein stummes Flehen eroberte mich im Sturm.
Ich liebe Hunde, ich verstehe ihre Art, und sie merken das natürlich sofort.
Ich öffnete die Tür, wickelte ihn in eine Decke und gab ihm warme Milch zu trinken unter dem misstrauischen Blick unserer Foxterrier, die um ihn herumscharwenzelten, ihn neugierig beschnupperten und schließlich mit gutmütigem Knurren akzeptierten, nachdem sie zu dem Schluss gekommen waren, dass er keine Bedrohung für sie darstellte.

Ich rieb ihm die Schlappohren trocken, gab ihm einen Kuss auf seine schwarze, feuchte Nase und adoptierte ihn. Ich nannte ihn Moshe, da ich wusste, dass es so viel bedeutet wie »aus den Wassern errettet.« Er folgte mir überallhin, spielte mit Emanuele und schlief nachts, ohne einen Laut von sich zu geben, zu Füßen meines Bettes auf einem alten, zerschlissenen Kelim.
Zu der Zeit hatten wir einen Dienstboten, der Hunde ver-

abscheute. Er besaß einen gewalttätigen Charakter, den er jedoch hinter einem heuchlerischen und unterwürfigen Auftreten verbarg. Instinktiv misstraute ich ihm. Seine herablassende Haltung Tieren gegenüber ließ ihn gerade noch unsere eleganten Foxterrier dulden. Moshes Gegenwart fand er jedoch von Anfang an untragbar und begann, ohne unser Wissen, dem armen Hund grausam nachzustellen.

Da Angelo viel zu schlau war, seinen wahren Charakter zu enthüllen, sollte ich erst am Ende von Moshes Martyrium davon erfahren, erst als Sandra wagte, uns die Vorfälle in allen Details zu beichten.

Es war gegen Ende des Winters, als ich bemerkte, dass Moshe verschwunden war. Wir suchten ihn überall und setzten selbst im Dorf eine Belohnung für denjenigen aus, der uns nützliche Informationen zu seiner Wiederbeschaffung hätte geben können.

Aber niemand hatte ihn gesehen. Angelo behauptete, in der Nähe sei eine läufige Hündin gesehen worden, gefolgt von einem Rudel Hunde, und so nahmen wir an, dass Moshe sich ihnen wahrscheinlich angeschlossen hatte. So wie er aufgetaucht war, war er offensichtlich auch wieder verschwunden und dem Ruf seiner Zigeunerseele gefolgt, ein Vagabund, der irgendwann einmal durch ein zufällig vorbeikommendes Fahrzeug auf dem Asphalt der Straße den Tod finden würde.

Wochen später, eines Nachmittags im Frühling – Ranunkeln, Margeriten und Vergissmeinnicht sprossen bereits – wagte ich mich mit Emanuele in jenen entfernten

Teil des Gartens hinter den Weinstöcken, wo wir nur selten hingingen. Es gab dort einen alten Brunnen aus grauem Kalkstein, der seit Generationen nicht mehr benutzt wurde.

Ich weiß nicht, welche Neugierde mich getrieben hat, das Gitter beiseite zu schieben, das den Rand bedeckte, und in die Tiefe zu spähen. Aber die aufgedunsene Gestalt, die auf der dunklen, schlammigen Oberfläche trieb, das unverwechselbare gelbschwarze Fell und der Gestank, den der Kadaver verströmte, ließen keinen Zweifel.

Mit Hilfe des Gärtners beförderten wir ihn nach oben. Das Küchenmesser in seinem Rücken ließ mich hoffen, dass er nicht zu viel gelitten hatte, als er ertrunken war. Die späte Beichte Sandras brachte schließlich die ganze Wahrheit ans Licht.

Wir ließen Angelo gerade so viel Zeit, einen Koffer zu packen und den ersten Autobus nach Venedig zu nehmen.

Die Villa meiner Mutter war ein geräumiges Patrizierhaus mit einem wunderschönen Garten. Der Garten war groß und mit alten Bäumen bewachsen, die lange Schatten warfen. Im Herbst und Winter wurde es rasch dunkel.

Emanuele erlebte zwischen diesen Bäumen seine einsamen Abenteuer, aber an den langen Nachmittagen im November und Dezember hielt er sich vorwiegend im Haus auf. Dann, wenn der gelbe Nebel aus dem Fluss Brenta hochstieg und die Welt in dämpfende Watte packte, reiste Emanuele in seiner Fantasie in die Ferne, weit weg und in Begleitung der Gestalten aus seinen tausend Geschichten.

Meine Mutter hatte ihm erlaubt, nach Belieben den großen Salon im oberen Stockwerk ihres Hauses benutzen zu dürfen, und das war sein Königreich. Es war ein großer Raum mit hoher Decke, der Boden war mit altem venezianischen Terrazzo ausgelegt, beige getüpfelt wie Mandelkrokant, und die Wände waren geschmückt mit rosa, schwarzen und dunkelroten Stuckarabesken. Der Raum war groß genug, ein Dreiradrennen abzuhalten, und bot genügend Ecken und Winkel, um eine fantastische Welt aus Dschungeln und Bergen darzustellen, in der Emanueles Plastikfiguren unbegrenzt Platz fanden.

Emanuele hatte die Angewohnheit, sich selbst – und jedem, der gerade in der Nähe war – komplizierte Geschichten von exotischen Orten und seltsamen Tieren zu erzählen. Diese untermalte er häufig noch mit eindringlichen Melodien, die er mit leiser Stimme sang.

Ich kann mich noch gut daran erinnern, wie eine seiner Lieblingsgeschichten anfing: »Urplötzlich krochen aus dem Mount Kenia Kobras hervor, Grauen erregende Kobras.«

Die seltsame, unerklärliche Vorahnung einer bereits vorgezeichneten Zukunft.

Emanuele. Mein Sohn hatte etwas an sich, das mein Verständnis überstieg und über den Bereich der allgemeinen Erfahrung hinausging. Er war weise, viel älter, als er tatsächlich war. Er verfügte über Erinnerungen und eine Fähigkeit zu logischem Denken, viel ausgeprägter, als es seinem Alter entsprach. Und das bereits zu einer Zeit, als sich die weichen Strähnen seiner Haare, die noch nie eine Schere gesehen hatten, noch über den von Nonnen bestickten Piquékrägelchen lockten und ihm die glatten Ponyfransen in die Augen fielen.

»Emanuele! Emanuele, wo bist du? Emanuele, jetzt komm bitte. Es ist schon spät!«
Die zarte Stimme von Cina drang unruhig durch die leeren Korridore, durch die morgendlichen Zimmer, in denen noch der Geruch des Kaminfeuers vom Abend zuvor hing, schwang sich durch die offenen Fenster hinaus in die prickelnde Oktoberluft, hinweg über den Teppich aus gelben Blättern, der die Lindenallee in Gold tauchte, entlang der Reihe Zypressen, hinter der sich der alte Friedhof verbarg, noch weiter bis zu den Weinstöcken und dem Brunnen, in dem wir Moshe gefunden hatten.
In ihre Rufe mischte sich die alarmierte Stimme meiner Mutter.
Nur das Schweigen der Frösche gab Antwort an diesem frühen Morgen.
Ich wusste, wo er hingegangen war. Obwohl wir so verschieden waren, herrschte zwischen uns beiden ein stummes Einverständnis. Es war, als sei er, bevor er mein Sohn wurde, mein Freund gewesen in vergangenen Leben, und die Art, wie sein beweglicher Geist funktionierte, die Komplexität seiner Seele waren kein Geheimnis für mich.
Bei uns im Garten stand eine alte, verkrüppelte Trauerweide, deren in Agonie erstarrte, von länglichen Blättern bedeckte Zweige noch nicht von den ersten Herbstwinden entlaubt worden waren. Sie wuchs in einer Ecke der großen Wiese und neigte sich stark auf eine Seite. Ein ideales

Versteck für einen Jungen, der nicht gefunden werden wollte.

In der Vergangenheit, im fernen Crespano, hatte auch ich mich als Kind im Garten des Großvaters in den duftenden Schatten eines Apfelbaumes zurückgezogen, um dort meinen Träumen nachzuhängen. Jetzt lenkte ich meine Schritte, ohne zu zögern, in Richtung der Trauerweide. Zwischen den blassgrünen Blättern spähte mit dunklen Augen ein kleines Gesicht auf mich herab, bleich und gespannt wie das eines gefangenen *bushbabys**. Ein schwarzer Kittel, ein weißer, runder Kragen, eine türkisgrüne Schleife. Seine erste Schuluniform.

Ich spürte, wie es mir eng ums Herz wurde. Ich wollte nicht diejenige sein, die seiner Kindheit ein Ende bereitete. Aber ich musste es tun.

»Komm bitte runter«, bat ich ihn. »Mach dir keine Sorgen. Wirst sehen, es wird alles gut werden. Früher oder später musst du ja doch in die Schule.«

Damals war auch ich noch jung, das Leben hatte mich noch nicht seine wichtigen Lektionen gelehrt, als dass mir die enorme Grausamkeit meiner Worte bewusste geworden wäre.

Mein Sohn war fünf Jahre alt. Erst lange Zeit später las ich Lyall Watson: »Jedes fünfjährige Kind weiß alles, was es wissen muss ... dann schicken wir es in die Schule, und die Frucht fängt zu faulen an.«

---

* kleines afrikanisches nachtaktives Tier, eine Art Halbaffe

IX
Der Weg nach Afrika

»Gehen Sie, gehen Sie bis zum Ende des Zimmers.«
Seine Stimme klang freundlich, aber bestimmt.
»Nein, ohne Krücken.«
Professor Müller griff unter meine Arme und nahm mir die langen Metallstöcke ab, die für mich inzwischen Teil meiner Anatomie geworden waren.
Im Sommer 1969 war ich in einen tragischen Verkehrsunfall verwickelt gewesen, bei dem mein linkes Bein völlig zertrümmert worden war und der mich bereits seit über einem Jahr zum Krüppel gemacht hatte.
Eine Reihe ärztlicher Fehler hatte meine Situation noch verschlimmert, bis ich endlich auf ihn gestoßen war: Professor Müller, der als orthopädischer Chirurg in Bern arbeitete, war zweifellos der größte Experte auf seinem Gebiet.
Er hielt erneut die Röntgenaufnahme gegen das Licht.
»*Marchez.*«

Ich humpelte wie eine lahme Ente, auf meinem verkürzten Bein springend.

Als ich mich umdrehte, sah ich, dass er die Stirn runzelte. Bevor er sich bereit erklärt hatte, mich zu behandeln, hatte er sorgfältig meine Röntgenaufnahmen studiert. Ich war für ihn ein »interessanter Fall«.

Ich begriff, dass er – wie ein Bildhauer, der in einem Klumpen Ton bereits die Statue ahnt, die er daraus erschaffen wird, oder wie ein Architekt, der die komplizierte Restaurierung eines beschädigten Gebäudes plant – genau wusste, was er erreichen wollte, auf welche Probleme er dabei stoßen und wie er sie lösen würde.

Ich blickte ihn mit bedingungslosem Vertrauen an. Er war meine einzige Hoffnung, je wieder normal gehen zu können. Ich wollte um jeden Preis gesund werden, nicht nur, weil ich jung war, sondern auch, weil die Jahre meiner schmerzhaften Rekonvaleszenz mich Paolo näher gebracht hatten.

Paolo war leichtfüßig in mein Leben getreten, wie ein mittelalterlicher Ritter oder ein Flamencotänzer. Er hatte Musik und Sonnenlicht, Geschichten und Hoffnung mitgebracht und mich damit verzaubert. Ich war verliebt in Paolo, und das bedeutete Abenteuer und Afrika, wo er früher einmal gelebt hatte und wohin er wieder zurückkehren wollte.

Professor Müller war der beste Chirurg für meinen komplizierten Bruch und der Einzige, der hätte wieder gutmachen können, was misslungene Operationen und schwere, unnütze Gipsverbände verunstaltet hatten.

Nur er würde mein steifes, verkrüppeltes Bein wieder heilen, nur mit seiner Hilfe würde ich wieder laufen können.

Er blickte mich eindringlich an.
Ein dünner Schnauzbart, lebhafte, intelligente Augen. Seine kleinen, aber kräftigen Hände hielten noch immer die Röntgenaufnahmen.

»Sie werden weitere drei oder vielleicht auch vier Eingriffe über sich ergehen lassen müssen.« Er hielt inne, um zu sehen, welche Wirkung seine Worte auf mich hatten.
Ich meinte, sterben zu müssen. Vier Operationen kamen mir vor wie eine Ewigkeit, auch wenn ich jetzt bereits seit über einem Jahr ein Krüppel war.

Professor Müller, dessen legendärer Ruf als Ausnahmechirurg mich zu ihm geführt hatte, musste damals schon ziemlich alt gewesen sein, aber mir, die ich noch so jung war, kam er alterslos vor.

Er war meine einzige Hoffnung. Vier Eingriffe. Ein geringer Preis für die Freiheit. Denn mehr als alles andere wollte ich nach Kenia. Ich nickte und blickte ihm unverwandt in die Augen, ohne mit der Wimper zu zucken.
»Gut. Vier Operationen.«

»Es ist keine leichte Aufgabe.« Er musterte mich, nachdenklich die Stirn runzelnd. »Es ist machbar, aber Sie müssen mir helfen. Sie sind noch zu jung, um mit einer Behinderung zu leben.«
Zu jung. Ich war sechsundzwanzig Jahre alt, Emanuele vier, und bis zu diesem Moment hatte ich angenommen, bald aus einem langen Schlaf zu erwachen und mit der

bitteren Möglichkeit konfrontiert zu werden, für den Rest meines Lebens behindert zu sein.

Ich konnte es mir aber nicht leisten, nicht richtig gehen zu können. Ich wollte mit Paolo nach Afrika. Nur das zählte. Ich erwiderte Professor Müllers Blick und brachte sogar ein Lächeln zu Stande. Ich spürte einen Kloß im Hals.
»Danke«, war alles, was ich herausbrachte.

Das Licht über mir blendete mich. Ich blinzelte. Schon spürte ich, wie die Welle aus Müdigkeit, die von der Vornarkose stammte, mich davontrug.
Ich blickte hoch. Das freundliche und intelligente Gesicht lächelte. Dunkle, lebhafte Augen. Die Chirurgenmaske verdeckte seinen Schnurrbart. Er nahm meine Hand und drückte sie, um mir Mut zu machen. Ich staunte über die Kraft, die in dieser kleinen Hand steckte.
»Sie werden wieder gesund. Verstehen Sie?« Die holprige Melodie seines Schweizer Akzents in seinem ansonsten geschliffenen Französisch. Er schwenkte eine Art Maßband.
»Ihr Bein wird genau so lang werden wie das andere.«
Seine kastanienbraunen Augen blitzten freundlich. Eine Nadel wurde in meinen Arm gestoßen.
»Maintenant, contez avec moi. Jusqu'à six. Un, deux ...«
Ich atmete tief ein und sprach ihm nach: »... *trois, quatre, cinq ...*«
Bis sechs kam ich nicht mehr.

Ich erwachte in meinem Bett; einige Stunden meines Lebens waren für immer aus meinem Bewusstsein verschwunden.

Das Bein war schwer, es pochte und schien geschwollen, tat mir aber nicht richtig weh.

Das Erste, was ich sah, waren die Gardenien. Ein großer Busch voller cremefarbener Blüten schien das ganze Zimmer mit seiner Gegenwart zu erfüllen.

Der Duft überdeckte den Geruch nach Desinfektionsmittel und verlieh der aseptischen Strenge des Zimmers und dem grauen Licht, das durch die Fenster strömte, ein mediterranes Strahlen. Auch ohne das Kärtchen zu lesen, das an einem Zweig baumelte, wusste ich, dass Paolo die Blumen geschickt hatte.

Meine Mutter betrachtete mich besorgt. Sie war gekommen, um mir zur Seite zu stehen, großmütig und diskret wie immer.

»Die Operation hat viel länger gedauert als gedacht. Sie mussten praktisch zwei Eingriffe auf einmal vornehmen. Vier Stunden ... Jetzt kommen noch zwei Operationen ... eine pro Jahr.«

Sie beobachtete mich aufmerksam. Meine Reaktion schien sie zu beruhigen.

»Paolo hat aus Italien angerufen, er wird morgen hier sein.«

Erleichtert lächelte sie mich an.

»Er hat mich gebeten, dir das zu geben.«

In weißes Seidenpapier eingewickelt, kamen ein Paar alte Schlittschuhe zum Vorschein, die mit einem roten Band zusammengebunden waren. Die alten, stumpfen Kufen

waren an einem hölzernen Gestell befestigt. Schlittschuhe als Symbol, frei dahingleiten, quasi fliegen zu können, nicht länger behindert. Ich schmunzelte. Der Poet in Paolo.
In seiner fließenden Schrift hatte Paolo in das Holz geritzt:
»Für mein Mädchen.«

Die Tür meines Zimmers öffnete sich, und Professor Müller kam herein. Er trug noch immer seinen OP-Kittel und trat an mein Bett.
Da ich an das wichtigtuerische Auftreten italienischer Ärzte gewöhnt war, die stets mit einem Schwarm eilfertiger Assistenten und Scharen von Krankenschwestern im Schlepptau zur Visite kommen, überraschte mich sein simpler, unprätentiöser Auftritt. Er hatte es nicht nötig, sich in Szene zu setzen.
»*La beauté ... ça va?* Stehen Sie mal auf und zeigen Sie mir, wie gut Sie gehen können.«
Ich erinnere mich noch an meine Fassungslosigkeit, die Angst, die Unsicherheit. So kurz nach einer solchen Operation aufzustehen und zu gehen erschien mir unmöglich.
Er half mir, mich aufzurichten, und befestigte den durchsichtigen Beutel mit der Kanüle an meinem Krankenhaushemd. Er nahm mich an der Hand. Ich stand auf.
Krankenhausgerüche, Vögel, die mit den Schnäbeln an mein Fenster klopften, die Spur eines Lächelns über seinem schmalen, dunklen Schnauzbart, die leuchtenden Augen, die starken Hände, das verbundene Bein, Hoffnung, Angst, Vertrauen.

Auf dem grauen Linoleumboden des in Weiß und Stahl gehaltenen Krankenzimmers von Lindenhof machte ich an einem Nachmittag im Juni 1970 mit klopfendem Herzen die ersten, zaghaften Schritte meines neuen Lebens, nicht länger verkrüppelt, den ersten Schritt auf meinem Weg nach Afrika.

Eines Tages würden es der Sand entlegener Wüsten, die Lavasteine an der Grenze im Norden, die Korallenriffe des Indischen Ozeans, die grasbewachsenen Ebenen der Savanne, die Hänge des Great Rift Valley sein.

Eines Tages, bald, würde es Kenia sein.

Zweiter Teil

I
Der Ort der dunklen Wasser

Mehr als jeder andere lockt dieser Winkel Erde
mich mit einem Lächeln.

Horaz, *Oden: VI, 13*

Anfang der Siebzigerjahre heirateten Paolo und ich und gingen nach Kenia. Nach ein paar Jahren erwarben wir dort ein großes Stück Land auf der Hochebene von Laikipia – Ol Ari Nyiro.
Ol Ari Nyiro erstreckte sich über Hügelland und offene Savanne mit vereinzelten Akazien bis hin zu einem Wald aus hohen wilden Oliven und roten Zedern, dem Wald von Engelesha, der den wertvollen und seltenen Stummelaffen als Zufluchtsstätte diente. Im Süden grenzte das Land an die prähistorische, kahle Erde der Tugen, im Osten stieß es an Mwenje, Sipili und Ol Morani, im Norden an das grüne Luoniek und im Westen senkte es sich hinab auf das Great Rift Valley.
Der Name unserer Ranch bedeutete so viel wie »Ort der

dunklen Wasser«. Das lag an den Quellen, aus denen dunkelgrünes, erstaunlich durchsichtiges Wasser heraussprudelte. Es stammte aus tiefen, seit Urzeiten in die Granitblöcke, die tiefen Täler und die von Aloen bedeckten, steilen Abhänge gegrabenen Schichten und floß in dünnen Rinnsalen ab, die sich zu großen, schlammigen Pfützen sammelten, um die sich rudelweise Paviane scharten.
Wenn die Regenzeit kam, bildeten sich auf der trockenen Oberfläche der Savanne hier und da vereinzelt Tümpel. Tiere aller Arten versammelten sich dort, um ihren Durst zu stillen und im Wasser zu plantschen, bis es sich in ein Schlammbad verwandelte, wo sie sich genüsslich wälzten, um die hartnäckigen Zecken, die sie quälten, loszuwerden.
In der Sonne trocknete der Schlamm auf ihrer dicken Haut und wurde rissig, eine tödliche Falle für die von Blut prallen Insekten. Mit dem Gittermuster auf dem Rücken suchten sich die geplagten Tiere dann einen Akazienstamm, an dessen schuppiger Rinde sie sich ekstatisch rieben, bis der Lehm zerbröckelte und mit seinen überrumpelten Gefangenen zu Boden fiel.
Die größte Schlucht, die sich durch unser Land zog, hieß Mukutan, was so viel bedeutet wie »Begegnung«. Von einer Höhe von über zweitausend Meter stürzte sie sich hinab bis auf neunhundert Meter, und in ihrer windgeschützten, dramatischen Tiefe existierte eine fremdartige Welt aus seltenen Pflanzen, scheuen Tieren und mythischen Vögeln mit roten Flügeln.
Die ganze Mukutan-Schlucht entlang wand sich ein kleiner Fluss mit drei oder vier Wasserfällen – vielleicht waren

es auch mehr, da der Ort zu meiner Zeit noch unerforscht war. Schäumende Sturzbäche wechselten sich ab mit friedlichen, trägen Abschnitten, wo das Wasser stand wie in einem Sumpf und hohe, borstige Gräser wuchsen. Reiher, *spoonbills* mit ihren löffelförmigen Schnäbeln und Störche fischten dort nach ihrer Beute, und die hartnäckigen Hammerköpfe errichteten ihre großen Nester auf den höchsten Zweigen der Fieberakazien.

Die Wände der Schlucht waren steile Felsabstürze von atemberaubender Schönheit. Lianen, wilde Aloen, Palmen und Feigen bildeten ein undurchdringliches, tropisches Dickicht, und nach der Regenzeit erblühten die Kap-Kastanien und bedeckten das gelbe Gras mit fleischigen, grellrosa Blüten.

Man wusste, dass in den stillen Tümpeln am Grund der Mukutan-Schlucht die großen Pythons ihre Nester hatten und dass dort kleine grüne Schlangen, glitzernd wie Smaragde, in Gesellschaft riesiger Schildkröten hausten, die auf ihren schuppigen Panzern das Gewicht und die Weisheit von Urzeiten trugen.

Hierher kamen auch die scheuen *bush bucks** zum Trinken, vorsichtig und zögernd kosteten sie das frische Wasser, und die schwarzen Nashörner versammelten sich in tiefdunkler Nacht oder im hellen Silberschein des Vollmonds, um sich an der Salzlecke** das Steinsalz zu holen

---

* kleine afrikanische Antilopen, *Tragelaphus Scriptus*
** von den Pflanzen fressenden Tieren Afrikas gern besuchter Ort, an dem Steinsalz ausgegeben wird, das in ihrer Ernährung sonst fehlen würde

und ihre geheimen Paarungsriten zu feiern. Dann war nur noch das merkwürdig zarte Keuchen ihres Lockrufs zu hören.

Oft sahen wir auch Büffel.

Ol Ari Nyiro war berühmt für seinen Reichtum an diesen dunklen und massigen Geschöpfen mit dem mächtigen Nacken und den imposanten Hörnern, die wesentlich gefährlicher waren als jedes andere Tier, auch wenn sie, wie jedes Rindvieh, brav und zahm erschienen und den irreführenden Eindruck erweckten, völlig harmlos zu sein.

In der Hitze des Tages waren sie unsichtbar, wenn sie sich zum Schlafen in den dichten *lelechwa** zurückzogen, der einen großen Teil der Ranch bedeckte. War man in dieser Zeit zu Fuß im Busch unterwegs, lief man Gefahr, quasi über sie zu stolpern. Abends tauchten sie dann plötzlich wie aus dem Nichts auf, um an den Seen und Bächen zu trinken.

War man abends bei Sonnenuntergang mit dem Wagen unterwegs, konnte es passieren, dass hinter einer Kurve der Piste die Ebene mit einem Mal wimmelte von ihren dunklen Gestalten. Große, neugierige Köpfe erhoben sich aus dem Dickicht der Euclea. Mächtige Bullen mit großen Hörnern, die Flanken schlammverkrustet, und Weibchen mit abgerundetem Gehörn in Begleitung bräunlicher Jungtiere traten aus dem Gebüsch und näherten sich uns. Sie machten weder einen bedrohlichen noch einen verschüchterten Eindruck. Reglos, eine nicht enden wollende Zeit lang, beobachteten sie uns. Dann gab der älteste Bulle

---

* wilder Salbei

ein geheimnisvolles, stummes Zeichen von sich, drehte sich mit erschreckender Wendigkeit um, blähte die Nüstern und verschwand schnaubend, gefolgt von der ganzen Herde.

Im Nu waren sie nicht mehr zu sehen.

Das donnernde Geräusch der unter den Hufen einer galoppierenden Büffelherde nach allen Seiten wegspritzenden Steine war ein charakteristischer Laut für den Busch von Ol Ari Nyiro. Ebenso die Schreie der Elefanten und das Rumoren in ihren Mägen, die einzigen Geräusche, die auf die Gegenwart dieser sonst so leisen und wendigen Dickhäuter hindeuteten. Mit Hunderten von Exemplaren gehörten sie zu den am meisten verbreiteten Tierarten auf Ol Ari Nyiro.

Wir erbauten unser Haus auf einem höher gelegenen Teil des Landes, der Kuti hieß, auf einem harten und felsigen Boden, mit Blick auf die Savanne. Nur unter großen Anstrengungen gelang es mir, dort einen Garten mit Nutz- und Zierpflanzen anzulegen, und dort zog ich auch die Generationen meiner deutschen Schäferhunde groß. Der erste war ein treuer und anhänglicher Rüde, der auf den Namen Gordon hörte.

In der trockenen Jahreszeit drangen die Elefanten jede Nacht in meinen Garten, angezogen von dem grünen Gras und dem Duft der Bananen und reifen Guaven meines Obstgartens.

Der Askari, der Wachposten, verjagte sie meist mit Hilfe meiner Hunde und seiner Schleuder. Nur wenn die Herde größer war als sonst oder ein bestimmter alter Elefantenbulle dabei war, der eine Vorliebe für meine Zucchini entwickelt hatte, hämmerte er an meine Tür und bat mich um Hilfe: »*Kuja kusaidia: ndofu nainghia shamba.* Komm und hilf mir, die Elefanten sind wieder im Garten.« Dann zündete ich eine Kerze an, lud mein Gewehr und folgte ihm, mit einer Fackel in der Hand, hinaus in die Nacht. Die Hunde trotteten leise hinter uns her.

Ich schlüpfte durch den hinteren Teil der Küche, darauf bedacht, ja nicht zu stolpern oder auf einen Zweig zu treten, bis der Askari stehen blieb, ich es ihm gleichtat und die Ohren spitzte.

Wie ich so dastand in der stockdunklen Nacht und mir dumm und absurd vorkam, hörte ich das Knacken von Zweigen, die unter dem Tritt eines schweren Fußes zerbrachen, das Rascheln von Blättern, die von einem unsichtbaren Rüssel gepackt wurden, und das gedämpfte Rumpeln eines enormen Magens. Im schwachen Licht der Fackel, die der alte Lauren hielt, legte ich an und zielte über den Kopf eines riesigen Schattens hinweg, der friedlich vor sich hin weidete und mein mit größter Mühe gezogenes Gemüse verschlang.

Der Knall ließ die nächtlichen Grillen hochschrecken, mein Mittelfinger wurde durch den starken Rückschlag des Gewehrs fast zerquetscht, der Elefant trottete unter indignierten Schreien davon, verschwand zwischen laut klatschenden Ästen im Gebüsch (zumindest bis zur nächsten Nacht), und ich kehrte mit kalten und nassen Füßen in mein lauwarmes Bett zurück und versuchte, den verlorenen Schlaf wieder aufzuholen.

Der Zauber eines Ortes wie Ol Ari Nyiro lag in seiner immensen Weite, in dem Gefühl, die einzigen Wesen zu sein, die die Erde so sahen, wie sie zu Beginn der Zeit einst gewesen war, und vor allem, in der unendlichen Reinheit seiner Landschaften.

Die flachen Kronen der Fieberakazien, die in den Tälern wuchsen, erstrahlten in einem goldenen Licht, und Schweigen lag über den Schatten des Waldes. Durch die dicht belaubten Kronen der Bäume konnte man die seltenen weißen und schwarzen Colobusaffen bestaunen, die von einer Zeder zur anderen sprangen. Sie waren die einzigen lebenden Nachfahren der Herden, die vor einem Vierteljahrhundert auf der Farm der Buonajutis, jenseits des Berges Engelesha, so prächtig gediehen waren.

Ich war fasziniert von der Schönheit und der Vielgestaltigkeit dieses fremden Landes, das mir dennoch so vertraut war. Liebe und Neugier, ein tief empfundenes Gefühl, hierher zu gehören und das alles, wie in einem *Déjà vu*-Erlebnis, schon einmal gesehen zu haben, dazu ein starker Sinn für Verantwortung leiteten mich von Anfang an und mündeten schließlich in meinem Engagement, alles in meiner Macht Stehende zu tun, um diese Harmonie für immer zu bewahren.

Lebt man lange genug in Afrika, hat man sich auch einen Beinamen verdient.

Dieser Name bleibt einem dann für immer, und er bezieht sich meistens auf ein charakteristisches Merkmal des Aussehens oder die Art, etwas zu tun, sich zu bewegen oder auch auf eine bestimmte körperliche Besonderheit.

Es war Gatwele, der mich als Erster Nyawera nannte, »die, die hart arbeitet«.

Am Anfang wussten wir gar nicht, wo wir zuerst anpacken sollten: Das Haus musste gebaut, der Obst- und Gemüsegarten angelegt, die Ranch in Schwung gebracht werden. Ich stand früh am Morgen auf und arbeitete den ganzen Tag lang. Ich glaube, dass ich mir im Lauf der Jahre mit den vielen neuen Projekten, der Stiftung, den neuen Bauten und nicht zuletzt mit dem Schreiben meinen Beinamen auch verdient habe.

Gatwele war ein junger Kikuyu. Er war von unserer Nachbarin zu uns gekommen, von Antonietta Buonajuti, die nach dem Tod ihres Mannes Giannetto ihre Colobus-Farm verkauft und alles verlassen hatte: die mit Zedern bedeckten Hügel, die fischreichen Seen, das kleine, aus Balken der *mutaragwa*, der roten Zeder, erbaute Haus, das inmitten eines grünen, weiten Tales unter majestätischen Podo-Bäumen stand. Mit viel Liebe und Geduld hatte sie dieses Tal in einen Garten mit blauen Jakarandas und vielen wunderschönen Blumen verwandelt.

In diesem Garten war es gewesen, dass Antonietta nur wenige Wochen nach Giannettos Beerdigung auf dem Rasen vor der Hauptveranda ein geschlachtetes Huhn gefunden hatte, an dem ein makabres Gebilde aus Knochen, Federn und einem Antilopenschädel hing.

Als sie – über die vertrauten Beete aus lilafarbenen Halmen und blauen Kap-Lilien hinweg – das Furcht erregende, fremdartige Gebilde von allen Seiten betrachtete, stellte sie mit Entsetzen fest, dass es sich dabei um einen Hexenzauber handelte, der sie erschrecken und verjagen sollte.

Sie rief die Gärtner und befahl ihnen, diese makabre Voo-

doopuppe zu entfernen, aber keine der Frauen, die gerade im Graben Unkraut jäteten, bewegte sich von der Stelle.
Es herrschte ein unwirkliches und seltsam bedrohliches Schweigen, als wartete die ganze Welt gespannt ab.
Gatwele war der Einzige, der auf ihren Ruf kam. Aber auch er blieb abrupt am Rand der Lichtung stehen, schockiert von dem Anblick, dessen Bedeutung er sofort erkannt hatte.
Antonietta wusste, dass viele Augen sie aus dem Dickicht des Elefantenkrautes* am Waldrand beobachteten, und sie wusste instinktiv, dass sie keinem ihre Angst zeigen durfte. So überwand sie ihren Widerwillen, stieg mit schnellen Schritten die Holzstufen hinunter, während ihr langer Morgenmantel ihre schmalen Knöchel umspielte, und lief auf »das Ding« zu.
»*Hapana!*«, rief Gatwele warnend. »*Hapana kamata hio. Ni haramu.* Nicht anfassen. Das ist verhext.«
»Unfug! Aberglaube! Das sind doch nur ein paar Knochen und Federn. Feiglinge seid ihr alle miteinander! Wenn ihr Angst habt, gut, ich werde euch beweisen, dass ich keine habe.«
Und mit einer ausladenden Handbewegung wirbelte sie die Knochen durch die Luft und schleuderte das tote Huhn ins Gebüsch. Als gute Katholikin konnte sie es sich jedoch nicht verkneifen, sicherheitshalber rasch ein Kreuzzeichen zu schlagen, man wusste ja nie.
Ein keuchender Laut, als hielten ihre unsichtbaren Zuschauer gemeinsam den Atem an, war die Folge; fast

---

* dichte hohe Pflanze, die besonders von Elefanten geschätzt wird

so, als hätte der ganze Wald einen Seufzer von sich gegeben.
»Oh, *memsaab*«, murmelte Gatwele untröstlich, »das hättest du nicht tun dürfen. Von jetzt an wird ein Unglück auf das andere folgen, bis du endlich gegangen bist.«
Das war das erste Vorzeichen. Einige Tage später wartete im Morgengrauen der enthauptete und auf einen Pfahl gespießte Schädel einer Ziege auf Antonietta. Als sie dieses böse Omen betrachtete, das sie aus toten Augen fixierte, die aussahen, als würden sie inmitten der morgendlichen Nebelschwaden in der Luft schweben, wusste sie, dass es von nun an keinen Frieden mehr geben würde, bis sie aufgegeben hatte. Denn es war ihr Land, das sie wollten.
Etwas später in dieser Woche bat eine Frau, die gerade ein paar Büsche stutzte, um ihre Hilfe. Ihre *panga*, ihre Machete, war in einen verfaulten Baumstamm gefallen, und sie schaffte es nicht, sie wieder herauszuholen. Antonietta spähte in den Hohlraum im Stamm des Podobaumes. Das Zischen hörte sie zu spät. Die im Innern zusammengerollte Kobra schnellte in Richtung der Bewegung, und ihr giftiger Speichel blendete sie, schmerzhaft wie ein Peitschenhieb.
Als Antonietta ins Gras fiel – ihre Augen brannten wie Feuer –, wusste sie mit definitiver Sicherheit, dass es von nun an nur noch eine Frage der Zeit war. Nach wochenlangem Aufenthalt im Krankenhaus kehrte sie mit einer Brille zurück. Ihre außergewöhnlich schönen grünen Augen würden nie mehr so scharf sehen wie zuvor.
In diesem Jahr verdorrte ihr wegen der großen Trockenheit die Ernte auf den Feldern. Auf heftige Brände – die

trockenen Halme brannten wie Zunder – folgten Überschwemmungen, Parasiten und Heuschreckenschwärme. Das Vieh erkrankte, der Weizen wurde schwarz und von seltsamen Pilzen befallen. Ein Unglück nach dem anderen brach über die Farm herein, und schließlich nahm Antonietta – am Ende ihrer Kräfte, allein und krank – ein Angebot an und verkaufte.

Ich vergaß diese Lektion nie.
Während ihr Land in Parzellen aufgeteilt wurde und die alten Zedern, eine nach der anderen, von den Motorsägen der neuen Pächter gefällt und Wunden geschlagen wurden, die sich nie mehr schließen sollten, flüchteten ihre wilden Tiere in Panik und fanden Zuflucht auf meiner Seite des Waldes. Auch die Menschen, die für sie gearbeitet hatten, überquerten auf der Suche nach einer Anstellung die Grenze von Ol Ari Nyiro. Es war für sie normal, dass sie zu mir kamen, da auch ich Italienerin war und sie darauf hoffen konnten, eine Arbeit zu finden, die dem entsprach, was sie zuvor gemacht hatten.
Es war schwer, sie zurückzuweisen, und wir stellten auch viele von ihnen ein. Leider nicht Antoniettas Koch Kipsoi, der mittlerweile völlig seiner Leidenschaft für *changaa**
verfallen und für die Arbeitswelt verloren war.

Aber Gatwele war ein bereitwilliger, fleißiger Arbeiter und auf altmodische Weise respektvoll. Bei Antonietta hatte er als Gärtner gearbeitet, aber auch sonst überall

---

* starkes, verbotenes, weil süchtig machendes alkoholisches Gebräu

Hand angelegt. Er hatte Wild gehäutet und Brennholz gesammelt. Bei uns fiel es ihm nicht schwer, sich an die Arbeit im Haus zu gewöhnen, die er bald fröhlich und zu unserer vollsten Zufriedenheit erledigte. Seine geheime Leidenschaft aber galt dem Kochen, und im Lauf der Zeit wurde er zu einem hervorragenden Koch für italienische Spezialitäten.

Nachdem wir uns auf Ol Ari Nyiro eingerichtet hatten, fingen wir an, das wahre Afrika zu entdecken. Neugierig und mit verzauberten Augen sah ich mich um und entdeckte überall Schätze.
Ich war umgeben von Geschöpfen von außergewöhnlicher Schönheit, und das waren nicht nur die großen Tiere, die aus dem afrikanischen Busch nicht wegzudenken sind: imposant wie die Elefanten, prähistorisch anmutend wie die Schwarzen Nashörner, absurd und träge wie die Giraffen. Da waren junge Löwen und Eisvögel mit türkisgrünem Kopf und lila Brust, junge Füchse mit Fledermausohren und Karakal mit schrägen, topasfarbenen Augen.
Und da waren die ganz kleinen Geschöpfe, auf die man normalerweise nicht achtet. Skarabäen, die fleißig große Kugeln aus Elefantendung über den Weg rollten, und gelbe Schmetterlinge, die am Sonnentau saugten, zart und bebend wie die Blütenblätter einer auf die frischen Exkremente eines Büffels gefallenen Primel; da waren die smaragdgrünen Gottesanbeterinnen und die Stabheuschrecken, die sich äußerlich perfekt an die Akazienrinde, auf der sie lebten, anzupassen wussten; da waren die Blau-

schläfenstare und die winzigen Sonnenvögel, funkelnd wie Juwelen mit ihrer karmesinroten Brust, dem grünen Kopf und dem schwarzen Gefieder. Sie wagten sich sogar bis zu mir ins Haus, um sich an dem Nektar der orangeroten Aloeblüten zu laben, die ich in großen Messingvasen in meinem Wohnzimmer arrangiert hatte.
Mit der Teetasse in der Luft verharrend, blieb ich stehen, um ihre grazilen Bewegungen zu bewundern, wenn sie ihren langen, gebogenen Schnabel in den Kelch der Blüten tauchten, um voller Genuss den goldenen Nektar zu saugen.

Und stets aufs Neue brachte mich die Vielfalt der winzigen, perfekten Blumen mit ihren komplizierten Formen zum Staunen: blau wie die *comelina*, cremig weiß wie der Jasmin oder leuchtend rot wie die Trauben der *crossandra*, die unter den dichten *lelechwa*-Büschen wuschs, kaum dass die Regenzeit begonnen hatte.
Und da waren die Nutzpflanzen, die die Menschen sammelten, nach Hause trugen und aßen, wie ich beobachten konnte.
Ich tat es ihnen nach und entdeckte, dass einige dieser Blätter, Früchte und Wurzeln in der Küche andere Zutaten ersetzen konnten, die mir wesentlich vertrauter waren. So waren zum Beispiel die zarten, köstlichen Früchte der Carissa, die in den Wintermonaten am Äquator gediehen, ein wunderbarer Ersatz für Blaubeeren. Die herzförmigen Blätter des wilden Spinats, die vor allem von den Elefanten geschätzt wurden, waren ein hervorragender Ersatz für den italienischen Spinat, die Flusskrebse für unsere Gar-

nelen, und die zarten, länglichen Filets der Elenantilope* gaben ein wunderbares Rinderfilet ab.

Und dann, eines schönen Tages, kam Simon Itot, ein junger Turkana mit gerade mal achtzehn Jahren, stolz, aufrecht, gut erzogen und mit guten Manieren, als Koch zu uns. Und mit ihm ein neuer Schwung, unsere Kochkünste zu verfeinern, auszubauen und auch mal etwas Neues zu wagen.
Wie vielen Afrikanern war auch Simon der Sinn für Schmuck und Farbe quasi angeboren. Die Teller mit Blumen und Blättern zu dekorieren wurde ihm bald zu einer Gewohnheit, die er immer weiter perfektionierte.
Mir ist es immer schwer gefallen, mich sklavisch an ein Rezept zu halten, wahrscheinlich deswegen, weil ich die Methoden nicht lernen musste, da ich mir das Kochen durch Zusehen beigebracht hatte. In Afrika waren außerdem die meisten Zutaten, an die ich gewöhnt war, nicht zu finden, schließlich lebten wir Hunderte von Kilometern von irgendwelchen Geschäften entfernt, mitten im äquatorialen Busch.
Im Lauf der Zeit sollte ich deshalb in mühevoller Kleinarbeit einen Garten anlegen, und zwar an einer Stelle, wo zuvor ein Gestrüpp aus Brombeersträuchern und anderen dornenbesetzten Büschen gestanden hatte. Dort schossen die jungen Triebe, die ich mit Elefantenkot von unserem Grund düngte, unglaublich in die Höhe. Aber das nahm Jahre in Anspruch, da ein Heer aus Insekten aller Arten,

---

* größte lebende Antilopenart

Formen und Größen nebst zahlreichen anderen Geschöpfen wie Vögeln, Dikdik, Stachelschweinen, Pavianen und Elefanten der Versuchung des exotischen Geschmacks meines Gemüses einfach nicht widerstehen konnte. So mussten wir Tag und Nacht das bewachen, was wir gepflanzt hatten, allerdings oft vergebens.

Aber ich lernte, die verschiedensten fremden Geschmacksrichtungen in meine Küche zu integrieren und mit all den wild wachsenden Ingredienzien zu improvisieren, derer ich habhaft werden konnte. Ich wandelte alte Rezepte ab und erfand neue. Das, was ich im Busch fand, mit der Küche in Einklang zu bringen, die ich bereits kannte, war ein höchst kreativer und vergnüglicher Akt. Auch das gehörte zu dem neuen Leben, das ich gewählt hatte, wie die Sprachen, die ich zu lernen hatte, die verschiedenen Traditionen, die unbedingt respektiert werden mussten, und die geheimnisvolle und reiche Natur, die mich umgab. Denn das war Afrika.

II
Schneller als die Pelikane

Heim ist der Seemann, heim von der See.

R. L. Stevenson, *Underwoods*

Paolo war ein Mann des Meeres. Seine Augen hatten die Farbe des Ozeans, ein tiefes Blau mit grünen Reflexen, und Fischen war seine große Leidenschaft.
In Italien, auf seinem Gut Cavallino in der Lagune von Venedig, hatte Paolo aus dieser Leidenschaft ein florierendes Unternehmen gemacht. In einem komplexen, faszinierenden System aus Schleusen und Kanälen züchtete er Seebarsche, Goldbrassen und Aale, die wie Schlangen aussahen. Auch dort schon, in diesem entlegenen Winkel der Lagune aus Untiefen und Inseln, wo die Gesetze der Natur noch zählten, hatte er ein Leben unter freiem Himmel geführt.
Paolo hatte eine erstaunliche Physis, er war groß, schlank und immer in Bewegung. Seine Energie war unerschöpflich, er war ein Feinschmecker und Genießer und konnte

sich zweimal am Tag ein Menü aus drei oder mehr Gängen leisten, ohne auch nur ein Gramm zuzunehmen. Er liebte Fisch, und am liebsten war ihm die Zahnbrasse.

In Afrika gab es die köstliche rote Zahnbrasse mit weichen, rosa und korallenfarbenen Schuppen und einem festen Fleisch, das nach offenem Meer schmeckte. Und es gab ihre Cousine, die graue Zahnbrasse, ein schneller, muskulöser Fisch, der noch seltener war, aber auch um einiges köstlicher. Paolo mochte es am liebsten, wenn der Fisch in einem Sud aus Kräutern mit viel Weißwein gekocht und lauwarm, nur mit einem Schuss Olivenöl, einem Spritzer Zitrone und gekochten, in Scheiben geschnittenen Kartoffeln serviert wurde.

Und am liebsten kochte er selbst, und bei den Vorbereitungen überließ er nichts dem Zufall. In Kenia war es damals unmöglich, einen großen Fischkochtopf aufzutreiben. Das ist ein länglicher Topf mit gut schließendem Deckel und einem rostfreien Metallgitter am Boden, mit dem man den Fisch im Ganzen herausheben kann, ohne dass er zerfällt. Also ließ sich Paolo einen solchen Topf anfertigen, und zwar von Signor Cassini, einem erfindungsreichen Italiener, der in seiner Werkstatt jeden x-beliebigen Gegenstand aus Metall nachbaute. Er war es auch, der extra für uns einen großen, praktisch unverwüstlichen Rasenmäher erfand, der so schwer war, dass man zwei Männer brauchte, um ihn anzuschieben. Aber er funktionierte perfekt und hielt viele Jahre.

Auch der Fischkochtopf war sehr schwer und eigentlich für Profiköche gedacht, aber ich benutze ihn heute noch, nach dreißig Jahren.

In der ersten Zeit in Kenia fuhr Paolo immer allein auf den Markt, der in der Muindi-Mbingu-Straße im Herzen Nairobis lag. Damals war dieser Markt eine wahre Fundgrube an kulinarischen Köstlichkeiten.

Dieser Markt, oder *sokoni*, war im arabischen Stil erbaut. In einem großen Innenhof reihten sich unter einem Bogengang ein Stand und ein enger Laden an den anderen, hier wurden alle Arten frischer Lebensmittel verkauft: Obst, Gemüse, Fisch, Käse, Eier und alles mögliche Fleisch.

Die Stände mit Fisch und Fleisch lagen auf der rechten Seite, und Paolo hielt mit sicherem Schritt auf diejenigen zu, die den frischesten Fisch anboten, der gerade aus Mombasa eingetroffen war. Mit dem unbestechlichen Auge des Kenners wählte er stets den besten aus.

Kaum war er zu Hause mit seiner Beute, eilte er schon hungrig und voller Vorfreude in die Küche. Bald breiteten sich die köstlichsten Düfte aus und erfüllten das Haus und den Vormittag mit der Weite des Meeres.

Aber natürlich war das kein Vergleich damit, wenn man den Fisch selbst fangen konnte. Paolo verbrachte immer wieder gerne lange Perioden an der Küste, am Indischen Ozean, einem Paradies für einen geschickten und unermüdlichen Fischer wie ihn.

»*Ndege, ndege*« ist ein vertrauter Ruf für den, der an der Küste von Ostafrika zum Fischen unterwegs ist.

Er bedeutet »Vögel«. Und ein Schwarm Vögel, die über einem aufgewühlten Punkt im Ozean kreisen, immer wieder ins Wasser stoßen und mit einem vollen Schnabel wieder auftauchen, bedeutet nichts anderes als Möwen, die einem Schwarm Sardinen folgen. Und hinter den Sardinen kommen die Thunfische, und hinter den Thunfischen – wie in einer Illustration für die Nahrungskette – der Marlin oder der Rochen.

Die Fischerboote nehmen dann sofort Kurs auf die Seemöwen in der Hoffnung, ein ausgehungerter Fisch möge in dem Durcheinander ihren Köder verschlucken. Hin und wieder konnte das ein Marlin sein, der, dramatische Kapriolen schlagend, hoch aus dem Wasser sprang, oder ein eleganter Rochen oder ein schillernder *falusi*. Aber wenn sich die Leine spannte und der Köder mit einem wütenden Ruck im Wasser verschwand, wussten wir, dass ein Hai angebissen hatte.

Im Kanal zwischen Shimoni und der Insel Wasini gab es besonders viele Haie, auch weiter draußen auf dem offenen Meer, Richtung Pemba. Riesige, wild aussehende Goldhaie oder Mako-Haie mit Furcht erregendem, zu einem freudlosen Grinsen gebleckten Gebiss wurden gegen Abend auf die Haken der Waagen im Shimoni Fishing Club gehievt, eine deutliche Warnung vor den verborgenen Gefahren, die in der Tiefe lauerten. Ein paar Tage lang vermieden wir es dann, im tiefen Wasser zu schwimmen, und wenn wir direkt vom Boot ins Wasser sprangen, waren wir viel vorsichtiger.

Oft fingen wir einen Thunfisch. Diese Fische sind große Kämpfer, wunderschöne Kreaturen mit ihrer grünsilbernen Zeichnung, stark und kompakt wie gesprenkelte Welse.

Wenn uns in Shimoni oder in Kilifi ein Thunfisch, ein Bonito oder auch ein Gelbflossen-Thun an den Haken ging,

den wir gleich an Ort und Stelle verspeisen wollten, konnte Paolo oft gar nicht schnell genug sein, den Fisch auszunehmen und zu putzen. Denn oft wurde dann ein Menschenhai von dem Blut im Kielwasser hinter dem Boot angelockt, und mit einem heftigen Ruck verschwand der Bonito im Nichts, und uns blieb nur noch die leere Leine, ohne Haken.
Waren jedoch keine Haie in der Nähe, filetierte Paolo den Thunfisch rasch und geschickt und schnitt das rosafarbene, feste Fleisch in dünne Scheiben, die wir mit Limettensaft und Tabasco beträufelten und umgehend, während uns die Sonne ins Gesicht schien und wir das Salz auf unseren Lippen spürten, verschlangen. Roh wie die Barbaren, aber unendlich glücklich, verliebt und ganz den Augenblick lebend.

Nachdem wir Ol Ari Nyiro erworben hatten, fuhren wir oft zum Zelten an den Turkanasee, der damals noch Rudolphsee hieß und knappe eineinhalb Tage von uns entfernt lag. Kaum hatten wir die Zelte aufgestellt, waren Paolo und Emanuele auch schon wieder unterwegs, um den größten Nilbarsch an Land zu ziehen, der ihnen vor die Angelrute kam.
Das waren wirklich enorm große Fische mit runden, erstaunten Augen und einem manchmal gelblich schillernden Körper. Sie brachten oft Hunderte von Kilo auf die Waage.
Ihre Ausmaße und ihr Aussehen erinnerten an längst vergangene Zeiten, an prähistorische Lebewesen. Wie so vieles am Turkanasee, wo die menschenfressenden

Krokodile Dinosauriern glichen und die dortigen Bewohner – die Ol Molo oder Turkana – unter primitivsten Bedingungen hausten. Sie lebten in winzigen Hütten aus geflochtenen Palmwedeln, die entweder kegelförmig wie ein verpuppter Schmetterling oder rund wie ein umgestülpter Korb waren. Ihre rachitischen Ziegen ernährten sich von undefinierbaren, unsichtbaren Gräsern, die sie zwischen den schwarzen Lavafelsen fanden.

Normalerweise engagierte Paolo einen einheimischen Fischer, einen Turkana, der ihnen helfen sollte. Zuerst fingen sie den Köder. Dazu stöberten sie vom Ufer aus die pfeilschnellen und nicht essbaren Tigerfische auf, die äußerst aufregend zu fangen waren. Einen besseren Sport gab es nicht. Diesen Fisch schnitten sie dann in lange Streifen und verwendeten diese als Köder für die Barsche, die sich trotz ihrer gigantischen Ausmaße merkwürdigerweise leicht fangen ließen, wenn sie einmal angebissen hatten.

Mich, als die Köchin der Familie, stellten die Nilbarsche vor ein ziemliches Problem, obwohl man sagen muss, dass ihr schmackhaftes, vorzügliches Fleisch wirklich eines Pharaos würdig war. Unsere Safari-Ausrüstung beschränkte sich jedoch auf das Minimum, das wir gerade noch in unserem Landrover unterbrachten, und ein Kühlschrank war selbstverständlich nicht darunter.

Das Klima am Turkanasee war trocken, aber sehr heiß, und mir fehlte die Möglichkeit, das zu konservieren, was wir nicht zu essen schafften. Am letzten Tag konnten wir einige Stücke Fisch in unsere Kühltaschen verstauen, und wenn wir Glück hatten und die Fahrt ohne Hindernisse

oder all zu viele Reifenpannen vonstatten ging, gelang es uns auch, den Fisch zu Hause in Kuti einzufrieren. Aber in der einen Woche am See musste ich mir etwas einfallen lassen.
Wieder einmal kamen mir meine Erinnerungen an die Gerichte meiner venezianischen Kindheit zu Hilfe, und mit großem Erfolg wandte ich die klassischen Fischrezepte Italiens auch auf die riesenhaften Nilbarsche an. So gab es dann eben statt Sardinen *in saor* in Essig und mit Zucker, Gewürzen und Kräutern eingelegtes Nilbarschfleisch.

Zum Glück mangelte es uns auch auf Ol Ari Nyiro nicht an essbarem Fisch. In allen unseren künstlich angelegten Seen gab es Tilapien in Hülle und Fülle.
Wie sie allerdings dort hingelangt waren, war ein Geheimnis. Die *tilapia nilotica, ngege* auf Swahili, ist ein schmackhafter Süßwasserfisch, der sich leicht und rasch vermehrt.
Wollten wir einen künstlichen See anlegen, wurde in einem geeigneten Tal zunächst ein Teich, oder ein *dam*, ausgehoben, dann mit unserem alten Schürfkübelbagger ein Damm aufgeworfen, um den Abfluss des Wassers zu verhindern, und schließlich das umgebende Erdreich eingeebnet. Irgendwann kam dann der Regen.
Nachdem sich das Erdreich eine Weile gesetzt hatte, bildete der nun mit Wasser voll gesogene Schlamm auf dem Boden eine undurchlässige Schicht, und der neue See fing an, sich zu füllen.
Ein paar Monate später konnten wir dann schon die ersten Wasservögel beobachten und wussten, dass sich mittlerweile Tilapien dort angesiedelt hatten. Vielleicht reisten

die Fischeier ja an den Beinen bestimmter Vogelarten wie den Pelikanen, den *spoonbills*, den Reihern und den in riesigen Schwärmen auftretenden Nilgänsen, die nach langen Nachtflügen unsere *dams* aufsuchten, um dort zu rasten.
Und tatsächlich fanden wir Fische im See, als hätten sie dort auf wundersame Weise Gestalt angenommen. Und ein Wunder war es wirklich, denn die Tilapien sind die Fische, die Jesus von Nazareth dem Gleichnis nach vermehrte, um die Hungernden zu speisen.
In kleinen, geordneten Gruppen schwammen dort bereits die Pelikane im Kreis und erzeugten Wellen auf der glatten Oberfläche des Wassers. Wie auf ein Kommando steckten sie alle gemeinsam ihre gebogenen Hälse und die kleinen Köpfe unter Wasser, tauchten einen Moment später wieder auf und reckten ihren langen, orangefarbenen Schnabel gen Himmel. Darin zappelte ein Fisch, der bald darauf in ihrem Kropf verschwinden würde.
Die Pelikane waren penibel und unersättlich. Sie verließen einen *dam* erst dann, wenn sie sich voll gefressen hatten.
Es kam also immer darauf an, ihnen bei den Fischen zuvorzukommen.
Für Paolo war es eine aufregende Herausforderung, bisher unbekannte und schwer zu fangende Fische mit Hilfe von selbst konstruierten Ködern anzulocken.
Deshalb begannen wir, die Tilapien im großen *dam* mit Resten von *posho** zu füttern, die wir immer um dieselbe Zeit und am selben Ort ins Wasser warfen, um sie daran zu gewöhnen. Dann ließen wir eine große Reuse aus feinem

---

* einheimische Polenta, Maisbrei

Drahtnetz ins Wasser, die über ein System an Öffnungen verfügte, die wie eine Mausefalle funktionierten und mit einem Köder aus Mehl versehen waren. Paolo hatte die Reuse eigenhändig in unserer Werkstatt hergestellt.
In kürzester Zeit füllte sich die Reuse mit Hunderten von Fischen, genug, um das ganze Dorf im Zentrum satt zu bekommen und um John Mangicho, unserem Assistenten, einen Freudenschrei zu entlocken. Der korpulente John gehörte dem Stamm der Luo an, und wie alle Luo, die am Viktoriasee zu Hause sind, war er ein großer Fischliebhaber.
Wir brachten die Tilapien entweder als leckere Filets auf den Tisch, die wir auf hunderterlei Arten zubereiteten, oder wir räucherten sie über den würzigen Sägespänen aus Zedernholz, die wir von Nguare, dem Schreiner, bekamen, der in einem alten Sägewerk unsere Möbel herstellte.

Unsere Nachbarin Antonietta Buonajuti besaß auf ihrer Farm Colobus, die im Süden, am Wald von Engelesha, an Ol Ari Nyiro grenzte, ebenfalls einen großen Teich, fast schon ein kleiner See.
Der Teich war von außergewöhnlicher Klarheit und Tiefe, mit blauen und gelben Seerosen und zauberhaft schönen, langen Algen. Hin und wieder wagte sich sogar ein einzelgängerisches Nilpferd hierher, das Gott weiß wo herkam, vielleicht verjagt von einem anderen Bullen im Kampf um dasselbe Weibchen.
Das Besondere an Antoniettas Teich war jedoch ein Ruderboot, und wenn unerwartet Freunde zum Essen eintrafen, die meistens auch gleich noch über Nacht blieben,

drückte sie ihnen eine Angelrute in die Hand und deutete in Richtung des Sees. Manchmal gab sie ihnen auch noch ihren Gärtner Gatwele mit, damit sie sich nicht verliefen, und forderte sie auf, sich ihr Abendessen selbst zu angeln.
Eine Aufgabe, die Paolo jedes Mal mit großer Begeisterung anging. Der *dam* von Colobus war voller ausgewachsener und köstlicher *black bass*, eine Art Süßwasser-Seebarsch von feinstem Geschmack, der in nichts seinen Gevattern aus dem Meer nachstand. Dazu kam, dass Antoniettas Küche einen unübertroffen guten Ruf besaß.
Ihr Koch Kipsoi war ein hagerer, schon älterer Kalenjin* mit einer deutlichen Schwäche für das berauschende *changaa*. Wie es typisch für seinen Stamm ist, waren auch seine Ohrläppchen durchlöchert und extrem geweitet. Jetzt trug er sie ordentlich zusammengerollt wie einen Strunk Rosenkohl rechts und links von seinem Kopf, auf dem stets ein zerschlissener, roter Fez prangte; dafür hatte er nie Schuhe an den Füßen.
Es gab ein paar Gerichte, die er wirklich meisterhaft zuzubereiten wusste, und seine knusprigen *black bass*-Filets auf einem Bett aus Risotto mit Weißwein waren unvergesslich.
Während der Regenzeit, wenn das Wasser brodelnd in den Tälern anstieg und in kürzester Zeit die Teiche füllte, die wir so angelegt hatten, dass sie überlaufen konnten, dann reisten Antoniettas Seebarsche im Sog des tosenden Wassers über die Savanne und landeten schließlich in unserem Tümpel in Engelesha.

---

* Stamm aus dem Great Rift Valley

Der *dam* von Engelesha war ein kleiner, wunderhübscher See, der mit Vorliebe von Wasserböcken* und Zebras aufgesucht wurde. Er war umgeben von hohen, dichten *mutamayo*-Büschen, wo Fischadler und Silberreiher, Pelikane und Graureiher nisteten, auch große Schwärme von Nilgänsen, wenn das Getreide unserer Nachbarn reif war.

In Afrika wechseln Ortsnamen oft ihre Bezeichnung, wenn ein neues Ereignis die Bedeutung eines vorhergehenden in der Vorstellung der Menschen verdrängt.
So wurde der Teich von Engelesha »*Damu ya boma ya Faru*«** genannt, nachdem wir dort ein Schwarzes Nashorn namens Toyo in einem Gehege untergebracht hatten. Toyo hatte es sich leider angewöhnt, außerhalb der Grenzen von Ol Ari Nyiro, in der für ihn potenziell gefährlichen Gegend von Luoniek herumzustromern. Als eines Nachts, Gott weiß woher, ein Nilpferdbulle auftauchte und zu bleiben beschloss, änderte sich der Name logischerweise und wurde zu »*Damu ya Kiboko ndani ya boma ya Frau*«.***
Am Anfang stellte uns das Nilpferd vor ein Rätsel. Da wir keinen Fluss auf unserem Land haben und folglich abgeschnitten von anderen Nilpferden in der Gegend sind, wussten meine Ranger mit den Spuren des Bullen nichts anzufangen.
So standen sie eines Morgens fassungslos vor den enormen, noch dazu mit Blut besprenkelten Fußabdrücken ei-

---

* Antilopenart, die überall in der Nähe von Gewässern anzutreffen ist
** Der See am Gehege des Nashorns
*** Der See des Nilpferds am Gehege des Nashorns

nes unbekannten Wesens von der Größe unseres Nashorns und schlugen Alarm.

Des Rätsels Lösung ward gefunden, als sich mit theatralischem Schnauben und Furcht erregendem Grunzen eine große, dunkle Form aus dem *dam* von Engelesha löste. Bis dorthin waren meine Ranger nämlich seiner Fährte gefolgt. Das Nilpferd war wahrscheinlich von einem dominanten Männchen vom Fluss Wasu Nyiro vertrieben worden und hatte die Nacht über viele Kilometer zurückgelegt, bis es das erste Gewässer gewittert hatte, das noch dazu groß genug war, seinen fülligen Körper bequem aufzunehmen. Außerdem gab es hier ausreichend Pflanzen, um seinen enormen Appetit zu stillen.

Das Nilpferd lebte dort glücklich und zufrieden, bis der *dam* nach einer Periode extremer Trockenheit irgendwann völlig austrocknete.

Der vollkommen ausgetrocknete Boden verwandelte sich in welliges Krepppapier. Die Wasserböcke, die das Wasser so liebten, saßen traurig am Ufer, während die Silberreiher niedergeschlagen auf den Spitzen der wilden Oliven hockten.

»Was sollen wir tun? Das Nilpferd kann außerhalb des Wassers nicht überleben. Seine Haut wird rissig werden, eintrocknen, und schließlich wird es sterben.«

Aber es starb nicht. Drei Monate überlebte das Nilpferd bestens außerhalb des Wassers. Zusammen mit dem Nashorn marschierte es zum Saufen an die Rindertränke, nachts machte es sich zwischen den *lelechwa*-Büschen bequem, und tagsüber rieb es seinen dicken Körper an ihren duftenden und heilsamen Blättern.

Es war ausgerechnet an jenem *dam*, dass Paolo eines Tages beim Angeln von einer Kobra angegriffen wurde, die gerade ein Frankolinhuhn gepackt hatte.
Er war so auf das Angeln konzentriert, dass er nur aus dem Augenwinkel den bedrohlichen Schatten des aufgerichteten Kopfes über den Seerosen wahrnahm. Aber mit der Reaktionsschnelle, die ihn auch schon in anderen Situationen gerettet hatte, gelang es ihm, sich gerade noch umzudrehen, sodass nur ein paar Tropfen des giftigen Speichels in ein Auge gelangten.
Obwohl ich das brennende Auge sofort mit abgekochter Milch ausspülte, um das Gift zu neutralisieren, hatten diese wenigen Tropfen – wie bei der armen Antonietta – bereits ausgereicht, dass Paolo von nun an zum Lesen eine Brille tragen musste. Ausgerechnet er, der Adleraugen besaß.

Aber die vielleicht sensationellsten Bewohner unserer Teiche waren jene kleinen Tiere, die als *Samaki ya Muku** bekannt werden sollten.
»*Hio kitu ni nini?*«
Empört stellte uns Simon diese Frage, als Emanuele und ich das erste Mal mit einem Eimer nach Hause kamen, der bis zum Rand voll war mit wimmelnden, sich windenden rötlichen »Insekten«.
»*Hio kitu apana chakula.* Was ist das für ein Zeug? Das kann man doch nicht essen.«
Ein halber Eimer, den wir einige Jahre zuvor in den *dam* Ngobithu gekippt und den Pelikanen, den Störchen, den

---

* Fische mit Füßen

Reihern und den Vögeln mit den löffelförmigen Schnäbeln überlassen hatten, hatte ausgereicht, und jetzt wimmelte es in dem Teich buchstäblich von großen, prächtigen Krebsen, die zu kochen wir kaum erwarten konnten. Sehr von oben herab, aus der Höhe seiner zwei Meter Körpergröße, betrachtete Simon mit äußerster Verachtung den Inhalt des Eimers.

Er gehörte dem Stamm der Turkana an, die nicht gerade bekannt waren für ihre raffinierte Küche.

Die größte Delikatesse, die seine Tradition ihn gelehrt hatte, war eine gebratene Ziege. Frisch geschlachtet wurde sie im Ganzen, ungehäutet und ohne vorher ausgeblutet zu sein, in glühend heißer Asche vergraben – samt Kopf, Haut, Fell, Innereien und allem übrigen. War die Haut schwarz verkohlt und roch es allmählich nicht mehr bitter, sondern nach verbranntem Fleisch, wurde die Ziege aus dem Feuer genommen. Das dampfende, halb rohe und halb verkohlte Fleisch wurde in gleich große Stücke geschnitten. Als besonderer Leckerbissen galten die Innereien samt Inhalt: Noch voller halb verdauter Kräuter und Blätter wurden sie gerecht zwischen den wichtigsten Mitgliedern des Stammes aufgeteilt, angefangen bei den Alten. Aber dank seiner afrikanischen Anpassungsfähigkeit, seiner Neugier und seines professionellen Stolzes hatte Simon im Laufe der Zeit von mir gelernt, aufwändige und ihm völlig fremde Gerichte eigenständig zuzubereiten. So zum Beispiel Ravioli. Aus der frisch in einem der *bome** gemolkenen Milch, die am Morgen von einem Reiter

---

* mit stachligen Sträuchern umfriedetes Gehege

gebracht wurde, gewannen wir einen cremigen Quark, eine Art Ricotta; zarte, »italienische« Spinatblätter wurden handverlesen, langsam über Dampf gekocht, ausgepresst und fein zerkleinert. Dann wurden die Eier in einem quasi magischen Ritus ausgewählt, den Simon sehr ernst nahm; das heißt, sie wurden ins Wasser gelegt und nur verwendet, wenn sie unten am Boden des Gefäßes liegen blieben. Mit Mehl, Salz und ein paar Tropfen Olivenöl verwandelten sie sich anschließend in eine gelbe, weiche Masse, die mit Hilfe des Nudelholzes auf der Steinoberfläche des Küchentisches zu glatten, feinen Teigstreifen ausgewalzt wurde.

Auf diesen Streifen aus Nudelteig wurden anschließend in regelmäßigen Abständen kleine Häufchen der aus dem Spinat, der Ricotta, einer Prise Muskatnuss, etwas Petersilie und einem Eigelb bestehenden Füllung verteilt. Nicht zu vergessen natürlich den geriebenen Parmesan, den meine Mutter mir regelmäßig aus Italien schickte, ebenso wie den Arborio-Reis für mein Risotto. Die übrigen Teigstreifen wurden locker darüber geklappt. Dann wurden kleine Rechtecke ausgeschnitten, die an den Rändern sorgfältig und fest angedrückt wurden. Und voilà, *kumbe*, schon hatte Simon unübertroffen köstliche Ravioli hergestellt, die jetzt nur noch in kochendes Salzwasser gelegt und zu guter Letzt mit schäumender Nussbutter, Käse und wildem Salbei bestreut serviert wurden.

Das war natürlich ein wirklich raffiniertes Rezept, und Simon war stolz darauf, sich alle nötigen Fähigkeiten perfekt angeeignet zu haben. Er konnte aber auch wirklich alles – vom Brotteig über Mürbteig, Brandteig, Blätterteig, Soufflés, frischem Käse, Eis, feinen Backwaren ... Aber diese roten, wimmelnden Tiere? Was sollte das jetzt sein? Simon war empört.

Ich muss allerdings zugeben, dass wir am Anfang seine noch nicht allzu sattelfeste Meisterschaft in der Zubereitung fremder Speisen auch des Öfteren wirklich hart auf die Probe stellten, wenn wir ihm wieder einmal ziemlich unerwartet irgendwelche barbarischen Ingredienzien in seine Küche schleppten.

Einmal hatte Emanuele ihm eine frisch gehäutete Puffotter gebracht, die er in Aluminiumfolie und mit Rosmarin gewürzt braten sollte. Oder ein anderes Mal hatte mein Sohn unbedingt ein Löwenherz kosten wollen. Dagegen hatte Simon allerdings wenig einzuwenden gehabt, ganz im Gegenteil, da ein Löwenherz durchaus als geeignete Nahrung für einen *moran**, für einen Jungen, der noch wuchs, erachtet wurde.

Der Löwe war Nahrung für Männer. In der Vergangenheit, wenn auf Ol Ari Nyiro Löwen erlegt werden mussten, die das Vieh rissen, waren die Turkana stets die Ersten gewesen, die an Ort und Stelle waren. Ihre langen *panga* an der Seite, kamen sie mit der ganzen Sippe, mit Frauen, Kindern und Alten, und fielen über den frisch gehäuteten Kadaver her. Sie lösten alles Fleisch von den Knochen, bis nur noch das Skelett übrig blieb.

Das Herz wurde natürlich besonders von den Jungen geschätzt, da es Mut und Leidenschaft verleihen sollte. Das

---

* junger Krieger

dicke, gelbe Fett hingegen wurde von den Alten bevorzugt, es spendete Kraft und half gegen Rheuma.
Auch Elefantenfleisch war gern gesehen. Aus dem riesigen, tristen Kadaver wurden lange Filets geschnitten, sodass nichts mehr für die Hyänen übrig blieb, wenn die Turkana, ausgehungert nach Proteinen, in der Nähe waren. Aber diese roten, wimmelnden Tiere, das war keine Nahrung, die Simon hätte akzeptieren können.
Einmal hatte Paolo noch lebende Mangrovenkrebse aus Shimoni mit nach Hause gebracht. Sie waren aus dem Jutesack geschlüpft und hatten das verdutzte Personal mit ihren großen, schwarzen Scheren bedroht, die zum Angriff erhoben wie Kastagnetten klapperten. Alles hatte sich auf Tische und Stühle geflüchtet und beim Anblick dieser gigantischen Frösche, die zweifellos direkt aus der Hölle stammten und überall über den Küchenfußboden krochen, erschreckte Schreie ausgestoßen.
Dass wir diese Kreaturen, gewürzt mit Ingwer, Frühlingszwiebeln, Soyasauce und Limettensaft, mit großem Genuss verspeisen konnten, blieb ein Geheimnis für Simon, bis ich ihm einen Krebs zum Probieren anbot.
Ich legte ihm einen Bissen mit rosaweißem Fleisch, das ich aus einer Schere gelöst hatte, auf seinen Handrücken und ermutigte ihn zu kosten.
Zögernd wie bei allen neuen Geschmackserfahrungen – und für ihn war praktisch alles neu –, biss er ein Stückchen ab. Aufmerksam beobachtete er mich, während er kaute, um aus meiner Reaktion zu schließen, was er davon halten sollte. So unsicher war er, wenn es darum ging zu entscheiden, ob ein Nahrungsmittel essbar, köstlich

oder zum Wegwerfen war. Schließlich hatte er heftig genickt.
»*Halla … ni tamu!*«, hatte er begeistert bestätigt. »*Ni kama nyama tu.* Es ist ausgezeichnet, es schmeckt fast wie Fleisch.«
Aber diese »Insekten« waren ihm trotzdem nicht geheuer. Ich wusste aus Erfahrung, dass er die Krebse – ohne das Gesicht zu verlieren – nur akzeptieren würde, wenn ich ihnen einen vertrauten Namen gäbe, irgendetwas, mit dem er zurechtkommen konnte, ohne seine – und unsere – *eshima** aufs Spiel zu setzen.
Simon verfügte über ein ausgeprägtes Gespür für Anstand und Schicklichkeit. Seiner Meinung nach gehörte es sich für einen *wasungu*** nämlich nicht, Insekten zu essen wie die Pokot, die gleich nach dem ersten Regen vor den Termitenhügeln lauerten, dass die Termiten herausströmten, um sie in Jutesäcken zu fangen und in ihrem knusprigen Fett zu braten. Soweit ich weiß, sollen sie nach Erdnüssen schmecken. Aus diesem Grund verkündete er jetzt mit fester Stimme: »*Hio hapana wadudu; hio ni samaki. Ni samaki ya mugu; na ni tamu sana.* Nein, das sind keine Insekten, das sind Fische, Fische mit Füßen, und sie sind ausgezeichnet.«
Und so heißen die Süßwasserkrebse in Laikipia bis heute »Fische mit Füßen«, *samaki ya mugu*, und keiner hat je daran gezweifelt.
Im Lauf der Jahre setzte ich die Krebse auch in anderen

---

* Stolz, Ehre
** Europäer, Weißer

Teichen aus, wo sie prächtig gediehen. Sie pflanzten sich mit alarmierender Geschwindigkeit fort, fast wie die Heuschrecken. Offenbar fanden sie in unseren roten und schlammigen *dam* einen idealen Lebensraum, da sie sich dort zu monströsen Biestern, groß wie Langusten, entwickelten.

Ich betraute einen jungen Turkana namens Munyete mit der Aufgabe, jeden Dienstag die *samaki ya mugu* zu fangen. Er hatte ein fröhliches, lustiges und intelligentes Gesicht und besaß eine geheime Leidenschaft für Musik. Viele Jahre später sollte er die Milch mit dem Moped ausfahren und nach der Regenzeit bei mir im Garten das Gras mähen.

Munyete setzte seinen Fang in einem tiefen Becken aus Zement wieder aus, das ich mir in Kuti hinter meiner Küche hatte bauen lassen. Die Krebse mussten nämlich mindestens eine Woche lang unter fließendem Wasser gesäubert werden, um die schlammhaltige Nahrung auszuschwemmen, die sie verschlungen hatten und die sich in ihren Gedärmen angesammelt hatte. Er fing sie in einem System aus spitz zulaufenden Fallen aus Drahtnetz, die wir in unserer Werkstatt hergestellt hatten.

Er liebte es, in der Werkstatt zu hantieren, und er war wirklich ungemein erfindungsreich und kreativ. So hatte er sich aus einem Eisenrohr, das er im Schrott gefunden hatte, ein kurioses, primitives Instrument gebastelt, eine Art lange Flöte. Abends, wenn die Studenten, die in unserem Wilderness Education Centre zu Besuch waren, nach dem Essen um das Feuer saßen, um Geschichten zu erzählen oder zu hören, hatte Munyete seinen großen Auftritt.

Angetan mit einer merkwürdigen Kombination aus Fell und Knochen und einem Kopfschmuck aus Federn, das fröhliche Gesicht mit weißen Kreisen kriegerisch bemalt, trat er aus der Dunkelheit.
Und dann fing er für die erstaunten Zuschauer zu spielen an. Mit großem Geschick und überraschender Hingabe gab er düstere Klagelieder der Turkana zum Besten, die unseren Gästen einen Schauer den Rücken hinunterjagten und stets einen großen Eindruck auf alle ausübten. Und das auf einer selbst gebastelten Pfeife, die aber trotzdem nicht weniger wohltönend war.

III
Sie kamen in Schwärmen

… und gibt es noch genügend Honig zum Tee?

Rupert Brooke, *Grantchester*

Es gab Tage in Laikipia, da schienen die Bienen wirklich überall zu sein.
Noch ehe wir sie zu Gesicht bekamen, trug der Wind bereits ihr monotones, vibrierendes Summen zu uns heran. Bald darauf waren sie dann auch schon zu sehen: ein schwarzer Schwarm aus Tausenden winziger Körper, die in fest gefügter Formation um ihre kostbare Königin flogen und dem geheimnisvollen Duft folgten, der sie zu dem für eine neue Kolonie am besten geeigneten Platz führen würde.
Ihrer Entschlossenheit haftete fast etwas Bedrohliches an, und das lag nicht nur an dem Wissen, dass sie mich und meine Hunde, die zu meinen Füßen schliefen, leicht hätten töten können. Ähnliches war einmal den Labradorhunden von Klaus passiert, in Mugie, der Farm im Nord-

osten von Ol Ari Nyiro. Und das war auch nicht weiter verwunderlich, da es sich um Killerbienen handelte.
Intuitiv erahnten wir, dass sie in lebenswichtiger Mission unterwegs waren und einen Ort ansteuerten, dessen Lage sie, wie viele Zugtiere, aus ererbtem Instinkt zu wissen schienen. Die Konzentration, mit der sie ihr Ziel verfolgten, war so groß, dass sie sich durch nichts auf der Welt hätten aufhalten lassen, nicht einmal, um uns zu stechen; es sei denn natürlich, sie hätten sich bedroht gefühlt.
So verharrten wir sicherheitshalber reglos, unterbrachen, was wir gerade taten, verstummten und hielten quasi die Luft an, bis der Schatten sich wieder verzogen hatte.
Es konnte vorkommen, dass ich an meinem Schreibtisch im Büro in Kuti saß, plötzlich das Summen der anfliegende Bienen vernahm und feststellen musste, dass der Schwarm genau in meine Richtung flog.
Schlagartig war dann alles voller Bienen. Als Erste kamen ihre gewissenhaften und mutigen Kundschafter, die die Aufgabe hatten, jeden Winkel des Zimmers zu erkunden. Ein paar Sekunden später folgte ihnen der Rest auf ein geheimnisvolles Signal hin, das Entwarnung gab, und eine nach der anderen verschwand in einem Spalt in der Decke.
Was mich stets aufs Neue verblüffte, waren der untrügliche Instinkt, der sie antrieb, die militärische Präzision ihrer Aktionen und das klar definierte Ziel ihrer Existenz, Eigenschaften, die von allen Geschöpfen vielleicht nur noch die Ameisen mit den Bienen gemeinsam haben.
Zu den von den Bienen am meisten bevorzugten Orten bei uns im Haus gehörten das Zimmer von Emanuele, Svevas Bad, die Küche, meine dunkle Kammer und die

Badewanne im großen Gästezimmer, das wir nur das Zimmer von P. B. nannten.
Die Badewanne war tatsächlich eigens für die Besuche von Prinz Bernhard der Niederlande aufgestellt worden. Er kam oft zu uns nach Laikipia und schlief immer in diesem bestimmten Gästezimmer.
Er war der Schirmherr der Gallmann Memorial Foundation, und hatte sich im Lauf der Jahre zu einem wahren Freund entwickelt, den ich respektierte und dem ich vertraute, unser »Schutzengel«, auf den wir uns verlassen konnten.
Er liebte die Natur, er beobachtete gerne Tiere, er genoss die Freiheit und die Weite dieses zauberhaften Winkels von Afrika. Und er teilte mein Engagement, dessen fragiles und wertvolles Ökosystem auch für die Zukunft erhalten zu wollen. Er war schon sehr alt, verfügte aber über die Einstellung und den Schwung eines jungen Menschen. Seine Besuche waren stets eine Ehre und eine Freude für die Leute von Ol Ari Nyiro, und wenn seine Ankunft bevorstand, arbeiteten sie noch härter, damit er alles perfekt vorfände.
Die Landebahn wurde kontrolliert, um sicherzugehen, dass es dort keine Termitenhügel oder Löcher von Warzenschweinen gab; das Haus wurde geputzt und auf Hochglanz gebracht, die Flagge des Prinzen mit dem weißen und orangeroten Wappen gehisst. Sie flatterte dann an dem Mast, der eigens zu diesem Zweck auf der Wiese hinter dem Haus aufgestellt worden war. In einer Vase in P. B.s Zimmer standen seine Lieblingsblumen, weiße Nelken, und als musikalische Begleitung für die Zeit vor dem

Frühstück, wenn er noch keine Lust zum Reden hatte, wartete eine Auswahl Kassetten mit mexikanischer Musik auf ihn. Hatte ich dann meine Menüliste zusammengestellt, damit auch ja keines seiner Lieblingsgerichte vergessen wurde, und mich vergewissert, dass wir genügend Limetten, guten Parmesankäse, frische Paprika, Olivenöl, zartes Filet, Krustentiere, süße Melonen, Datteln und nur den besten trockenen Weißwein parat hatten, pilgerten wir alle zusammen in sein Bad, um nachzusehen, dass die Bienen, die sich normalerweise hinter der Wanne einnisteten, wieder fort waren.

Und trotz allem war P. B. ein einfacher und bescheidener Mensch, und ich war sicher, dass er deswegen nicht viel Aufhebens gemacht hätte.

Wie damals, als Recho, das Dienstmädchen, die vielleicht ein wenig nervös war, aus reiner Gewohnheit die Tür zu seinem Zimmer von außen abgesperrt hatte – mit ihm darin. Seelenruhig war er daraufhin aus dem Fenster geklettert und mit einem breiten Grinsen im Wohnzimmer wieder aufgetaucht. Er hatte sich köstlich über unsere verblüfften Mienen amüsiert, wie ein kleiner Junge, der einen Streich ausgeheckt hatte.

Ich hatte immer Respekt vor den Bienen, vor diesen kleinen, intelligenten und fleißigen Wesen, die Großartiges zu Stande bringen. Aus diesem Grund hatten wir uns auch auf eine friedliche Koexistenz geeinigt.

So machte ich mir keine Sorgen, wenn ich in meinem Arbeitszimmer am Computer saß, auch wenn ich genau wusste, dass es in der rechten Ecke der Zimmerdecke, die

mit Matten aus geflochtenen Doumpalmenblättern aus Meru verkleidet war, nur so brummte vor Aktivität und die Arbeiterinnen in Schwärmen aus dem warmen und geschützten Hohlraum zwischen dem Blechdach und der Verkleidung aus Stroh hin und her flogen.
Ihr permanentes Summen war teilweise so laut, dass es hin und wieder sogar das Zwitschern der Vögel übertönte und die wenigen Besucher beunruhigte, die die Erlaubnis hatten, mein Allerheiligstes zu betreten. Und dabei ist mein paradiesischer Garten berühmt für die Schönheit seines Vogelgesangs.
Die gegenseitige Akzeptanz unserer jeweiligen Gegenwart hielt geraume Zeit an, ohne dass wir die unsichtbare territoriale Grenze überschritten hätten, auf deren Verletzung hin der Funke der Aggression sofort übergesprungen wäre und zu einem schlagartigen Angriff geführt hätte.
Ich hielt stets einen gewissen Anstand zu ihrem Nest, und nur hin und wieder schickten sie zu meiner Kontrolle ein paar Kundschafter los, die dann aufgeregt, hektisch und aufdringlich nur ein paar Zentimeter vor meinem Gesicht herumschwirrten.
Ich wusste, dass dies eine gefährliche Situation war. Aidan, der sich bestens mit Bienen, Honig und Pflanzen auskannte, hatte mich gelehrt, völlig reglos zu verharren und jede ruckartige Bewegung zu vermeiden, zu der ich mich instinktiv veranlasst fühlen mochte. Es war schwierig, aber normalerweise gelang es mir. Eines Tages jedoch beging ich den Fehler, eine Biene mit der Hand wegzujagen, als sie mir doch zu nahe gekommen war. Blitzschnell stach

sie mich in die Nase. Der sofort einsetzende Schmerz war durchdringend wie der einer tiefen Brandwunde und schien nicht nachlassen zu wollen: Die Biene hatte mich nahe am Knochen erwischt, sodass kein Platz war, damit das Gift sich verteilen und langsam auflösen konnte, außerdem steckte der Stachel noch.

Die Augen tränten mir vor Schmerz, und in meiner Panik beging ich den nächsten Fehler: Ich kratzte mich an der Nase, um den Stachel zu entfernen, was ihn aber nur noch weiter ins Fleisch trieb und das darin enthaltene Gift verteilte.
Als ich es endlich schaffte, ihn herauszuziehen, war auf der Pinzette nur ein winziger Dorn zu sehen, der einer mikroskopisch kleinen, ausgerissenen Kralle ähnelte. Die Biene lag mittlerweile tot auf dem Fußboden. Trotz der Antihistaminika ähnelte mein Gesicht einige Stunden danach einer grotesken Maske, einer Schweineschnauze. Ich muss wirklich lächerlich ausgesehen haben, wenn selbst Aidan, der normalerweise immer ernst und zurückgenommen ist, bei meinem Anblick am nächsten Tag in ein schallendes und ansteckendes Gelächter ausbrach, das ich nie vergessen werde.

Im Gegensatz zu mir war Sveva allergisch auf Bienenstiche, die starke Reaktionen bei ihr hervorriefen. Barfuß im Gras war es ihr oft passiert, auf eine Biene zu treten. Und eines Tages wurde sie gar von einem ganzen Schwarm angegriffen, als sie in der Nähe eines versteckten Bienenstocks mit einem Freund im Auto saß und Musik hörte.

Im Nu war der Innenraum voller Insekten. Sveva stürzte heraus und rannte davon, ohne zu bemerken, dass ein paar Bienen unter ihre Bluse geschlüpft waren. Die wütenden Arbeiterinnen schlugen Alarm, und Soldatenbienen machten sich an Svevas Verfolgung, die einen Abhang hinunterlief. Zum Glück erinnerte sie sich daran, im Zickzack zu laufen und immer wieder in die Schatten der Bäume einzutauchen, um den Bienen die Orientierung zu nehmen. Aber die Soldaten verfolgten sie beharrlich, und dann tauchten auch noch drei weitere Bienen auf.
Als ich, alarmiert von dem zu Tode erschrockenen Freund, am Ort des Geschehens eintraf, hockte Sveva im Büstenhalter unter einer Akazie, von oben bis unten voller Stiche und am Rande einer Ohnmacht. Aber selbst sie konnte sich ein Grinsen angesichts der Absurdität und extremen Komik der Situation nicht verkneifen. Ich verabreichte ihr eine Dosis Adrenalin, von dem ich stets einen Vorrat bei mir habe, und ein wenig von den Antihistaminika, die sie müde machten, und in kürzester Zeit ging es ihr wieder besser.

Aber Bienen bedeuteten in erster Linie Honig für mich, köstlichen Honig, und wir wussten auch, wie wir ihn uns beschaffen konnten.
In dem Wald in der Nähe des Wassers und in der Krone einiger Akazien, die in der Umgebung der Landebahn von Kuti wuchsen, hatten wir hoch oben an den Zweigen ganz spezielle Bienenstöcke angebracht. Sie bestanden aus kurzen, hohlen Baumstämmen und waren in der Region von Tharaka hergestellt, deren Bewohner traditionell für ihre

Imkerkunst bekannt waren. Diese Bienenstöcke gehörten Sveva, sie waren mit Blumen bemalt, und ihr Name war mit einem Eisen eingebrannt. Ein Geschenk von Aidan.
Zweimal im Jahr, nach der großen und der kleinen Regenzeit, steckten unsere Tharaka die Nasen in die Luft und verkündeten:
»*Ajambo sisi nahenda kuangalia rusinga. Nyuki tamalisa asali kama sisi taceleua.* Es wäre gut, wenn sich mal jemand die Bienenkörbe ansehen würde. Wenn wir zu spät dran sind, verspeisen die Bienen den ganzen Honig selbst.«
Und bald ging es bei uns buchstäblich zu wie in einem Bienenstock.
Silas Kabotho, der Chef unserer Streife gegen Wilddieberei, der selbst ein Tharaka war, rief alle »*inginia ya nyuki*« zusammen – »Bieneningenieure«, wie sich die erfahrenen Imker selbstironisch nannten: Francis Chabaria, Steven Muitheria, Jacob Makombe und Isaiah Mutura, die alle Tharaka waren, bis auf Lokoro Achuka, einen hoch gewachsenen und hübschen Turkana, der viel schneller als die kleineren Tharaka bis in die höchsten Zweige klettern konnte.
Sie führten eine abenteuerliche Ausrüstung mit sich: mehrere Eimer, Filter, Trichter, längliche Behälter mit Deckeln, Stoffbündel und ein ganz spezielles, dickes Schilfrohr, das *kisinga* heißt und die besondere Eigenschaft besitzt, ohne Flamme zu brennen und dabei einen dichten und aromatischen Rauch zu verströmen.
Der Rauch sollte die Bienen in der Zeit aus ihrem Bienenstock vertreiben, die die Männer benötigten, ihren Honig

zu stehlen. Sie ließen ihnen gerade so viel in den Waben zurück, dass sie nicht gezwungen waren, den Stock aufzugeben, und sich weiter reproduzieren und ernähren konnten. Dazu musste man eine mondlose Nacht abwarten, oder aber eine Stunde vor Aufgang des Mondes aktiv werden. Die Bienen durften die Männer nicht sehen, sonst hätten sie sich sofort auf die Honigräuber gestürzt.

Die Männer brachen singend mitten in der Nacht auf, hinten auf der Ladefläche unseres alten, grünen Toyota-Pickup. Am nächsten Morgen kehrten sie ziemlich zerstochen wieder zurück, aber das nahmen sie mit stoischer Ruhe hin, ohne sich die Laune verderben zu lassen. Sie machten eben nicht viel Aufhebens um solche Dinge.

Langsam füllten sich die Fässer mit dickflüssigem Honig, der zart nach *mukignei** duftete. Auf der Oberfläche schwammen noch ein paar Bienen und hin und wieder ein Stück Wachs. Daneben lagen perfekt geformte Waben auf Metalltellern in der Sonne, komplizierten Flügeln mythischer Insekten gleich.

In der Hitze der Sonne würde der Honig schmelzen und wie goldener Sirup über ein Sieb in die einzelnen Behälter fließen, und bald würden Dutzende von Gläsern voll köstlichem Nektar die Regale der Vorratskammer füllen – »Nahrung für die Götter«.

---

* immergrüner Eukalyptusbusch

IV
Die Frauen der Pokot

Ewoi ewoi laleya sisanya
Ewoi ewoi kemi polen.*

Willkommenslied der Pokot-Frauen

Zu unseren Nachbarn auf Ol Ari Nyiro gehörte auch der Stamm der Pokot.
Sie lebten an den Hängen des Great Rift Valley in Richtung des Baringosees. Während die Frauen die Schafe und die Ziegen hüteten, gingen die Männer auf die Jagd oder bereiteten sich – wie in vergangenen Zeiten – auf Stammeskriege vor oder raubten ihren traditionellen Feinden, den Stämmen der Turkana oder Samburu, das Vieh. Obwohl diese Stämme weiter im Norden lebten, drangen auch sie doch ab und zu in fremde Territorien ein.
Es blieb nicht aus, dass diese Scharmützel zu schreck-

---

* Alles wird gut, alles wird gut, schweig und hör zu / alles wird gut, alles wird gut, es ist ein Tag des Friedens.

lichen Repressalien führten, zu kriegerischen Auseinandersetzungen, denen ganze Dörfer zum Opfer fielen, deren Bevölkerung ohne Ansehen von Alter und Geschlecht getötet wurde.

Die Pokot, die Turkana und die Samburu waren Hirtenstämme und unterschieden sich deutlich in Aussehen, Gebräuchen und Kleidung. Nur eines war ihnen gemeinsam, nämlich der unerschütterliche Glaube, dass Gott, als er das Vieh erschuf, es selbstverständlich einzig und allein ihrem jeweiligen Stamm zugedacht hatte.

Die Gunst des silbernen Scheines, den ein riesiger Mond über die schlafende Savanne warf, auszunutzen und in Vollmondnächten Vieh zu rauben, hatte folglich keinen anderen Stellenwert, als sich das zurückzuholen, worauf man ohnehin ein Anrecht besaß.

Die Samburu – groß und schlank wie ihre Verwandten, die Massai – trugen stets eine rote Decke, lässig und elegant über eine Schulter geworfen. Blickte man vom Flugzeug aus auf die Savanne, konnte man sofort die kleinen Punkte, rot wie Klatschmohn, in der weitläufigen Grassteppe ausmachen – Samburu, die ihre Viehherden hüteten.

Die Männer der Turkana trugen kurze, dunkelrote *shukas** und Kopfbedeckungen in lebhaftem Blau und mit Straußenfedern geschmückt. Ihre Frauen bewegten sich mit nacktem Oberkörper, aufrecht wie Königinnen, die schlanken Beine in lange, fließende Lederröcke gehüllt. Ihre schmalen Gazellenhälse waren eng mit vielen Reihen

---

* Umhang

Ketten aus großen roten, weißen und blauen Perlen umhüllt. Auf den kleinen, stolzen Köpfen trugen sie eine erstaunlich moderne Frisur aus Hunderten von winzigen, mit Ziegenfett eingeriebenen Zöpfen und dichte Ponyfransen, die ihre Stirn bedeckten und ihre schönen, abgeklärten Augen vor der erbarmungslosen Sonne schützten.

Die Pokot sind völlig anders.
Sie gehören zum Clan der Kalenjin und sind viel kleiner und muskulöser, von ihrer Statur her bestens dazu geeignet, geschmeidig im Dickicht des Busches zu verschwinden. Außerdem sind sie hervorragende Jäger. Die Männer tragen schwarze *shukas*, Sandalen aus nicht gegerbtem Leder und bei bestimmten Zeremonien auffallende Umhänge aus einem ganzen Löwenfell, das im Schwanz des Tieres endet, dazu einen blauen, aus einer Mischung aus Erde und getrocknetem Dung bestehenden Kopfputz mit einer Straußenfeder in der Mitte, nicht unähnlich denen der Turkana.
Die Frauen rasieren sich den Schädel und lassen nur ein kleines, kokettes Büschel Haare ganz oben am Kopf stehen, wie den Kamm eines exotischen Vogels.

Die Pokot respektieren auch heute noch die Sitten und Gebräuche ihrer Vorfahren, und ihre Frauen tragen je nach Alter unterschiedlichen Schmuck und Kleidung.
Ein winziger Lendenschurz aus Leder, mit ein paar wenigen Perlen geschmückt, ist – außer einer dünnen Kette um den Hals – das einzige Kleidungsstück kleiner Mädchen.
Kommen die Mädchen in die Pubertät, gehen sie vor der

Beschneidung in den Wald und sammeln eine Pflanze, die einem wilden Spargel ähnelt. Sie schneiden sie erst in Scheiben und dann mit einem spitzen Messer zu kleinen, zylindrischen Perlen zu, die sich, nachdem sie eine Weile getrocknet sind, dunkel verfärben. Aus diesen Perlen fertigen die Mädchen viele Reihen runder, flacher Ketten an, die ihnen wie ein großer Kragen aus Holz fast bis auf die Schultern reichen. Ab und zu kommt etwas Besonderes hinzu – eine Muschel, normalerweise eine Kaurischnecke, oder auch eine Haarnadel, ein Schlüssel oder ein Scharnier, das sie Gott weiß wo gefunden haben.

Bis die Wunde der Beschneidung völlig verheilt ist, verstecken sich die Mädchen mit ihren Freundinnen vor den neugierigen Blicken der Männer und schmücken ihre Stirn mit länglichen, farbenfrohen Perlen. Kurz danach heiraten sie, und für den Rest ihres Lebens werden sie viele Reihen schwerer Ketten aus roten, orangegelben, hellgrünen und schwarzen Perlen um den Hals tragen, deren Enden von großen, rautenförmigen Perlen in den dominierenden Farben rot und schwarz gesäumt sind.

Die Frauen der Pokot haben hohe Wangenknochen, feine, runde Gesichtszüge und ein spitzes Kinn. Sie sind eher zurückhaltend und ein wenig misstrauisch, aber warmherzig und humorvoll. Im Lauf der Jahre sind sie mir sehr ans Herz gewachsen, und ich nahm in ihrem Leben einen ebenso wichtigen Platz ein wie sie in meinem.

Sie wussten, dass sie sich auf meine Freundschaft und auf meine Unterstützung immer verlassen konnten. Sie kamen zu mir, wenn eine ihrer Töchter erkrankte, wenn ihre

Hütte von einem Feuer zerstört wurde und sie ein neues Dach benötigten, wenn die entsetzlichen Narben der Beschneidung eine Geburt gefährlich in die Länge zogen und es notwendig wurde, die Gebärende ins Krankenhaus einer weit entfernten Mission zu bringen, oder auch nur, wenn sie etwas Tee oder Zucker brauchten.
Und ich half ihnen, indem ich ihnen ihre selbst gemachten Produkte abkaufte: längliche, aus ausgehöhlten Kürbissen angefertigte *kibuyu*, worin sie Milch oder Wasser aufbewahrten, mit Glasperlen bestickte Kittel aus Leder oder Halsbänder. Im Austausch dafür schenkten sie mir Heilkräuter, seltene Wurzeln und fremdartige Pulver, die einen scharfen Geschmack hatten, aber fast alles heilten.

Ich nannte sie bei ihren Namen, und sie riefen mich Guki.
Ich mochte sie alle und kam mit allen gut aus, aber die Frau, mit der mich stets ein wirklich besonderes Verhältnis verband, war Cheptosai Selale.
Ich lernte sie vor vielen Jahren kennen, als ich begann, mich für die Geheimnisse der einheimischen Pflanzen zu interessieren, die in Hülle und Fülle auf Ol Ari Nyiro wuchsen. Ich war fest davon überzeugt, dass die Menschen diese Pflanzen, über die man so wenig wusste, respektieren und schützen würden, falls es uns gelänge, ihnen einen anderen Stellenwert zu geben.
Irgendwann war mir aufgefallen, dass die Leute auf Kuti nach den ersten Regenfällen in den Busch gingen und mit den verschiedensten Wurzeln, Früchten, Beeren, Blättern und Baumrinden zurückkamen, die sie zu starken Auf-

güssen verarbeiteten und als Heilmittel gegen fast jede Krankheit einsetzten.

»Wer versteht am meisten davon? Wer ist der Experte? Wer ist der *Fundi ya dawa ya Miti*? Wer kennt sich am besten mit Heilpflanzen aus?«

»Oh«, lautete die Antwort, »das ist Mama Langeta. Sie ist schon sehr alt. Sie lebt in Churo.«

Langeta war einer der zehn Pokot, die wir als Wildhüter im Reservat der Pokot eingestellt hatten.

Er hatte die Aufgabe, die Wilderer unter Kontrolle zu halten und aufzupassen, dass kein Rhinozeros unser Land verließ, das damals noch nicht vollständig eingezäunt war. Wie es typisch ist für Afrika, trägt die Mutter den Namen des ältesten Sohnes, sobald dieser erwachsen ist, oder, wenn sie keine Söhne hat, den Namen der ältesten Tochter. Deshalb kennen mich viele außer als Nyawera, als Mama one, als Kuki oder Guki auch als Mama ya Makena. Das ist der Beiname meiner Tochter und bedeutet: »Die, die lächelt.«

Langetas Mutter saß, als ich sie das erste Mal sah, auf dem Boden vor ihrer Hütte. Sie war von winziger Statur, aber ihre Körperhaltung war aufrecht, stolz und voller Würde. Ihre rätselhaften Augen mit dem gräulichgrünen Schimmer, der manchen Afrikanern im Alter zu Eigen ist, betrachteten mich gleichmütig. Ich wusste, dieser Frau entging nichts. Bereits während dieser ersten Begegnung empfand ich eine tiefe Verbundenheit mit dieser kleinen Frau, obwohl wir beide aus weit voneinander entfernten Welten stammten. Als ich sie mit Hilfe eines Dolmetschers fragte, ob sie einverstanden sei, ihr Wissen über die Pflanzen mit mir zu teilen, damit es weiterleben würde, war ich sicher, dass dies erst der Auftakt zu vielen weiteren wichtigen Begegnungen wäre.

Als ich zu reden aufhörte, nickte sie nur schweigend.
Von dem Zeitpunkt an wurde sie zu einer vertrauten Gestalt auf den Pfaden von Ol Ari Nyiro. Sie war immer in Begleitung ihrer Helferinnen, der ältesten Tochter Selina und Esta Buoliamoi, einer jüngeren Verwandten, die nur ein Auge hatte, aber intelligent und ebenfalls sehr bewandert auf dem Gebiet der Pflanzen war.
Zwischen uns entwickelte sich eine tiefe und fast schon telepathische Verbundenheit. Es geschah oft, wenn ich nach einer Auslandsreise nach Hause kam, dass ich Cheptosai auf meiner Wiese antraf, ihre Säckchen voller Pulver ordentlich um sich aufgereiht, daneben eine Flasche mit starkem, bitterem Kräutertee, den sie frisch für mich zubereitet hatte, damit ich wieder in Form käme.
Meine Tochter Sveva, die alle Makena nannten, liebte sie besonders, und sie brachte es fertig, stundenlange Fußmärsche zusammen mit ihren Begleiterinnen zurückzulegen, um bei Rodeos, Geburtstagen und anderen Feierlichkeiten für sie zu tanzen. Sie tanzte leidenschaftlich gern und führte stets die anderen Frauen an, die Arme im Rhythmus der Musik erhoben, mit den nackten Füßen auf der Erde stampfend.

Als Sveva ihren achtzehnten Geburtstag feierte, durfte sie natürlich nicht fehlen, um für sie zu tanzen. Als die Sonne

hoch am Himmel stand, trafen um die hundert Personen bei uns ein – junge Krieger und Frauen jeden Alters –, formierten sich zu Gruppen, rannten im Laufschritt zur Landebahn von Kuti und begannen zu singen.
»Einst warst du ein Kind, jetzt bist du kein Kind mehr«, sangen die Mädchen. »Einst gehörtest du zu deiner Mutter, aber jetzt gehörst du zu uns. Jetzt bist du zur Frau geworden, eine Frau wie wir, Makena, und das ist dein Zuhause.«
Die Krieger sangen: »Du bist unsere Schwester, deine Mutter muss sich nicht fürchten, wenn sie auf Reisen weit fort ist, weil wir auf dich aufpassen werden. Hast du ein Problem, ruf uns, und wir kommen dir zu Hilfe.«
Drohend stießen sie die Lanzen in die Luft und schlenkerten mit den langen Beinen wie eine Straußenherde im vollen Galopp.
Cheptosai trat zu Sveva und umarmte sie. Ich bekam eine Gänsehaut, und wieder wurde mir schlagartig bewusst, dass dies hier tatsächlich mein »Zuhause« war und dass wir zu diesen Menschen gehörten, die für immer ein Teil von uns waren.

Cheptosai blieb alterslos, auch als die Jahre vergingen. Es schien, als hätte ihr verschrumpeltes Gesicht ein Stadium erreicht, in dem sich die Falten und die Zeichen der Zeit nicht weiter vermehren konnten, eine Art unveränderlicher Ewigkeit.
Irgendwann war Cheptosai, noch winziger und noch starrer als zuvor, so mager, dass die Haut sich über ihren Knochen spannte. Ihre grüngrauen, vom Alter verschleierten

Augen, musterten mich mit amüsierter Weisheit aus ihrem gleichmütigen Ledergesicht, dem Gesicht eines alten Chamäleons.
Sie trug ihr glatte *shuka* um die Schultern geschlungen wie den Umhang einer Königin, das Büschel kleiner, widerspenstiger Zöpfchen auf ihrem Kopf erbebte wie eine wertvolle Krone, und ihre gesamte Person strahlte eine königlich anmutende Würde aus. Hatten wir uns eine Zeit lang nicht gesehen und trafen uns dann wieder, umarmte sie mich mit einem seltenen, krächzenden Lachen, das für mich das höchste Privileg darstellte.

Eines Tages traf auf unserem Posten bei Corner Gate die Nachricht ein, dass Cheptosai so krank sei, dass sie sich nicht mehr bewegen könne. Ihr Sohn Langeta war persönlich gekommen, um die Nachricht zu überbringen.
Ich schickte sofort Silas und Lokoro mit unserem Toyota-Kleinlaster, einer Matratze und einer Decke zu ihrer *manyatta*;* ich wusste, dass keine Zeit zu verlieren war, und wartete voller Anspannung.
Als das Klappern von Blech auf der steinigen Straße die Rückkehr des Wagens ankündigte, lief ich ihnen entgegen. Cheptosai saß auf dem Vordersitz, eingehüllt in ihre Decke, die Augen geschlossen; die schweren, aufgedunsenen Ringe unter den Augen verstärkten noch ihre frappante Ähnlichkeit mit einem Chamäleon. Die geweiteten, an mehreren Stellen durchlöcherten Ohrläppchen waren

---

* traditionelle Behausungen einer Stammessippe innerhalb einer Einfriedung

ohne Schmuck und hingen schlaff rechts und links von ihrem runzeligen, wie leblos wirkenden Gesicht herunter.
Eine Verwandte saß neben ihr und beobachtete sie schweigend und teilnahmslos, wie es den Afrikanern zu Eigen ist, wenn sie besorgt sind.
Durch das geöffnete Seitenfenster fasste ich an ihre Schulter und spürte, dass ihr Körper unter der *shuka* ausgemergelt wie ein Skelett war und vor Fieber glühte.
Ihr Atem ging nur noch rasselnd.

»Cheptosai«, sagte ich leise und versuchte, einen ermutigenden Tonfall in meine Stimme zu legen. »*Cheptosai, in mimi. Ni Guki.* Ich bin es, Kuki.«
Sie schlug die Augen auf – graugrüne Tümpel in der verbrannten Lava ihres Gesichts –, und an ihrem vagen Blick erkannte ich, dass sie weit weg war und bald für uns unerreichbar wäre, wenn nichts geschah. Ich legte einen Finger unter ihr Augenlid; es war geschwollen und entzündet. Die Druckstelle ging nicht zurück.
Sie war vollkommen ausgedörrt.
»Wann hat sie heute das letzte Mal etwas getrunken?«, fragte ich auf Swahili.
»Heute noch gar nicht«, erwiderte die Frau in Pokot. Langeta übersetzte für mich. »Und gegessen hat sie auch nichts.«
»Und wann hat sie das letzte Mal etwas getrunken oder gegessen?«
Die Frau zuckte die Schultern.
»Oh, seit vielen Tagen nicht mehr. Sie will nichts essen.«
»Was gebt ihr ihr denn zu essen?«

»*Posho*. Wir haben nur *posho*. Milch mag sie nicht.«
Ich erschauderte bei dem Gedanken an die harten und halb rohen Klumpen Maisbrei, die sich ihren zarten Hals hinunter zwängen mussten.
Cheptosai lag im Sterben. Sie war vollkommen dehydriert und hatte hohes Fieber.
Vorsichtig nahm ich sie in den Arm und legte sie unter einer Akazie ins Gras. Sie sah aus wie eine Mumie, vertrocknet, abgemagert bis auf die Knochen, mit geschlossenen Augen, die entzündeten Lider bläulich verfärbt.
Ich rannte in die Küche und bat Simon, einen seiner berühmten stärkenden Tees zuzubereiten: stark, mit viel Milch, gesüßt mit etwas wildem Honig und gewürzt mit einem Hauch Ingwer und Kardamom. Die Zutaten zu diesem Tee werden zusammen zum Kochen gebracht, sodass alle Wirkstoffe und Kräuter sich vermengen, und dann durch ein Sieb gegossen. Er heißt *kjeniegi-chai* – Tee auf traditionelle Art – und ist ein wahres Allheilmittel.

Ich kniete mich vor Cheptosai ins Gras, in der einen Hand die Tasse mit dem Tee und einen Löffel, und sagte: »*Amini mimi Cheptosai.* Du musst mir vertrauen. Nur ein paar Tropfen. Versuch es. Mach den Mund auf. Langsam, ganz langsam.«
Sie öffnete die dünnen Lippen. Die rötliche Flüssigkeit tropfte langsam auf ihre rissige Zunge.
Ich wartete, bis sie mit Mühe den Tee hinuntergeschluckt hatte. Gleich darauf schob ich einen weiteren Löffel Tee in ihren Mund. Und dann noch einen.
Cheptosai dabei zuzusehen, wie sie mit jedem Schluck

kjeniegi-chai lebendiger wurde, ließ mich an die überschnellen Sequenzen in Dokumentarfilmen denken, wo sich Knospen innerhalb weniger Sekunden öffnen und erblühen.

Die Geschwindigkeit ihrer Verwandlung war wirklich verblüffend. Zum ersten Mal wurde ich mit eigenen Augen Zeugin des Wunders, dass ein Mensch dank der Kraft von Heilkräutern und Energie bringenden Substanzen wieder ins Leben zurückkehrt.

In ihre Augen, die sich gelassen auf mich richteten, trat wieder Leben, und sie griff nach der Hand, in der ich den Löffel hatte. Mit dem Kopf deutete sie in Richtung Tasse, und ich hielt sie ihr an den Mund. Durstig, wie sie war, trank sie den Tee mit großen, gurgelnden Schlucken wie ein Säugling die Milch, und in wenigen Minuten war kein Tropfen mehr übrig.

Dann wandte sich ihr Blick mir erneut zu – ein Hauch ihres vertrauten Lächelns lag kaum wahrnehmbar in ihren müden Augen –, und mit dünnem Stimmchen murmelte sie etwas und deutete in Richtung Simon, der hinter mir mit der Thermoskanne voller Tee stand: »*Ngine.* Noch mehr.«

Irgendjemand stieß ein befreiendes Lachen aus. Als ich mich umsah, bemerkte ich, dass sich still und leise ein Grüppchen Zuschauer eingefunden hatte.

Ich war so konzentriert auf Cheptosai gewesen, dass ich sie nicht hatte kommen sehen.

Silas, Epetet Lokoro und unsere Leute aus dem Haus standen auf einer Seite, hinter mir Simon, die Gärtner und

Muthee, der Klempner, der gekommen war, um eine von den Elefanten zerfetzte Pumpe zu reparieren. Und auf der anderen Seite Langeta und Tomoko, deren staubige, schwarze *shukas* sich genau auf meiner Augenhöhe befanden; im Gras steckten die Spitzen ihrer Lanzen.
»*Yeye tapona tu*«, erklärte Simon zuversichtlich. »*Wewe alifania mzuri.* Sie wird wieder gesund, du hast das Richtige getan.«
Seine Worte wurden begleitet von zustimmenden und erleichterten Rufen.
»Cheptosai«, sagte ich, »*saa yako badu.* Deine Stunde ist noch nicht gekommen. *Mungu utaitua wewe siku ngine.* Gott wird dich eines anderen Tages zu sich berufen.«

Das ereignete sich vor über fünf Jahren. Cheptosai wurde tatsächlich wieder vollkommen gesund. Seitdem ist sie wieder ein vertrauter Anblick, wie sie hager und rüstig wie eine Heuschrecke viele Meilen auf bloßen Füßen auf den Pfaden von Ol Ari Nyiro zurücklegt auf der Suche nach ihren Heilkräutern.
Dabei half ihr nun die jüngste Tochter von Selina, ihre Enkelin Chepteset, deren Äußeres – der runde Kopf, die hohe Stirn, die langen Gliedmaßen – auf eine zumindest teilweise Abstammung von den Luo hindeutete. *Pater incertus umquam.* Das Mädchen behandelte ihre Großmutter, die sie *Jojo* nannte, voller Respekt.
Chepteset wuchs ganz im Schatten ihrer Großmutter heran, der sie diente und für die sie sorgte. Sie ging nie in die Schule, und ich glaube nicht, dass sie jemals Lesen und Schreiben lernen wird. Aber ihre Augen waren aufmerk-

sam und wach, und es entging ihnen nichts, das in ihrer Umgebung geschah. Ich fragte mich oft, was sich wohl hinter ihrem schönen, undurchdringlichen Gesicht abspielte, welche Gedanken hinter ihrer Stirn herumschwirrten.

Im August 2000 begleiteten mich ihre Mutter Selina und ihr Onkel Korete zum ersten Mal in ihrem Leben nach Nairobi, um an der Premiere des Films *Ich träumte von Afrika*, der nach einem Buch von mir gedreht wurde, teilzunehmen. Der Erlös des Films sollte Selina und den anderen Frauen der Churo zugute kommen. Keiner meiner beiden Begleiter war je über Naivasha hinausgekommen. Ein einziges Mal waren sie mit meinem Fahrer Mutaba dorthin gefahren, um den ältesten Sohn von Selina zu besuchen, der als Askari, als Wachposten, auf einer Farm arbeitete und damals schwer erkrankt war.

Nairobi verwirrte sie. Sie kauerten hinten auf meinem Pick-up und betrachteten mit großen Augen die tausend Lichter der Geschäfte, die vielen Fremden, den chaotischen Verkehr aus Autos und Bussen. Sie weigerten sich strikt auszusteigen.
»*Sisi nahangopa.*« Selina riss die Augen weit auf. »Wir haben Angst«, gestand sie mir als dem einzigen vertrauten Gesicht in diesem Durcheinander. Mit Fellen und bunten Perlen angetan, ähnelten sie exotischen Vögeln, gefangen in einem irrealen Zoo. Sanft, aber bestimmt nahm ich sie beide an der Hand, redete mit leiser Stimme beruhigend auf sie ein und führte sie, als sie neben mir unbeholfen die ersten Stufen ihres Lebens hochschritten.

Die Premiere war ein überwältigender Erfolg. Es kam genügend Geld zusammen, um eine Mähmaschine für den Weizen zu kaufen und einen Speicher dafür zu bauen. Das hatten sie sich gewünscht.
Selinas Anwesenheit – und auch die von Simon, der während der ganzen Vorführung reglos neben mir sitzen blieb und am Ende erstaunt verkündete, dass der Simon im Film ja sei wie er – verlieh zumindest dieser Zeremonie die Authentizität, die der Film leider schmerzlich vermissen ließ.
Selina war nur eine Nacht und zwei Tage von zu Hause fort, aber als sie zurückkehrte, war ihre Tochter nicht mehr da.

Angelockt von der Aussicht auf eine aufregende Erfahrung, hatten sich Chepteset und eine Freundin in Abwesenheit der Mutter verführen lassen, unweit des Dorfes an der Beschneidungszeremonie einiger junger Mädchen teilzunehmen. Ohne zu wissen, wie ihr geschah, sah Chepteset sich plötzlich in den Ritus mit einbezogen, wagte nicht, sich zu wehren, und wurde – schrecklicher Gedanke – gewaltsam beschnitten.
Bei dieser uralten, barbarischen Tradition werden die weiblichen Genitalien verstümmelt, meist von alten Frauen, die weder von Hygiene noch von Medizin etwas verstehen. Mit einem rasiermesserscharfen, rostigen, nicht sterilen Messer – eines muss für alle herhalten – und selbstverständlich ohne Betäubung werden die Mädchen beschnitten.
Das junge Mädchen darf keinen Muskel bewegen und keine Angst zeigen, aber normalerweise steht ihm – außer

der Mutter und den anderen Frauen des Clans – die Patin zur Seite. Deren Aufgabe ist es, das Mädchen zu beruhigen und, wenn es so weit ist, fest an den Schultern zu packen, damit es sich nicht bewegt.
Chepteset war allein.

Das Entsetzen und die Panik der armen Chepteset müssen unvorstellbar gewesen sein. Selina hatte gehofft, der jüngsten Tochter diese grausame Verstümmelung ersparen zu können, die auch sie ertragen hatte müssen. Einmal hatte sie mir davon erzählt, sodass ich ihre Meinung dazu kannte. Dieser dilettantisch ausgeführte Eingriff an ihrer intimsten Körperstelle hatte verheerenden Einfluss auf ihr ganzes weiteres Leben und gestaltete ihre zahlreichen Geburten unnötig schmerzhaft und gefährlich.
Als sie, in Tränen aufgelöst, zu mir kam, um mir zu erzählen, was geschehen war, konnte ich nichts anderes für sie tun, als sie schweigend zu umarmen wie eine Schwester.
Nachdem die Beschneidung erfolgt war, verlangte die Tradition, dass die Scheiben aus getrocknetem wildem Spargel, die Chepteset seit ihrer frühen Jugend getragen hatte, durch eine Reihe Glasperlen ersetzt würden. Selina bat mich, dass ich sie kaufen sollte – als Patengeschenk –, da sie sich die teuren importierten Perlen nicht leisten konnte.
So kam es, dass ich ungefähr eine Woche später früh am Morgen in Begleitung von Selina aufbrach, um Chepteset zu besuchen. Im Gepäck hatte ich einen Korb mit Säckchen voller verschiedener Glasperlen in Schwarz, Rot,

Orange, Gelb und Erbsengrün, dazu Fäden zum Aufziehen und auch ein paar Muscheln.

Ich parkte meinen Wagen in der Nähe des Zauns an der östlichen Grenze von Ol Ari Nyiro, gleich hinter der Kurve von Lokwagalesh, und ging anschließend zu Fuß weiter in das Reservat der Pokot.

Bald war der Wald weniger dicht, die von zu vielen Ziegen und rachitischen Kälbern abgeweidete Grasnarbe war fast nicht mehr vorhanden, und die halb verfallene Hütte von Korete stand gefährlich schief auf einer staubigen Tenne voller Unrat.

Hundert oder zweihundert Meter weiter weg, in einem stacheligen Gebüsch, das eine kleine *boma* umgab, versteckten sich Cheptesét und ihre Freundin vor fremden Blicken.

Ihr hübsches, rundes Gesicht schien unverändert. Oder vielleicht war ihr Blick doch eine Spur zurückhaltender und reifer? Mit einem seltsam schüchternen Lächeln, die Augen gesenkt wie eine erwachsene Frau, hieß sie mich formvollendet willkommen.

»*Karam nyaman, Guki.* Ich grüße dich, Kuki.«

»*Karam nyaman.*«

Auf dem Scheitel ihres ockergelb bemalten Kopfes trug sie einen bizarren Schmuck aus länglichen Perlen in lebhaften Farben – Ponyfransen aus Glasbeeren, die ihr bis über die Augen fielen.

Wenn ihre Wunde verheilt war und die Männer sie wieder sehen und sie gegen eine Brautgabe aus Vieh zur Frau nehmen durften, würde sie diesen Schmuck ablegen und stattdessen viele Reihen dicker und eleganter Ketten um den

Hals tragen, gefertigt aus den Perlen, die ich ihr als Geschenk brachte.
Langsam und nachdenklich versunken fuhr ich zurück. Ich musste an Sveva denken, eine andere Tochter Afrikas. Wie verschieden ihrer beiden Schicksale doch waren.

Und so werden die Initiationsriten auch heute noch in meinem Laikipia begangen.

V
Eine Dynastie von Hunden

… sie achtete immer auf die Gefühle ihrer Hunde
und bemühte sich, höflich zu sein, wenn sie ihre
überschwänglichen Avancen ablehnen musste.

George Eliot, *Middlemarch*

Auf der Rasenfläche vor meinem Zimmer stehen zehn Metallnäpfe und reflektieren die mittägliche Sonne. Dutzende von Vögeln picken mit ihren Schnäbeln nach den Resten von *posho*, die auf dem Boden zu einer harten Kruste eingetrocknet sind. Ein rastloses Flügelflattern in buntesten Farben.
Ein, zwei Turteltauben, verschiedene Bulbul-Nachtigallen und Stare mit dunklem, türkisgrünem Gefieder. In der Regenzeit gesellen sich noch die Webervögel dazu, die es kaum erwarten können, den Papyrus am Fischbecken in schmale Streifen zu zerlegen, um daraus ihre eigenwilligen und eleganten, aber robusten Nester zu bauen, die an den Zweigen der Fieberakazien baumeln.

Die kleine Mary und die große Mary haben alle Hände voll mit den Welpen zu tun.
Die große Mary ist eine Kikuyu und vor einigen Jahren zu uns gekommen. Hauptsächlich sollte sie die Hunde versorgen, als mir die Arbeit mit meinen zehn Deutschen Schäferhunden irgendwann über den Kopf wuchs: Die Tiere benötigten schließlich Futter, sie mussten gebürstet und einmal in der Woche gebadet werden, um sie von Zecken zu befreien. Dazu kamen regelmäßig neue Würfe und Jagdunfälle. Die große Mary ist eine robuste, offene junge Frau mit einem weiten Herzen, die Tiere liebt.
Die kleine Mary ist genau das Gegenteil. Grazil und von zarter Schönheit, gehört sie dem Stamm der Jemps an und kommt aus Mukutani im Distrikt von Baringo, von der anderen Seite der Berge. Sie hat das Gesicht einer koptischen Madonna, große, intensive Augen, die ihr fein geschnittenes Gesicht beherrschen, und einen anmutigen Körper. Und sie ist intelligent und höflich.

Ich bin dazu erzogen worden, Hunde zu lieben und zu respektieren. Ich wusste stets ihre Geduld zu schätzen, ihre Loyalität und totale Hingabe, ihren Sinn für Humor und ihre echte Freundschaft.
In Italien hielt mein Vater immer Foxterrier, und auch ich besaß mehrere Nachkommen ihres Stammvaters, ein nervöser und höchst intelligenter, fast weißer Rüde namens Biri. Und dann hatte ich natürlich auch noch Moshe adoptiert.
In Kenia gab es Platz im Überfluss, und im Lauf der Jahre hat eine weit verzweigte Dynastie aus Deutschen Schäfer-

hunden Freude in mein Leben gebracht. Der erste war Gordon gewesen, mein großer Liebling, und der momentan letzte ist Grey, der neue König mit den beunruhigend eisengrauen Augen eines echten Wolfes.
In Laikipia treten ständig neue Hunde in mein Leben, die an den unmöglichsten Orten geworfen werden. Entweder in der verlassenen Höhle eines Warzenschweins, gleich außerhalb meines Gartens, unter dem Sofa in meinem Schlafzimmer oder in irgendeinem geheimen Unterschlupf im Busch.
Die Hundemütter tragen ihre Neugeborenen im Maul nachts von einem Versteck ins andere. Sie legen sie unter Bougainvilleabüschen, Aloesträuchern oder unter meinem Bett ab. Am Anfang ähneln die Neugeborenen kleinen, blinden Maulwürfen mit dicken, runden Bäuchen, aber bald verwandeln sie sich in schlaue und lebhafte Welpen. Auf den weitläufigen Rasenflächen von Kuti liefern sie sich wilde Verfolgungsjagden, werfen sich auf den Rücken, wälzen sich mit unermüdlicher Lust im Gras und jagen Schmetterlinge mit denselben, von einer Generation auf die nächste vererbten Bewegungen. Und als Erwachsene, gelassen und weise, wachsen sie zu wertvollen Freunden heran.

Hin und wieder wagen sich ein paar unvorsichtige Affen auf der Suche nach Früchten oder wilden Beeren auf die Bäume in unserem Garten. Meine Hunde lassen sich dann ostentativ unter den Baum nieder, auf dem der Affe hockt. Reglos, den Kopf nach oben gereckt, können sie diese Belagerung stundenlang durchhalten, bis es mir irgendwann doch gelingt, sie so weit abzulenken, dass der Affe fliehen kann, der wie ein seltsamer Vogel über die Wipfel der Pfefferbäume hüpft und sich dabei mit seinem Greifschwanz an den Ästen festhält.

Wenn ein Schaf oder ein Kamel eingeht und der Kadaver für die Hunde nach Kuti gebracht wird, kommt es schon mal vor, dass der Verwesungsgeruch einen Leoparden anlockt. Dessen rhythmische Laute – wie das Kreischen einer Säge – machen meine Hunde immer ganz verrückt. Man muss nämlich wissen, dass der Leopard ein großer Liebhaber von Hundefleisch ist und in Afrika als ihr größter Feind gilt. Bruce, Svevas Liebling, kehrte eines Abends nicht mehr von seinem Spaziergang zurück, und mein treuer, alter Donald, der hinter meinem Wagen herlief, ward plötzlich nicht mehr gesehen. Den Spuren nach zu schließen, die sich plötzlich in Luft aufzulösen schienen, waren sie von einem Leoparden verspeist worden.

Gleichzeitig Jäger und Gejagte, leben meine Hunde ein anregendes und aufregendes Leben im Rhythmus ihrer Vorfahren, der ihren weniger glücklichen, wenn auch langlebigeren Vettern aus der Stadt unbekannt ist.

Bereits frühmorgens vertreiben sie sich die Zeit und verfolgen die Spuren wilder Tiere, und es sind nicht fremde Motorengeräusche oder das Bellen anderer Hunde, die sie zu unterscheiden wissen, sondern das Heulen der Hyäne, das heisere Keckern des Leoparden und das vibrierende Brüllen eines Löwen.

Es gibt Geräusche, die sind wirklich typisch für Afrika: das plötzliche, wilde Trompeten der Elefanten, das ver-

rückte Lachen der Hyäne, das vor Lebenslust und Sinnlichkeit pralle Quaken der Frösche in den mondlosen Nächten der großen Regenzeit.
Aber die wahre Stimme Afrikas ist das tiefe, rhythmische und bedrohliche Brüllen des Löwen.
Nachts kommt es oft vor, dass mir das Bellen der Hunde verändert erscheint. Schaue ich dann hinaus, sehe ich, dass sie reglos im Halbkreis auf der Wiese vor meinem Zimmer stehen, die Nackenhaare gesträubt wie bei einem Hyänenhund. Sie schicken ein heiseres Kläffen in die Dunkelheit hinaus, und dann weiß ich – noch bevor ich sein Brüllen höre –, dass ein Löwe in der Nähe der Hecke, gleich hinter dem Cottage der Gäste, vorbeischleicht.
Sind wir aber gerade beim Essen, unterbrechen wir das Gespräch und halten erschrocken mit der Gabel in der Luft inne. Die Kerzen auf dem Tisch flackern, und wir sehen uns bedeutungsvoll an. »Ein Löwe.« Bin ich allein, werfe ich Mary oder Dorcas einen kurzen Blick zu und murmle: »Simba.«
Kaum habe ich das Wort ausgesprochen, beginnen die Hunde erneut zu bellen. Das Gebrüll des Löwen und das heisere Kläffen der Hunde scheinen die Nacht, diese gewölbte und samtige Kugel voller Sterne, überraschender Winde und gedämpfter Töne, bis an ihre entferntesten Grenzen mit ihren Vibrationen zu erfüllen. Alles scheint im Gleichklang mit dem Löwen zu brüllen.
Liege ich jedoch in meinem Bett, in meinem Zimmer voller Fledermäuse, die auf der Jagd nach Nachtfaltern vor meinem Moskitonetz mit nervös flatternden Flügeln den Rauchfang des Kamins herunterkommen, sobald die

Asche abgekühlt ist, schrecke ich aus dem Schlaf hoch und lausche. Und jedes Mal ist es wieder ein aufwühlendes Erlebnis, als wäre es das erste Mal.

Meine Hunde liebten es, wenn ich mit Simon gemeinsam kochte und ihm neue Gerichte beibrachte. Dann lagen sie zu meinen Füßen, so dicht, dass es mir unmöglich war, einen Schritt zur Seite zu machen, und bildeten eine Wand aus starren, aufmerksamen Augen, denen nicht die geringste Bewegung entging. Sie wussten, dass ich ihnen früher oder später einen Knochen zuwerfen würde, einen Fetzen Fleisch, die Leber eines Perlhuhns. Mit einem trockenen Schnappen fingen sie die Bissen aus der Luft auf, diszipliniert und im Vertrauen, dass jeder einmal an die Reihe käme. Ich achtete nämlich stets darauf, gerecht zu sein. Nur wenn ich aus Versehen einen überging, brach ein kurzer, grimmiger Tumult los. Ihr leises Hecheln war ebenso Teil dieser Nachmittage wie die heiseren Schreie der Turakos, die bedächtig auf den Kronen der Akazien herumtrippelten und nur die frischesten Triebe fraßen.
Hin und wieder konnte es allerdings vorkommen, dass sich ein mit aromatischen Kräutern umwickelter und für den Holzofen vorbereiteter Braten in Luft auflöste und von dem Blech verschwand, das wir sonst für die Pizza verwendeten. Der Dieb mochte noch so gleichgültig tun, zwei oder drei Rosmarinnadeln auf einer schwarzen, feuchten Nase verrieten ihn letzten Endes doch.
Meine Hunde wachsen hier oben rasch heran und mausern sich bald zu gewieften Kämpfern, die mit allen Wassern gewaschen sind.

Die Begründer meiner Hundedynastie hießen Gordon und *Nditu*.* Alle männlichen Nachkommen von Gordon trugen schottische Namen wie er, und auf unterschiedliche Weise war jeder von ihnen etwas ganz Besonderes für mich. Aber manche waren wirklich außergewöhnlich, so wie Bellas Sohn Hector.

Zu einem von Emanueles Geburtstagen hatte mir Aidan, aufmerksam wie immer, eine junge Schäferhündin geschenkt, neues Leben und darüber hinaus frisches Blut für meine Wolfshundherde, die alle untereinander verwandt waren.
Die Kleine war erst wenige Monate alt, ein geschickter, behänder Welpe mit glänzendem Fell und spitzen Ohren, der laufen konnte wie ein Windspiel. Ich nannte sie Bella. Sie war sanft, anhänglich, würdevoll und hatte einen unersättlichen Appetit auf Fleisch. Als ich wieder einmal im Ausland unterwegs war, war sie mit knapp sieben Monaten verfrüht läufig und folgte Fergus, einem stattlichen Rüden mit langem, seidigem blonden Fell, dem sie wahrscheinlich nicht widerstehen konnte, ins Unterholz. Als Resultat dieses Abenteuers kamen zwei Monate später drei winzige Welpen zur Welt, von denen zwei sofort starben.
Bella war keine gute Mutter. Noch viel zu jung, um instinktiv richtig zu handeln, vernachlässigte sie ihren Wurf. Sie weigerte sich, die Jungen zu stillen, und ließ auch noch den letzten überlebenden Welpen allein und hungrig auf

---

* Mädchen

seinem Lager, einem mit Sägespänen gefüllten Jutesack, im Zwinger zurück. Ich fürchtete, dass er dasselbe Schicksal erleiden würde wie die anderen, aber geheimnisvollerweise überlebte er.

Unser Hundezwinger war in zwei Bereiche aufgeteilt, die durch einen dicken Drahtzaun voneinander getrennt waren. Ein Teil war mit einem Blechdach bedeckt, der andere war offen. Wenn es keine kranken oder läufigen Hündinnen gab, wurde in einem der beiden Bereiche das Fleisch für die Tiere aufgehängt und das Mehl für ihren *posho* aufbewahrt.

Der feinen Nase des kleinen, oft hungrigen Hundes war der Kadaver eines Kamels, das von einem Löwen gerissen worden war und nun neben seinem Verschlag hing, nicht entgangen.

Er schaffte es tatsächlich, an dem Maschendraht nach oben zu klettern und sich von dem Fleisch zu bedienen. Eines Tages, als ich wieder einmal nach ihm sehen wollte, hing der kleine Hund am Zaun, die Zähne in ein riesiges Stück Fleisch geschlagen, das er durch den Drahtzaun gepackt hatte. Mit ruckartigen Kopfbewegungen versuchte er, mundgerechte Bissen davon abzureißen. Erst jetzt begriff ich, weshalb sein kleiner Körper so seltsam missgebildet erschien: Im Vergleich zu den Schultern und dem Nacken eines kleinen Stiers haftete seinen schmächtigen, noch welpenhaften Hinterläufen etwas Groteskes an.

Der kleine Hund zitterte vor Aufregung, seine Nackenmuskeln waren angespannt vor Anstrengung, an sein Fressen zu kommen. Gerührt und auch amüsiert von so viel Hartnäckigkeit, nahm ich ihn auf den Arm, liebkoste

Kuki als Kind

Linke Seite oben: Kukis Mutter und Tante Otti (rechts)
Linke Seite unten: Eine Familie aus Frauen:
Tante Otti, Tante Vito und Kukis Mutter
Oben: Kuki als Kind mit ihrer Mutter, 1944

Kukis Vater in Rom, 1945

Oben: Die Villa in Mira
Unten: Kuki und ihr Großvater in Mira

Oben: Kuki als junges Mädchen mit Blumen
Unten: Eine einsame Kindheit
Emanuele im Garten von Mira

Paolo und Emanuele

Oben: Paolos Felsen. Ol Ari Nyiro
Unten: Emanuele mit Tigerfischen am Turkanasee

*Oben: Kuki mit Cheptosai Selale, Selina Selale und Esta Buoliamoi, den kräuterkundigen Frauen der Pokot
Unten: Ol Ari Nyiro: tanzende Turkana-Frauen in Una Ngoma*

*Oben: Kuki und ihre Freundin Cheptosai Selale
Unten: Männer der Turkana*

*Projekt Nashorn:
Sveva und das betäubte Nashorn Mainda*

Kuki mit ihren Hunden in Kuti

*Oben: Der Koch von Ol Ari Nyiro: Simon Itot
Unten: Am Schreibtisch im Busch,
im Schatten eines Flugzeugs*

Elefanten in meinem Garten …

Oben: Die Hochzeit von Sveva und Charles
Unten: Sveva tanzt mit den Pokot-Frauen

*Sveva und Charles
auf dem »Hügel der verlorenen Ziege«*

ihn und hob ihn hoch. Aber fast hätte ich ihn wieder fallen lassen, als mich aus seinem winzigen, welpenhaften Mäulchen mit dem rosa Zahnfleisch zwei lange, an einen Vampir erinnernde Eckzähne anstarrten. Eigentlich hatten nur erwachsene Hunde solche Zähne, die sich bei ihm durch den vorzeitigen Fleischkonsum entwickelt hatten.

Von dem Tag kümmerte ich mich persönlich um ihn und sorgte dafür, dass er regelmäßige und nahrhafte Mahlzeiten bekam, natürlich Fleisch, da er sich an breiige Welpennahrung bestimmt nicht mehr gewöhnt hätte. Bald entwickelte sich sein ganzer Körper und wurde so robust und kräftig wie seine Zähne und sein Nacken. Im Laufe weniger Monate verwandelte er sich in einen athletischen jungen Wolfshund.

Ich nannte ihn Hector, und er folgte mir auf Schritt und Tritt wie ein Schatten.

Das Leben meiner Hunde ist kurz, hektisch, voller Abenteuer, aber auch zutiefst befriedigend und angefüllt mit Liebe. Oft ernähren sie sich von den Gerippen der gerissenen Tiere, die die Löwen in der Savanne übrig gelassen haben, und sie verhalten sich wie ein echtes Rudel. Die Weibchen sind gleichzeitig läufig, und zum Decken ziehen sie sich diskret in den Busch zurück. In der Savanne gehen begeisterten Jägern wie ihnen die Abenteuer nie aus, dafür werden sie aber auch von Tausenden von blutrünstigen Insekten gestochen und ziehen sich, wie die Wildtiere, mit denen sie sich das Territorium teilen, Krankheiten zu, die ihren häuslicheren Artgenossen fremd sind. Tsetsefliegen und Zecken sind die heim-

tückischsten Vertreter. Die Symptome der Stiche entwickeln sich nur langsam, und man bemerkt oft erst zu spät, wenn man nichts mehr dagegen unternehmen kann, dass die Hunde schwer krank sind. Das ist vor allem der Fall, wenn ich wieder mal im Ausland unterwegs bin.
Wenn ich nicht da bin, fühlen sich meine Hunde ohnehin vernachlässigt. Sie vermissen das hell erleuchtete Haus, den Essensgeruch, die Stimmen und die Musik, das Kommen und Gehen von Menschen, die nächtlichen Lagerfeuer und die liebevollen Gesten, die sie mit mir in Verbindung bringen: ein Klaps auf die Nase, ein Streicheln über das Fell, liebevolle Worte, die eindeutig an sie gerichtet sind.
Dann entfernen sie sich öfter vom Haus, um in der afrikanischen Nacht nach neuen Erlebnissen Ausschau zu halten, und setzen sich damit ernsthaften Gefahren aus. Oft kehren sie mit hässlichen Verletzungen von einer Begegnung mit einem Pavian oder einem Warzenschwein zurück, und manchmal bleiben sie für immer im Busch.
Ich habe stets Angst, von einer Reise zurückzukehren und festzustellen, dass der eine oder andere meiner Hunde nicht mehr da ist.

2000 war ein besonders schlimmes Jahr für meine Hundefamilie, ein Jahr, in dem ich öfter als sonst wegen der Stiftung und wegen des nach meiner Autobiografie gedrehten Films ins Ausland reisen musste.
Am elften Mai 2000 schrieb ich in mein Tagebuch:

Vier meiner Hunde sind während meiner dreiwöchigen Abwesenheit gestorben. Ihr Fehlen wirft einen schmerzlichen Schatten auf den leeren Rasen. Vier noch frische Erdhügel hinter den *muridjo*-Sträuchern in der Nähe der Gräber von Paolo und Emanuele.
Jack: ein schöner, besonnener und erfahrener Jäger, starb am Fieber nach einem Zeckenbiss. Flynn: der würdevolle und früh gealterte Vater der neuen Generation von Welpen – ertrunken im Fischbecken, aus dem er nicht mehr herauskam, so geschwächt war er vom Tsetsefieber. Rosie, vom Schlag getroffen im Garten von Nairobi, als während eines Gewitters ein Hochspannungsseil ins Gras fiel und sie unbedingt ihre neugierige Nase hineinstecken musste. Und dann Callum, der Schönste und Größte von allen, Leckermaul und Vielfraß, auch er am Fieber gestorben. Bleibt noch Hector, mein Liebling, der Treueste und Gordons Erbe.

Aber auch Hector sollte nicht lange unter uns weilen. Bei meiner Rückkehr von der nächsten Reise war auch er fort, ein weiteres Opfer der Tsetsefliege.
Und so weinte ich über dem Hügel aus Steinen und Erde, unter dem sein Körper in einem Sack begraben lag, borstig und starr im Tode, den Überresten vieler seiner Vorfahren nahe. Traurig und voller Schuldgefühle dachte ich an seine letzten Tage. Da spürte er bereits, wie seine Kräfte schwanden, aber auf seine treue, hündische Art hegte er weiter die Hoffnung, dass die Macht seiner Liebe und

seiner Sehnsucht mich nach Hause zurückbrächte, damit ich mich um ihn kümmern und ihm ein letztes Mal die Schnauze streicheln könnte.

Aber es war keine Zeit mehr gewesen für ein letztes »Wie geht es dir, mein lieber Hector«, wie ich ihn nach der Rückkehr von einer langen Reise stets begrüßte. Immer war er der Erste gewesen, der auf die Tragfläche des Flugzeugs sprang, kaum dass es in Kuti gelandet war, Besitz ergreifend und winselnd vor Glück. Es war keine Zeit mehr gewesen für eine letzte Nacht voller Träume von der Jagd auf dem Teppich in meinem Zimmer, bevor der Schatten ihn verschlang.

Ein weiteres außergewöhnliches Tier ist auch Skye, eine junge Hündin.

Am sechzehnten Oktober 2000 schreibe ich in meinem Tagebuch:

> Die einzige junge Hündin, die noch übrig geblieben ist. Ihre Schwester ist vor einer Woche von einem Löwen getötet worden, nur sie hat überlebt, keine Ahnung, wie. Also die mit dem komischen Stummelschwanz, die wir Skye nennen wie die Insel vor Schottland – sie ist heute nicht aus dem Busch zurückgekehrt, wohin sie den anderen nachgelaufen ist.
>
> Die ganze Nacht nach ihrem Verschwinden und auch die danach hat es geregnet. Von meinem bequemen Bett aus, unter einer Daunendecke mit einer heißen Wärmflasche und der flackernden Glut

des *lelechwa*-Feuers vor mir, stelle ich mir voller Traurigkeit und Ohnmacht ihren zitternden und frierenden Körper in dem strömenden Regen vor. Ich sehe sie vor mir, wie sie im Morast steckt oder unter einem Baum in den Fängen eines Leoparden in der Falle sitzt. Vielleicht hockt sie aber auch gelähmt vor Schreck, während ihr Blut in den Schlamm sickert, in einem Loch unter einem Eucleabaum, verwundet von einem Warzenschwein.

Und am nächsten Tag, am siebzehnten Oktober:

Meine Befürchtung, dass Skye etwas zugestoßen sein könnte, war eine reine Vorahnung. Die starken Bilder, die in mir aufstiegen, haben sich merkwürdigerweise als absolut zutreffend erwiesen.
Als ich mich heute Morgen verzweifelt draußen auf dem Rasen umsah und mir vorzustellen versuchte, wo sie wohl sein könnte – nach den starken Regenfällen der vergangenen Nacht haben wir keinerlei Spuren gefunden –, war ich mit einem Mal von einer Horde wedelnder Schwänze umgeben. Meine Hunde sind wieder da, erschöpft, mit hängenden Zungen. Als sich die Gruppe zerstreute und sich die einzelnen Tiere keuchend hier und dort niederließen, bemerkte ich einen roten Fleck auf dem Gras, und dann hörte ich auch schon die große Mary, die sich über ein zitterndes Bündel beugte:
»*Ni Skye! Kwisah rudi!* Es ist Skye! Sie ist wieder da!« Und die kleine Mary kam ebenfalls angerannt.

Besorgt beugten sich beide über den Hund, und drehten sich dann um, um mich zu rufen. Aber ich war schon da, und da lag meine kleine Skye, mit Schüttelfrost und klappernden Zähnen und so schwach, dass sie nicht einmal den Kopf heben konnte.
Es war ihr gelungen, sich nach zwei Nächten im Regen fast verblutet nach Hause zu schleppen, und mit letzter Kraft hatte sie es bis vor die Tür meines Zimmers geschafft.
Der helle Teil ihrer Brust war in der Mitte vom Hauer eines Warzenschweins tief aufgerissen. Ihr Zahnfleisch war durch den Blutverlust ganz anämisch, aber ihre Nase war feucht, und als sie mich sah, versuchte sie mit dem Schwanz zu wedeln.
Durstig trank sie die aufgeschäumte Milch, die wir ihr in einer Schüssel hinstellten. Nachdem ich sie rasiert und die Wunde desinfiziert hatte, fütterte ich sie stückchenweise mit roher Leber, die ich ihr wie einem kranken Kind in den Mund legte. Sie leckte mir die Finger und warf mir aus ihren sanften, feuchten Gazellenaugen einen innigen Blick zu.

Ich wusste, dass Skye einen unbeugsamen Willen besaß und überleben würde.
Aber selbst heute noch, mehr als ein Jahr danach, steht die Hündin, die draußen vor meiner Tür schläft, nachts auf, wenn sich ein Löwe meinem Garten nähert, und stößt ein unnatürlich hohes Heulen aus, einen uralten Gesang, monoton und vertraut zugleich. Der Laut geht zurück auf

jahrtausendealte Streifzüge durch die Grassteppe und auf Generationen von Wolfshunden. Er ist Ausdruck einer instinktiven, respektvollen Anerkennung der überlegenen Kraft dieser großen Katze, die da draußen vor meinem Garten herumschleicht.

Dann rufe ich leise Skyes Namen, und sie kommt mit gesenktem Kopf, um sich streicheln zu lassen, aber in ihren Augen lese ich ihren Mut und die Erinnerung an den Löwen.

VI
Ehret die Pflanzen

Ehret die Pflanzen,
ihre Heilkräfte sind unsichtbar,
aber sie existieren.

Paracelsus

Als Paolo und ich das erste Mal im Wagen Ol Ari Nyiro durchquerten, versuchte ich, seine ganze Weite und Schönheit in mir aufzunehmen. Die Aussicht, Zeugen des Schicksals eines so außergewöhnlichen Ortes zu werden, hüllte unsere Herzen in feierliches Schweigen, und wir sprachen kein einziges Wort.
Ich war zutiefst berührt.
Neugier, Aufregung, Angst vor dem Unbekannten vermengten sich mit dem glühenden Wunsch, das kennen zu lernen, was mein Zuhause werden sollte: ein gänzlich anderer und von den vertrauten Stätten meiner Kindheit und Jugend weit entfernter Ort.

Das Herz Afrikas am Rand des Great Rift Valley war mir als Platz zum Leben vorbestimmt.

Um uns herum stand dichtes, fast undurchdringliches Buschwerk; dort wuchsen Blumen, Sträucher jeglicher Art und sogar richtige Bäume.
In einigen Teilen überwogen die *Acacia gerardia* und der dunkelgrüne Eucleabaum, und spärliches gelbes Gras spross auf der braunen Erde. Dort, wo sich der Boden rötlich verfärbte und körniger war, herrschte ein anderer Strauch vor, fast schon ein dürrer Baum, gerade mal zwei Meter hoch, mit einem grauen, holzigen Stamm, faltiger Rinde und dichten, samtig-silbrigen Blättern und einem Büschel weißer Blüten.
»Was ist das für eine Pflanze?«, wollte ich von Paolo wissen. »Sie scheint überall vorhanden zu sein, wie eine Monokultur, nur außerhalb der Farm ist sie mir nicht aufgefallen.«
»Die Massai nennen sie *lelechwa*, da ihre Blätter fast weiß sind. Eigentlich eine völlig unnütze Pflanze. Die Tiere fressen sie nicht, die Vögel nisten nicht auf ihr, und die Insekten meiden sie …«
Bis zum Horizont schienen die Berge mit dieser Pflanze bedeckt zu sein; ihr intensives, angenehmes Aroma roch so rein wie der Himmel bei Tagesanbruch auf der Hochebene.
Später sollte ich feststellen, dass diese Pflanze der bevorzugte Rückzugsort für die Schwarzen Nashörner war, auch für die Büffel, die es liebten, in ihrem Schatten zu dösen und sich an ihren Blättern zu reiben.

Ich habe eigentlich nie die abwertende Bedeutung des Wortes »Unkraut« begriffen. Ein Unkraut ist für mich einfach eine Pflanze, für deren Entdeckung wir uns bisher noch nicht die Zeit genommen haben und die ausgerechnet dort wächst, wo es uns nicht passt.

Außerdem war der *lelechwa* bei uns viel zu verbreitet, als dass man ihn als unnütz hätte bezeichnen können. Er war eindeutig eine einheimische Pflanze und perfekt an die ungünstigen Umweltbedingungen angepasst. Die gefräßigen Elefanten, sonst stets bereit, jede exotische Pflanze auszuprobieren, die wir einzuführen wagten, zeigten nicht das geringste Interesse an ihr, und deshalb war es auch nicht nötig, den wilden Salbei mit komplizierten und teuren Elektrozäunen zu schützen.

Später fiel mir auf, dass an bestimmten Stellen unseres Besitzes – dort, wo zuvor ein Brand die gesamte Vegetation vernichtet hatte, die jetzt langsam wieder nachwuchs – die jungen und kräftigen Triebe des *lelechwa* diejenigen waren, die noch vor jeder anderen Pflanze zu sprießen begannen und mit ihren samtigen und starken Sprößlingen die *murram** durchstießen. Ihre krummen, tief im steinigen Boden zwischen Warzenschweinlöchern und Termitenlabyrinthen verborgenen Wurzeln hatten es offensichtlich geschafft zu überleben.

Intuitiv erkannte ich, dass diese Tatsache eine Bedeutung haben musste. Wenn es möglich wäre, eine so widerstandsfähige Pflanze in eine Ressource zu verwandeln, statt sie als unnütz oder gar schädlich zu betrachten, hätte

---

* rote und körnige Erde

ich beweisen können, dass die reiche Pflanzenwelt Afrikas einen Grund hatte und es für alles eine Verwendung gab. Die Pflanzen sehen uns Menschen kommen und gehen, sie sind schweigende Zeugen all der Geheimnisse, die zu ergründen wir in unserer Arroganz vernachlässigen.
Da der wilde Salbei eine einheimische Pflanze ist, findet er in diesem armen, ausgelaugten roten Boden auch die Energie zum Wachsen und die Nahrung, die er benötigt. Kraftvoll wächst er heran, ohne gedüngt, bewässert oder sonst wie behandelt werden zu müssen, verschmäht von den Elefanten und dem größten Teil der anderen Pflanzen fressenden Tiere, unempfindlich gegen Brände, Insekten abweisend und an Trockenheit gewöhnt. Man muss ihn nur schneiden und einsammeln, weiter nichts. Man weiß ja, dass er sofort wieder nachwachsen wird.
Eine ideale Nutzpflanze also, falls es uns gelänge, einen Weg zu finden, sie einzusetzen. Ich gab mir selbst das Versprechen, dass ich ihr verborgenes Potenzial entdecken und einem Nutzen zuführen würde.

Die Jahre verstrichen, und andere, schwerwiegendere Probleme nahmen meine Gedanken in Anspruch. Paolo starb bei einem Verkehrsunfall, während ich mit unserer Tochter schwanger war. Sveva kam als strahlender Sonnenschein zur Welt. Dann ging auch Emanuele, mit der Schlange.
Zu ihrer Erinnerung gründete ich eine Stiftung mit dem Ziel, die Umwelt und die bestmögliche Verwendung natürlicher Reichtümer zu studieren. Ich wollte den Nachweis erbringen, dass die Anwesenheit des Menschen und

seine Aktivitäten in Afrika nicht unbedingt im Gegensatz stehen müssen zum Erhalt der Umwelt. Ich wollte beweisen, dass in einem nachhaltigen Umgang mit den natürlichen Ressourcen der Schlüssel zu ihrem Fortbestand liegt. Aufklärung, Tier- und Pflanzenschutz und Forschung waren notwendig, damit mein Engagement Erfolg zeitigen würde.

Das graue, mächtige Nashorn schlief unter den Ästen des weißen *lelechwa*; es schnarchte, und aus seinen breiten, trockenen Nüstern stieg ein tiefer Seufzer auf, wie der Atemzug eines Dinosauriers.
Normalerweise war es schwierig, im Dickicht der Vegetation ein Nashorn auszumachen, aber das hier lag ungeschützt vor uns.
Ganz gleich, ob es sich um einen Löwen, einen Elefanten oder einen Leoparden hinter Gittern handelt, den man dabei ertappt, wie er ein Lamm verschlingt – einem wilden Tier so nahe zu sein, ist immer eine denkwürdige, einschüchternde Erfahrung. Man fühlt sich unwohl und hat das Gefühl, ein Eindringling zu sein und ein Mysterium zu entweihen.
Um das Nashorn herum machten sich viele Menschen zu schaffen.
Der deutsche Tierarzt, der es mit einem Pfeil betäubt hatte, der ein starkes Sedativum enthielt, stand neben dem Tier und verabreichte ihm Tropfen in die halb geschlossenen Augen mit den schweren Lidern, damit sie nicht allzu rasch austrockneten.

Ein halbes Dutzend Ranger wechselte sich ab, aus einem Eimer in regelmäßigen Abständen Wasser über die dicke und faltige Haut des Nashorns zu schütten, um das Tier zu erfrischen und zu verhindern, dass es austrocknete, während die Fachleute Urin- und Blutproben nahmen. Iain Douglas-Hamilton, der berühmte Elefantenkenner und ein guter Freund von mir, machte Fotos, assistiert von seinen Töchtern Saba und Dudu, während Sveva zögernd eine neugierige kleine Hand ausstreckte, um die dunkle und mächtige Haut des schlafenden Tieres zu berühren. Rob Brett, der Wissenschaftler, der für die Stiftung arbeitete und für die ganze Operation verantwortlich war – die erste ihrer Art in Kenia –, bohrte gerade ein kleines Loch in das vordere Horn des Tieres, um dort einen Minisender einzupflanzen.
Der Geruch nach verbranntem Horn erfüllte den glühend heißen Nachmittag.
Dieses war das erste unserer Nashörner, das mit einem Sender ausgestattet wurde. Er ermöglichte es, seine Bewegungen überall hin nachzuvollziehen, seine Begegnungen mit anderen Nashörnern zu dokumentieren und uns die Gewissheit zu geben, dass es die schützenden Grenzen unserer Farm nicht verlassen und sich in Gegenden verlaufen würde, wo sein Überleben nicht mehr gesichert wäre und die Wilddiebe es garantiert abgeschossen hätten, wie es bereits bei vielen anderen seiner Artgenossen der Fall gewesen war.
Was mich in diesem Zusammenhang am meisten verwunderte, war die Tatsache, dass die Haut dieses alten Tieres erstaunlich frisch und neu wirkte, als wäre es eben erst

geboren. Es war ein ausgewachsenes Exemplar, mit langen Hörnern, aber auf seiner Haut war nicht ein Kratzer zu sehen,
»Schaut euch mal diese Haut an.«
»Was ist daran so merkwürdig?«
»Sie ist vollkommen glatt und völlig intakt ... da ist nicht eine Narbe, nicht ein eitriger Kratzer, keine entzündete Wunde, kein Zeckenstich. Eine perfekte, saubere, elastische perlengraue Haut. Wie neu.«
Es war wirklich erstaunlich, und ich weiß noch, dass ich dachte: »Das muss was mit dem *lelechwa* zu tun haben.«
Von da an ließ mich die Neugier nicht mehr los, den Grund dafür herauszufinden.
Vielleicht hing es mit der Ernährung des Tieres zusammen.
Wir begannen umgehend, alle bevorzugten Pflanzen der Nashörner daraufhin zu untersuchen. Es war ein sehr wichtiges Projekt, da die Nashörner von Ol Ari Nyiro in dieser Gegend heimisch sind und, soweit wir wissen, von Anbeginn ihrer Existenz diesen Lebensraum für sich gewählt haben. Ihre außergewöhnlich gute Gesundheit war mit Sicherheit das Ergebnis einer idealen Ernährung. Die Regierung von Kenia war gerade dabei, in solchen Teilen des Landes Reservate für Nashörner einzurichten, wo sie bisher nicht heimisch gewesen waren, wie zum Beispiel im Nationalpark von Nakuru. Woher wollte man nun aber wissen, dass die Tiere auch dort exakt die Bedingungen angetroffen hätten, die sie für ein artgerechtes Dasein benötigten?

Die Untersuchung förderte interessante Ergebnisse zu Tage, aber ich wusste, dass die Ernährung allein nicht ausreiche, um fehlende Narben und Infektionen zu rechtfertigen.

Auch wenn die Haut gesund war, war nicht einzusehen, weshalb dort keine Kratzer, Schnitte, Insektenstiche und folglich auch entzündete Wunden vorhanden sein sollten.

Also musste das, woran sie sich rieben, eine keimtötende Substanz enthalten, eine Art Antiseptikum. Und das war der *lelechwa*.

Mit Erlaubnis des Umweltministeriums sammelten wir das Holz der Pflanze und gewannen daraus mit Hilfe eines speziellen Verfahrens eine Art »Bio-Kohle«, während die Wurzeln zu kunsthandwerklichen Gegenständen weiterverarbeitet wurden. Anschließend galt mein Interesse den Eigenschaften der Blätter, und ich lernte, daraus ätherische Öle zu gewinnen. Im Laufe der Jahre erbrachten die Analysen den Beweis, dass sie tatsächlich ein starkes Desinfektionsmittel enthielten, eine wahre Wunderwaffe gegen die meisten Erkrankungen und Verletzungen der Haut. Es wirkte gegen Kratzer, Ausschläge, Schuppen und Schweißfüße. Man konnte es zu Hundeshampoo verarbeiten, das Parasiten abtötete, oder zu Salben, die gegen Akne halfen und Mücken fern hielten.

Bald begann ich mit der kommerziellen Verwertung. Im *lelechwa* hatte ich einen Rohstoff, der ständig nachwuchs.

Ich hatte also erfolgreich bewiesen, dass diese außergewöhnliche Pflanze in der Tat einen Wert besaß, und sah mich deshalb nach neuen Entdeckungen um. Dabei konzentrierte ich mich wieder auf Pflanzen, die es bei uns in

Hülle und Fülle gab und die einen ständigen Nachschub an Rohstoffen garantieren konnten.

Wie die Millionen Jasminblüten, die nach der Regenzeit aus dem Boden schießen, gleich tief liegenden, sich weit bis zum Horizont erstreckenden Wolken.
Auf den kräftigen, blassgrünen Sträuchern sitzen rosafarbene und weiße Blüten und überziehen die Hügel mit schmückenden Farbtupfern. Der Geruch ist intensiv, aber fein und enthält Nuancen von Vanille und Karamell. Er durchdringt die heiße, reglose Luft und ruft Erinnerungen wach an die schwüle Sinnlichkeit eines Boudoirs.
Die Massai nennen die Pflanze »Lemuria«, und dieser Name wurde im Lauf der Jahre von allen anderen Stämmen dieses Teils von Kenia übernommen.
Es gibt viele verschiedene Arten von Jasmin auf Ol Ari Nyiro: den echten Jasmin, zart, mit Blüten wie transparente Kelche, dann die Kletterpflanze mit den winzigen Blättern, und schließlich einen, der gar kein Jasmin ist und den die Botaniker *Carissa Edulis* nennen. Sein unvergleichlicher und zarter Duft birgt die Erinnerung an die Eleganz längst vergangener Zeiten und ein Versprechen auf kommende Köstlichkeiten.
Und tatsächlich, nach wenigen Wochen verwandeln sich seine Blüten in harte, rote Beeren, die dunkel und weich werden, sobald sie reif sind. Dann stürzen sich alle Arten von Vögeln, die seltsamsten Insekten und alle *toto** der

---

* Kinder

Turkana auf sie, da die Früchte wirklich vorzüglich sind, süß, reich an Vitaminen, ein wahrer Leckerbissen.

Selbstverständlich sammelten auch wir sie. Am späten Nachmittag im August oder September, wenn die Sonne nicht mehr ganz so stach, nahmen Sveva und ich oft unsere Körbe und erklommen im Wagen die Hügel jenseits von Kuti. Wir fuhren bis zum alten Boma ya Taikunya, wo Tausende von Sträuchern uns erwarteten, und fingen zu sammeln an.
Die Gesichter rot verschmiert, die Finger klebrig von dem süßen Saft, schleppten wir unsere Beute zu Simon zurück. Tagelang entwichen daraufhin süße Dampfwolken aus der Küche, wo in großen *sufuria** auf einer Reihe von *jikos*** voller Glut Marmeladen und Gelees aus Lemuria munter vor sich hin köchelten. Bald würden sie zu einem von zahllosen Desserts oder zu Fruchtsaucen weiterverarbeitet werden, die ausgezeichnet zu Wildgerichten passten. Bis zum nächsten Jahr, zur neuen Ernte.
Erst später erfuhr ich, dass man aus den Wurzeln der Lemuria einen würzigen, kräftigen Tee brauen kann, ein Mittelding zwischen Aphrodisiakum und Tonikum, dem koreanischen Gingseng nicht unähnlich, aber in vielerlei Hinsicht wesentlich wirkungsvoller.
Gerade die Älteren wussten diesen *chai**** sehr zu schätzen, dem der Ruf vorauseilte, ein Heilmittel gegen Rheu-

---

* Töpfe
** primitiver Holzofen zum Kochen, der mit Reisigkohle befeuert wird
*** Tee

ma und Erkältungen zu sein und müden und erschöpften Gliedern wieder zu neuer Energie und Lebenskraft zu verhelfen.

Ich habe einen Traum. Ich möchte Ol Ari Nyiro in ein afrikanisches Weltzentrum auf dem Gebiet der Erforschung von Flora und Fauna verwandeln, mit dem Ziel, die außerordentliche Pflanzen- und Tierwelt Kenias für seine Menschen und den gesamten Planeten zu bewahren. Ich möchte beweisen, dass es in Afrika wirklich immer etwas Neues zu entdecken gibt.

VII
Straußeneier

Im Ei liegt der Anfang.

William Harvey,
De Generatione Animalium

Mitten in der trockenen Jahreszeit schienen die Strauße auf Ol Ari Nyiro wie aus dem Nichts aufzutauchen. Ich hatte keine Ahnung, wo sie sich während der langen Regenmonate versteckt hielten, aber plötzlich waren sie da und trabten die Wege entlang. Allein oder oft auch als Paar, warfen sie sich vor unserem Wagen stolz in die Brust und rannten ein wenig ungelenk und mit angewinkelten Knien vor uns her.
Gruppen von Weibchen mit gräulichem Gefieder in Begleitung eines einzelnen, arroganten, schwarzweißen Männchens mit roten, von Pusteln bedeckten Beinen zogen majestätisch über die Ebenen. Mit Argusaugen bewachten sie abwechselnd ihr Nest, und dennoch kam es vor, dass eine Hyäne, eine Herde Paviane oder ein

schlauer Weißschwanzmungo es irgendwann einmal unbewacht vorfanden und ein Ei nach dem anderen daraus rauben konnten.

Der einfallsreichste Räuber jedoch war der Ägyptische Geier. Seine Spezialität war es, eine Weile mit einem Stein zwischen den Krallen über dem Nest zu kreisen und schließlich aus einer bestimmten Höhe herab den Stein auf die Eier fallen zu lassen, sodass die glatte, cremefarbene Schale aufplatzte. Anschließend ließ er sich auf dem Nest nieder, um genüsslich das dicke Eigelb zu schlürfen. Selbst wenn nur ein Ei getroffen war, gab der Strauß gleich das ganze Nest auf und suchte sich einen neuen Nistplatz, um mit praktischem Opportunismus, frei von jeglicher Sentimentalität, das Überleben seiner Rasse zu sichern.

Da wir wussten, dass die verlassenen Eier nie schlüpfen würden, holten wir sie uns, um sie entweder als Dekoration im Haus aufzustellen oder, wenn das Nest noch neu und die Eier frisch gewesen waren, um sie zu verspeisen.

Angesichts des gigantischen Spiegeleis, das ein einziges Straußenei liefert, kommt man sich vor wie Gulliver bei den Riesen, aber am besten schmeckt es meiner Meinung nach, wenn man es zu einem Omelett fürs Frühstück oder zu einem Rührei für eine große Party verarbeitet: Ein Straußenei entspricht nämlich ungefähr der Menge von dreißig Hühnereiern.

Der während der Regenzeit in Kenia in verschwenderischer Fülle an schattigen Orten wachsende, wilde Basilikum ist eine äußerst aromatische und essbare Variante seines italienischen Verwandten. Er macht sich bestens in einer cremigen, würzigen Suppe, ist aber auch das ideale Gewürz für die gigantischen Omeletts aus Straußenei.

Seit ich ein Kind war, habe ich die ovale Form, das Ei als Gegenstand von absoluter Perfektion, immer geliebt.
Meine Faszination für Eier begann eines Tages – ich war vielleicht etwas älter als zwei Jahre –, als ich mit einem Stecken im Sand neben dem hohen Kamin der Seidenspinnerei meines Großvaters in Crespano herumstocherte und ein paar kleine, gelbliche Eier mit braunen Flecken fand.
Sie lagen in einer kleinen Vertiefung im Boden, und ich betrachtete sie lange und mit dem Gefühl, ein Geheimnis verletzt zu haben.
Sie erschienen so zerbrechlich, gleichzeitig aber auch fest und kompakt, und ohne dass es mir jemand hätte erklären müssen, wusste ich, dass sie etwas Wichtiges, Geheimnisvolles in sich bargen. Etwas, das man vor Wärme und Kälte schützen musste, etwas Lebendiges.
Man sagte mir, dass es Schildkröteneier seien.
Aus Angst, ohne böse Absicht einen empfindlichen Prozess unterbrochen zu haben, grub ich sie vorsichtig wieder ein und häufte den Sand über sie wie ein paar hauchdünne Bettlaken. Das war der zufällige Anfang meiner Bewunderung und meines Respekts für alles Kleine und Ovale und für Eier im Besonderen.
Auf dem Land gab es überall Eier. Da waren die weißen, glatten Eier der Tauben, die ohne Unterlass im Taubenschlag unter dem Dach eines Hauses, das auf den Garten hinausging, gurrten und turtelten. Und da gab es die mikroskopisch kleinen und unwiderstehlichen Eier der

Zwerghühner, die wir im Dialekt »*peppole*« nannten und die ich immer in der vorderen Tasche meines Kittels mit mir herumtrug.
Nachts träumte ich oft davon, ein Nest zu finden, verborgen unter den niedrigen Ästen der Haselnusssträucher oder zwischen den Farnen und Moosen im Unterholz. Und immer war es, als würde ich einen Schatz entdecken. Die Eier waren völlig unterschiedlich in Größe und Farbe, manche waren blass und zart, andere mit Adern durchzogen und gefährlich aussehend wie die einer Natter, andere wiederum fantastisch und riesengroß wie die in goldenes Stanniolpapier eingewickelten Eier, die es zu Ostern gab, aber ihre Entdeckung verlieh mir jedes Mal wieder ein Gefühl tiefer Befriedigung.
Da ich den ganzen Tag draußen in der freien Natur war, stolperte ich quasi auf Schritt und Tritt über ovale Formen aller Arten – über Eier, Bohnen und, nicht zu vergessen, die gelben Kokons der Seidenraupen.
Samen, Kokons und Eier waren für mich nicht nur ihrer Form nach ähnlich, sondern auch wegen des Eindrucks darin schlummernden Lebens, den sie bei mir erweckten. Und auf verschiedene Weise waren sie alle mit der Seidenspinnerei verknüpft, die es mir so sehr angetan hatte.

Nach dem Ende des Kriegs öffnete die Spinnerei für kurze Zeit erneut ihre Pforten. Sie bestand aus einer Reihe niedriger Backsteinhäuser mit Ziegeldächern, und wie bei fast allen Gebäuden aus dem Ende des neunzehnten Jahrhunderts hatte sich auch auf deren leuchtendem Rot kräftig Ruß abgelagert.

Die Seidenspinnerei war für mich gleichbedeutend mit Leben und Menschen. Da ich damals noch ein Einzelkind und oft allein war, liebte ich die summende Geschäftigkeit und das Stimmengewirr, das von der Fabrik zu uns herüberdrang. Hin und wieder traf ein großer, grauer Lastwagen ein, beladen mit Jutesäcken. Er kündete sein Kommen jedes Mal mit einem Höllenlärm an, einem metallischen Knirschen und Rasseln, und entledigte sich seiner Last aus großen, prall gefüllten Säcken auf einem freien Platz mit Zementboden. Die Säcke stammten aus den Trockenöfen von Gorgo di Monticano, wo sie während der Ernte gesammelt worden waren, das heißt, wenn die Bauern aus der Umgebung die von den Seidenraupen gesponnenen Kokons, die sie in mit Maulbeerbaumblättern bedeckten Kästen großgezogen hatten, dort ablieferten. Die Seidenkokons wurden mitsamt ihrer ahnungslos darin schlummernden Raupe bei hoher Temperatur in den Öfen getrocknet und anschließend an die Spinnerei weitergeschickt.

Dort wurden diese geheimnisvollen, ellenlangen Knäuel in einem faszinierenden Verfahren erst ab- und dann wieder auf runde Spulen aufgewickelt, bevor sie zu Fäden versponnen und zu glänzenden Zöpfchen geflochten wurden.

Ich erinnere mich noch gut an das geschäftige Treiben, an die Säcke, die sich auf dem Fliesenboden häuften und ganze Tunnelsysteme und Höhlen bildeten, wo ich mich hineinschmuggelte und mich versteckte wie Gulliver im Land der Riesen. Ich erinnere mich an das Stimmengewirr der Arbeiterinnen, das von den Wänden widerhallte wie in

einem gigantischen Bienenstock. Jede Frau stand vor einem Becken mit kochendem Wasser, in dem Bürsten aus Mohrenhirse rotierten. Die Bürsten drehten sich blitzschnell und lockerten das dichte Gewirr aus Fäden, während die wunderschönen, glänzenden Spulen aus Messing die jungfräuliche Seide zu goldgelben Knäueln aufwickelten.
In der Luft lag ein intensiver, schwerer und unverwechselbarer Geruch: der Geruch nach Seide, der Geruch nach *»bigatto«*.
»Bigatto« ist der Dialektausdruck für das, was von der armseligen Seidenraupe noch übrig ist, nachdem sie geröstet, verbrüht, wehrlos und ihres Nestes beraubt als Mumie ohne Binden und ohne Sarkophag für immer in einem Schlaf gefangen ist, aus dem sie nie mehr als Schmetterling erwachen wird.
Es war ein leicht Übelkeit erregender Geruch, abstoßend wie die Überbleibsel der Raupe, die sich nun, nachdem ihr Kokon sich aufgelöst hatte, als nackter Embryo präsentierte. Aber für mich war es ein positiver und anregender Geruch, der mir ebenso gefiel wie die Menschen, die hier arbeiteten und schwitzten. Wie Toni, der Mechaniker, in seinem blauen Arbeitsanzug, in dessen Werkstatt es nach Eisen roch. Vor allem aber mochte ich die Mittagspause, wenn die Sirene heulte und die Arbeiterinnen laufend, lachend und singend in Richtung Kantine stürmten.
Ich glaube zwar, dass sie sich etwas von zu Hause zu essen mitbrachten, aber die Spinnerei hatte stets wenigstens ein heißes, nahrhaftes Gericht für sie parat. Normalerweise eine Suppe, die in großen, trommelartigen Töpfen auf

quadratischen, ins Mauerwerk eingelassenen Herden vor sich hin köchelte.

Die Töpfe kamen nicht nur mir so groß vor, sie waren es tatsächlich. Ich weiß nämlich noch, dass wir später in denselben Gefäßen unsere Wäsche mit Asche und Kalk auskochten, wie es damals noch Brauch war.

Eine klassische, bei den Arbeiterinnen sehr beliebte Suppe war eine Minestrone aus frischen Bohnen, eine Spezialität aus diesem Teil des Veneto. Suppengemüse, Petersilie, Knoblauch, Karotten, Frühlingszwiebel und dicke, rosarote Borlotti-Bohnen aus dem Dorf Lamon wurden in Wasser mit etwas Olivenöl, Salz und Pfeffer gekocht.

Die Köchin, eine stattliche und fröhliche Frau mit einem farbigen Tuch auf dem Kopf, war eine Meisterin im Bohnenschälen.

Ich saß auf einem kleinen Strohstuhl und sah ihr neugierig bei den Vorbereitungen zu. Der Haufen geschälter Bohnen wuchs. Bald sahen sie aus wie winzige, blassrosa, braun gesprenkelte Porzellaneier – glatt und oval und einfach unwiderstehlich.

Ich legte die Hand auf die Tischkante und umschloss eine Bohne, die aus dem Haufen gerollt war. Ich hielt sie eine Weile in der Hand, bis sie sich feucht und heiß wie meine Handfläche anfühlte. Dann strich ich mit ihr über meine Oberlippe, um mich an ihrer glatten Oberfläche zu erfreuen. Übrigens eine untrügliche Methode, um etwaige Unebenheiten zu entdecken.

Was war es doch für ein erhebendes Gefühl, diese glatte, gespannte, frisch duftende Oberfläche auf meinem Mund zu spüren! Und dann – ich weiß nicht, wie mir geschah –

rutschte mir plötzlich die Bohne aus den Fingern und steckte mit einem Mal tief in meinem Nasenloch. Je mehr ich versuchte, sie herauszuholen, desto tiefer verkroch sie sich in meiner winzigen Nase.

Verzweiflung packte mich.

Da es mir nicht gelang, die Bohne wieder herauszuziehen, machte ich mich auf die Suche nach meiner Mutter. Ich sehe noch die graue, angeschimmelte Wand vor mir, gegen die ich stieß, während mein Herz heftig klopfte.

Ich war drei Jahre alt.

Meine Mutter war in der Küche, wo sie gerade ihren berühmten Apfelkuchen zubereitete.

Ich beobachtete sie eine Weile schweigend; mit den Augen konnte ich gerade mal über die Tischplatte aus Marmor schauen. Dort lag der ausgewalzte Teig, die Äpfel waren bereits geschält, in Spalten geschnitten und im Kreis auf einer Schicht selbst gemachter Marmelade verteilt, mit Zucker und Butterflöckchen, Zimt und Zitronenschale bestreut.

»Ich habe eine Bohne.«

»Schön, mein Schatz.«

»Eine Bohne … in der Nase.«

»Natürlich.« Die Erwachsenen hörten doch nie richtig zu. Ich schnaubte.

»Eine Bohne *in* der Nase. Sie tut mir weh.«

Der Zusatz erregte prompt ihre Aufmerksamkeit. Sie starrte mich verwundert an, als sähe sie mich zum ersten Mal.

»Das ist doch nicht möglich. Lass mal sehen, Schatz. Komm her.« Sie schob mich zum Fenster, um meine Nase zu inspizieren.

Ich beobachtete sie: Ihr Gesichtsausdruck änderte sich schlagartig. Sie wandte sich an Egle.
»Es stimmt!«, sagte sie und sah mich völlig verblüfft an. »Es stimmt! Wie kommt es, dass du ausgerechnet an der Stelle eine Bohne stecken hast …«

Sofort wurden die Tanten, die Großmutter und alle Dienstmädchen herbeigerufen. Abwechselnd spähte jede in mein Nasenloch und gab kopfschüttelnd ihren Kommentar zum Besten, jede einen anderen. Da sich die Bohne gefährlich nahe an meiner Nasenwurzel befand, wurde schließlich entschieden, dass es das Beste wäre, mich ins Krankenhaus zu bringen, damit der Doktor Mantovani sich die Sache näher anschauen könne.
Krankenhaus, Geruch nach Desinfektionsmittel … Grün lackierte Glastüren und Schwestern in weißen Schürzen. Metallbecken und Gummihandschuhe, lange Flure und leise Stimmen. Es war das erste Mal, dass ich diese Welt betrat, und ich verabscheute sie.

Der gute Doktor Mantovani stocherte mit einem langen Instrument aus Stahl in meiner Nase herum, während zwei Schwestern mich festhielten. Ich wehrte mich nach Leibeskräften. Ich fühlte mich verraten. Wie ein Blitz durchzuckte mich der Schmerz, verging aber sofort wieder. Durch einen Tränenschleier sah ich undeutlich die von einer Pinzette festgehaltene Bohne vor meinen Augen.
Doktor Mantovani lachte aus vollem Hals.

Noch Monate danach fragte er mich jedes Mal, wenn er mich sah – mit demselben Mangel an Logik, den oft auch die besten Erwachsenen an den Tag legten –, ob jetzt schon ein kleiner Trieb aus meiner Nase sprießen würde oder nicht. Verärgert gab ich ihm zur Antwort, dass das nicht möglich sei, da er ja die Bohne entfernt habe und ich sie jetzt wieder in Händen hätte, schließlich habe er sie mir nach der Operation wieder zurückgegeben.

Ich bewahrte die Bohne noch lange auf, in Watte eingepackt und in einem Metalldöschen, das sich in der Schublade meines Nachttisches befand. Regelmäßig sah ich nach, ob sie noch da war, aus Angst, ich könnte die ganze Geschichte nur geträumt haben und die Bohne sei in Wirklichkeit überhaupt nicht entfernt worden.

Irgendwann pflanzte ich sie in einen Terrakottatopf und stellte ihn auf das Fensterbrett. Zu meiner großen Erleichterung und Verwunderung kam bald darauf ein grüner, kräftiger Trieb zum Vorschein.

Das Straußenei sollte in unserem Leben eine symbolische Funktion übernehmen. Sehr viel später erfuhr ich von meiner Mutter, dass es gleichbedeutend mit Tod und Auferstehung war, da der Tod des Eis die Geburt des Vogels bedeutet, so wie das Aufgehen einer Pflanze nichts anderes heißt, als dass der Samen verschwunden ist. Mit anderen Worten: Das Ende eines Zustands ist stets der Beginn eines anderen.

Ich wusste, dass Paolo dem Straußenei, das er in der Mitte unseres Bettes am Baldachin aufgehängt hatte, eine besondere Bedeutung beigemessen hatte. Im Innern des Eis war nämlich eine geheime Botschaft an mich verborgen, aber nach seinem Tod entschied ich mich dagegen, sie zu lesen. Ich brachte es einfach nicht fertig.

Und so hing noch Tage, Monate und Jahre danach ein cremefarbenes Straußenei über meinem Bett und erinnerte mich an das Ende eines Lebensabschnittes, an die Existenz anderer Dimensionen. Ein Ei mit einer letzten Botschaft von Paolo, dessen Körper sich in einen Baum in meinem Garten verwandelt hatte.
Als er starb, erwartete ich ein Kind. Auch ich war zum Ei geworden.
Wie das Ei war auch ich eine Hülle, die Leben in sich trug, aber das Leben, das ich trug, war noch da. Diese ganzen Jahre verging keine Nacht, in der ich ins Bett ging, ohne an ihn zu denken, und ich wusste, dass nichts von dem, was ich hätte tun können, ihn mir zurückgebracht hätte. Und so liebte ich seine blonde Tochter mit den Augen wie die afrikanische Sonne und der Indische Ozean.
Paolo übermittelte mir weiter seine Botschaften, auch wenn er nicht mehr mit mir sprechen konnte.
Drei Jahre später, eines Nachts im April – der Körper meines Sohnes lag in eine Decke gewickelt neben mir, und es war die Nacht seiner Totenwache –, da begriff ich, dass auch Emanueles Körper dieses Ei war, eine leere Hülle, aus der alles Leben gewichen war. Ich begriff, dass die Lektion des Eis das Ei ist.

Es zu öffnen hatte jede Bedeutung verloren, und so begrub ich es zusammen mit Emanuele.

VIII
Elefanten in
meinem Garten

Es gibt immer etwas Neues
zu entdecken in Afrika.

Plinius, der Ältere,
Naturalis Historia

In meinem Haus in Kuti, auf einem Hügel inmitten der Savanne, von dem aus man in der Ferne die Berge sieht, die das Great Rift Valley säumen, bemühe ich mich um ein Leben in respektvollem Einklang mit all der Schönheit, die mich umgibt, und den großzügigen Gaben, die mir Afrika ständig zu Füßen legt: vom Wind umtoste Baumstämme, bizarr geformte *lelechwa*-Wurzeln und knorrige Olivenbaumzweige, die sich unter dem Schnitzmesser in eine Schüssel, einen Löffel oder den Kopf eines Nilpferds verwandeln.
Nicht zu vergessen natürlich der *mboga ya mussua* – der gigantische Pilz, der während der Regenperiode im Juli auf den Termitenhügeln wächst. Und die dunkelroten

Beeren, die aus den üppigen Blütenwolken der *carissa* erwachsen, das magere Stück Filet, das wir irgendwann zum ersten Mal aus dem Kadaver einer Elenantilope schnitten und damit auf gewisse Weise eine uralte Rechnung beglichen, nachdem Monat für Monat unzählige Stücke Vieh von gierigen Löwen gerissen worden waren.
Es war mir stets eine Freude, die Gaben der Natur zu verwerten und zu nutzen, wie es die Menschen hier in diesem Land seit undenklichen Zeiten taten, und ich habe nie verlernt, über die Schönheit ihrer wertvollen Geschenke zu staunen und dafür dankbar zu sein.

Eine Woche nach Beginn der Regenzeit fing ich allmählich an, nach den Pilzen Ausschau zu halten, die auf den Termitenhügeln wuchsen.
Wenn wir abends mit dem Wagen nach Hause fuhren, war die Luft gesättigt mit Wasser, schimmerte das Licht grau und milchig, und das Tal von Lera erschien grün und voll gesogen wie ein Schwamm. Hin und wieder kam es vor, dass große Fieberakazien – die Rinde fleckig und von langen Narben entstellt, die Äste längst ihrer filigranen Blätter beraubt – quer über dem Weg lagen, sodass wir gezwungen waren, uns einen Umweg durch das tropfnasse Unterholz zu suchen.
Die Dikdik verharrten reglos wie versteinerte Faune unter den dichten Blättern der Büsche, und die Wasserantilopen beobachteten uns ohne Furcht. Die Wurzeln der wilden Feigen umschlangen in einer stummen Umarmung die grauen Granitfelsen – ein Kunstwerk aus Pflanze und Stein.

Wolken von Termiten auf dem Hochzeitsflug brachten die Luft vor unserem Landrover zum Flirren. Wie tanzende Kobolde blitzten ihre bleichen, goldenen Flügel in der untergehenden Sonne auf.

In geheimen, unterirdischen Lagern legten diese fleißigen Geschöpfe ihre verborgenen Gärten an. Feucht und dunkel wuchsen dort aus den Sporen Pilze heran, und einige von ihnen schafften es sogar bis zu dem schwachen Licht, das durch die Belüftungsröhren fiel.

Irgendwann schoben sich schließlich – mächtigen Fäusten gleich – gigantische Pilze durch den Boden, die aus dem Zentrum der Erde zu kommen schienen. Wenn ich in der Zeit den Wagen über die roten *murram*-Pisten von Ol Ari Nyiro lenkte, fiel mir in der Ferne auf einem Erdhügel bestimmt ein weißer Punkt auf, und wenn ich dann mit dem Fernglas näher hinsah, entdeckte ich einen oder zwei – manchmal auch acht oder zehn – Pilze in verschiedenen Stadien des Wachstums.

Am Anfang noch dünnen Trommelstäben ähnlich, durchbohrten sie die Erde und klappten schließlich zu fleischigen Schirmen von der Größe eines Tellers auf, um bald darauf, außer Reichweite ihrer besitzergreifenden Wächter, den Angriffen der verschiedensten Kreaturen ausgesetzt zu sein.

Dikdik und Elefanten und sogar die eleganten Turkanamädchen mit ihren langen, schlanken Beinen und den zarten, nackten, von zahllosen Ketten aus blauen und roten Perlen bedeckten Schultern – alle waren ganz verrückt nach diesen monströsen Leckereien.

Die Termiten, die sie herangezüchtet hatten, kämpften

vergebens um ihren Besitz. Lachend zupfte ich ihre dunklen, ohnmächtigen Köpfe von meinen Fingern, in die sie sich hineinverbissen hatten, wenn ich die Pilze sammelte. Trotzdem achtete ich immer darauf, wenigstens ein großes Exemplar für sie übrig zu lassen, und widerstand der gefräßigen Versuchung, mir alle zu nehmen. So fühlte ich mich im Gleichgewicht mit einer Welt, in der die Elefanten und die Stachelschweine mir mein Gemüse stibitzten, während ich mich an anderer Stelle schadlos halten konnte, wenn ich an der Reihe war.

Es war allgemein bekannt, dass ich eine Vorliebe für diese Pilze hatte, und während der ersten Regenfälle setzte eine wahre Prozession in Richtung meiner Küche ein, wo die Leute Schlange standen, um ihre Pilze gegen Zucker, Tee, Seife oder Tabak einzutauschen.
Ein strahlender Simon, dessen weiße, gestärkte Kochmütze, die halsbrecherisch schief auf seinem Kopf saß, dieselbe Form wie die merkwürdigen Pilze hatte, bedankte sich überschwänglich bei allen und machte sich gleich darauf über die Gaben her, um sie auf hunderterlei Arten zuzubereiten.
Natürlich gab es auch noch andere Pilze: die braunen Varianten, die in den alten *boma* wuchsen und die man trocknen konnte wie Steinpilze, und jene halluzinogenen Sorten, die ausschließlich auf den Exkrementen der Büffel wuchsen, diese winzigen Wohltäter und Stifter zauberhafter Träume. Aber die ließ ich lieber an Ort und Stelle, da sie nur schwer von ebenfalls dort wachsenden, fast identisch aussehenden, aber höchst giftigen Exemplaren zu

unterscheiden waren. Ich beschränkte mich lieber darauf, die zu sammeln, die ich gut kannte und die von ihrer Form her nur schwer mit anderen zu verwechseln waren.

Da ich selbst keine große Fleischesserin bin, ist mir Fleisch eigentlich nicht allzu wichtig.
Trotzdem bin ich der Ansicht, dass es einen enormen Unterschied ausmacht, ob ein Tier für das Schlachthaus herangezüchtet wird – wo es den Blutgeruch seiner Vorgänger und die Angst seiner unglücklichen Gefährten wittert – oder ob es auf der Jagd erschossen wird oder in Freiheit einem Raubtier zum Opfer fällt, ohne Argwohn in seiner natürlichen Umgebung und ohne den Adrenalinschock des Schreckens, der den Geschmack und die Substanz seines Fleisches ruiniert.
Es gibt nicht viel Fleisch, das so köstlich schmeckt wie das der Elenantilope, der größten afrikanischen Antilopenart. Diese imposanten, würdevollen Geschöpfe mit den schweren Kinnlappen, dem langen Schwanz, der ständig in Bewegung ist, den mit schwarzen Flecken übersäten Beinen und den geraden, wie gigantische Eistüten gefurchten Hörnern, werden wegen ihres hervorragenden Fleisches von Menschen und Raubtieren gleichermaßen verfolgt.
Sich ihnen zu nähern ist äußerst schwierig: Kaum merken sie, dass man sich zu Fuß oder im Wagen anpirscht, sind sie sofort in Alarmbereitschaft versetzt und flüchten in alle vier Himmelsrichtungen. Und wie sie davonlaufen. Mit hohen, spektakulären Sprüngen, ähnlich den auf antiken Felsenzeichnungen abgebildeten Tieren.

Ich mochte die Elenantilopen und respektierte ihre vornehme Würde. Aber in der Vergangenheit war es hin und wieder vorgekommen, dass Paolo von der Jagd ein getötetes Tier mit nach Hause gebracht hatte. Dieser riesige Kadaver, den er mir vor die Tür meines Hauses legte, zwang mich, erst mir und später Simon beizubringen, wie man das Fleisch entsprechend schneidet, damit es nicht sinnlos vergeudet und man der Qualität des Fleisches und seiner vielfältigen kulinarischen Möglichkeiten gerecht wird.

Jahre später, als niemand mehr da war, der auf die Jagd gegangen wäre, um uns mit Nahrung zu versorgen, sollte es Aidan sein, der mir hin und wieder den großen Hinterlauf einer Elenantilope brachte. Meistens handelte es sich dabei um ein besonders hartnäckiges Exemplar dieser Gattung, das sich angewöhnt hatte, nachts in seinem wertvollen Aloegarten zu räubern.
Aber meistens war es ein Löwe, der mich in Laikipia mit Antilopenfleisch versorgte.
Von allen Tieren musste es nämlich ausgerechnet die vorsichtige Elenantilope sein, die sich unsere gefräßigen Löwen – wahrscheinlich dieselben, die bereits neugeborene Kälber zu schätzen wussten – als Angriffsziel ausgesucht hatten. Erst danach standen Büffel und Zebras auf ihrem Speiseplan.
Stießen wir durch Zufall auf ein frisch erlegtes Tier, bedienten wir uns natürlich gerne an einem langen, blassen Stück Filet und überließen den Rest unserem Simba.

In Laikipia konnte ich oft merkwürdige kleine Vögel beobachten, die mit steifem Kopf, die Brust herausgedrückt, mit raschen, trippelnden Schritten vor mir über die Wege liefen, auf denen ich mit dem Wagen fuhr. Hin und wieder brachen sie kurz in aufgeregtes Geflatter aus.
Das waren Frankolinhühner.
Die Frankolin- oder Haselhühner sind kleine Vögel mit kurzen Beinen von der Größe eines jungen Hühnchens. Die größte und bekannteste Art ist das Gelbhals-Sporenhuhn, so genannt nach der strahlenden Farbe seines breiten Federkragens. Die Vögel wagten sich im März oft bis in meinen Garten vor, wo sie mit ihren Krallen auf der Suche nach Insekten in der kurzen, verbrannten Grasnarbe in der Nähe des Zauns scharrten, dort, wo der Rasen nur schwer zu bewässern war. Meine Hunde beobachteten sie mit starren Augen und gespitzten Ohren, aufmerksam, aber tolerant, ohne jedoch auch nur eine Bewegung der eifrig pickenden Köpfe zu übersehen.
Es war, als existierte eine – für mich unsichtbare – Barriere, die Grenze meines, oder besser gesagt, des Territoriums meiner Hunde, die im Falle einer Überschreitung wütend verteidigt worden wäre. Überschritten die ahnungslosen Vögel tatsächlich diese Grenze, erhoben sich die Hunde quasi wie ein Mann und stürzten sich mit vereintem Kriegsgebrüll und unter wütendem Gebell auf die armen Vögel.
Beleidigt mit den Flügeln Erde aufwerfend, rannten die Frankolinhühner auf ihren kurzen Beinen davon. Kurz verharrte dabei die eine oder andere Feder in der mittäg-

lich flirrenden Luft, ehe sie schließlich sanft zu Boden glitt.

Ihre nächsten Verwandten waren die Perlhühner.
Es gibt einen Moment des Innehaltens in Afrika, kurze Minuten, in denen die Natur sich zu sammeln und auf eine Veränderung vorzubereiten scheint; ein Moment, in dem ein Stadium aufgehoben ist und ein neues begonnen hat, in dem auf die Geräusche des Tages die der Nacht folgen.
Das letzte dieser Tagesgeräusche ist der Schrei des Perlhuhns, wenn der ganze Schwarm sich anschickt, sich auf dem Ast eines Baumes, außer Reichweite der Schakale, niederzulassen.
Die Perlhühner sind wunderschöne Vögel, mit weiß getüpfelter Decke, einem grauen Bauch und einem winzigen, ägyptisch anmutenden Köpfchen, auf dem eine Art Helm sitzt, der in allen möglichen Blautönen schillert wie der Kopfschmuck der Turkana.

Nach Beginn der Regenzeit gab es Abende, an denen die Wege mit Hasen buchstäblich überlaufen zu sein schienen. Geblendet von den Scheinwerfern, flitzten sie in rasenden, tollen Sätzen im Zickzack vor dem Wagen her, bis ich langsamer fuhr und das Licht ausschaltete, damit sie sich im Dunkeln wieder orientieren konnten.
Wo sie sich tagsüber versteckt hielten, war ein Geheimnis für mich. Das galt übrigens auch für die meisten anderen Tierarten. In der Mittagshitze erschien die mit dichtem *lelechwa* bewachsene Savanne reglos und silbrig grau, die Pfade aus rotem, körnigem *murram* waren verlassen.

Einzig und allein Exkremente unterschiedlichster Form und Farbe und sonstige Spuren aller möglichen Kreaturen auf der harten Erde deuteten auf die Anwesenheit von Leben hin.

Aber abends erschienen mit einem Schlag die Schakale mit ihrem silbrigen Rücken und kreuzten in schiefem Trott die Lichtungen. Die grazilen Füchse mit den Fledermausohren und dem buschigen Schwanz, der in einem schwarzen Punkt endete, hielten ihre rituellen Tänze ab und schnappten nach fliegenden Termiten. Manchmal ließ sich auch der bizarre, nackte Ameisenbär blicken, der Herr über tausend Löcher, oder ein Wüstenluchs, geheimnisvoll wie ein ägyptisches Relief, oder eine gestreifte Ginsterkatze oder sonst eine Wildkatze mit gelben Augen.

Am häufigsten waren die Dikdik, diese zarten kleinen Gazellen, die immer paarweise auftraten. Nur ihre großen, phoshoreszierenden Augen verrieten sie, wenn sie aus dem nächtlichen Gebüsch spähten. Und natürlich die kleinen, schnellen Hasen mit den langen Ohren.

Baumfrösche sangen mit geschmeidigen Stimmen ihr Wasserlied, und Eulen mit dicken Lidern schlugen mit ihren schweren Flügeln und flogen langsam von einem Ast zum anderen, um einen besseren Blick auf mögliche Beute zu erhaschen.

Um diese Zeit verließ Emanuele mit seinem Gewehr und einer Fackel das Haus und ging auf der Piste unter der *menanda* auf Hasenjagd. Stunden später kehrte er wieder zurück und brachte mir seine Beute, die sich innerhalb weniger Tage in einen würzigen Hasenpfeffer mit Rotwein verwandeln sollte.

Auf Ol Ari Nyiro züchteten wir auch Boran-Rinder. Sie stammten von den Zebus ab, die auf dem Rücken eine Fettreserve in Form eines Höckers trugen, der langsam Nahrung in ihren Organismus abgab und sie so in den langen Dürremonaten überleben ließ. Sie produzierten Unmengen frischer, nahrhafter Milch, die würzig und leicht nach wilden Blumen und Kräutern schmeckte. Einfach ausgezeichnet.
Die Milch wurde jeden Morgen von einem berittenen Burschen nach Kuti gebracht, und oft verwandelte sich die dicke Sahne in Butter, wenn der Reiter gezwungen war, im Galopp einer Herde Elefanten auszuweichen, die vor ihm die Straße überquerten.
Ich esse für mein Leben gern Mozzarella, einen italienischen Käse, der aus der Milch von Büffelkühen gemacht wird, die frei in den Sumpfgebieten der toskanischen Maremma oder des Agro Pontino im Süden Roms lebten, bevor diese unwirtlichen Gegenden trockengelegt und die Malariafliege von schlimmen Insektiziden ausgerottet wurde, die – auf lange Sicht – für Mensch und Umwelt mit Sicherheit weitaus schädlicher waren als die Krankheit selbst.
Carletto Ancilotto – ein alter Freund, der in Italien mein Nachbar und hier, seltsamer Zufall, der Besitzer einer großen Ranch namens Colcheccio war, die nur wenige Kilometer von Ol Ari Nyiro entfernt lag –, dieser Freund hatte mit Erfolg eine Herde dieser Büffelart auf seinem

Anwesen Valle Averto eingeführt, wo sie immer frei herumliefen. Oft, wenn wir im Wagen zum Essen zu ihm fuhren, stießen wir erstaunt auf diese enormen schwarzen Gestalten, die nur wenige Meter von uns die Straße kreuzten.

Die üppige Milch unserer Boran-Rinder erinnerte mich sehr an das Produkt dieser Büffelkühe, und ich versuchte mehrmals erfolglos, diesen Mozzarella herzustellen, der so einzigartig und speziell schmeckt, wenn man ihn mit frischem Basilikum, Olivenöl und reifen Tomaten isst.

Ich hatte keinen Erfolg. Das Lab, das ich in die erhitzte Milch tat, koagulierte jedes Mal wieder zu einer gummiartigen und körnigen Masse, bis schließlich …

Es war Nacht in Kuti, und Paolo, der immer bereits vor Sonnenaufgang auf den Beinen war, schlief tief und fest. Ich schlüpfte in die Küche, wo die Milch vom Vortag, die in der äußeren Vorratskammer stand, gerade am Kippen und schon fast sauer war. Die Götter guten Essens hatten offensichtlich ein Einsehen mit mir und schenkten mir diesen magischen Moment, der, wie es bei allen Dingen des Lebens der Fall ist, den kleinen Unterschied zwischen Niederlage und Erfolg ausmacht. Ich wusste, dass dies die richtige Nacht war.

Auf dem heißen Ofen ließ sich die Milch in eine Masse aus weichen Fäden trennen, die ich langsam um einen Holzlöffel wickelte, der aus einem alten *mutamayo*-Stamm geschnitzt war. Ich wickelte so lange, bis ich eine Art Knäuel hatte.

Dieses Knäuel bearbeitete ich mit den Händen zu einer ovalen Form und tauchte sie rasch in eiskaltes, gesalze-

nes Wasser. Es sah aus wie der allerbeste Mozzarella, es fühlte sich so an und schmeckte auch so, wie ich bald herausfand.
Ein verdutzter Paolo wachte an diesem Morgen von meinem Triumphgeschrei und mit einem Stück Käse unter der Nase auf. Und von diesem Tag an war dieser sicher nicht traditionelle, aber umso schmackhaftere Mozzarella von unserem Speiseplan nicht mehr wegzudenken und wurde zu vielen Gerichten serviert.

Carletto besuchte uns oft und stand mir immer mit Rat zur Seite, wenn es um Fragen des Gartens oder der Küche ging.
»Wenn du willst, dass sie Früchte tragen und dass diese Früchte auch noch nach etwas schmecken, dann musst du unten am Stamm ein paar Eisenstücke in die Erde stecken, ein paar Nägel reichen schon«, sagte Carletto, als er mit kritischem Blick meine vier Avocadobäume betrachtete. »Steck sie in die Rinde. Du wirst sehen, das wird ihnen gut tun.« Ich war nicht sehr überzeugt, und außerdem schien es mir auch gar nicht nötig.
Die Avocados wuchsen in Windeseile aus halbierten Kernen heran, aus denen bald ein kräftiger Trieb schoss. In kürzester Zeit erreichten sie eine Höhe von fast einem halben Meter, und in drei oder vier Jahren – falls ich es wirklich nicht vergaß, am Stamm Nägel und Eisenstücke zu verteilen – waren die ersten Früchte reif. Sie waren birnenförmig, mit einer harten, dunkelgrünen Schale und einem weichen, cremigen Fruchtfleisch, das nach Mandeln und Sahne schmeckte. Man konnte sie sowohl zu süßen als

auch zu salzigen Gerichten verwenden, vom Salat angefangen bis hin zum Dessert.
Meine Hunde waren ganz verrückt nach diesen Avocados, und auch die Katzen, die auf Ol Ari Nyiro ein auf die höchsten Baumwipfel beziehungsweise auf die Hausdächer beschränktes Leben führten, auf jeden Fall außerhalb der Reichweite meiner Schäferhunde. Mir gegenüber waren sie geduldig und liebevoll, aber jedem anderen Tier zeigten sie nur die kalte, eifersüchtige Schulter.
Im Lauf der Jahre und mit zunehmender Anzahl von Hunden verwilderten unsere Katzen immer stärker und waren bald überhaupt nicht mehr im Haus zu halten.
Wir verloren den Überblick und konnten ihnen auch keine Namen mehr geben, und wenn die Hunde sie dabei überraschten, wie sie sich oben auf dem Pizzaofen im Hof der Küche sonnten, duckten sie sich und fauchten wie Leoparden.
Wie wir wussten, paarten sie sich mit den grauhaarigen Wildkatzen, die im Busch lebten, wunderschöne Tiere mit gelben Augen und dunklen, kurzen Schwänzen.
Sie vollzogen ihren Liebesakt oft unter den Dächern und brachten dort auch ihre Jungen zur Welt, sodass die Vollmondnächte oft mit einem unaufhörlichen Miauen erfüllt waren. Sie liebten es, auf Dächer und Äste zu klettern und sich von oben herab auf unsere Kühlschränke herunterfallen zu lassen. Oft wiesen nur die Abdrücke ihrer Krallen oder ihrer spitzen Zähne im grünen Fruchtfleisch einer Avocado darauf hin, dass eine Katze über den Küchentisch geschlichen war, während die Hunde darunter schliefen.

Auf der nahe gelegenen Ranch Colcheccio hatte Carletto einen Garten angelegt, der in seiner Befestigung einem Fort glich.

Colcheccio war um einiges trockener als Ol Ari Nyiro. Tiere aller Arten, vor allem aber Elefanten und Giraffen, wurden deshalb unwiderstehlich von diesem Paradies voller Gemüse inmitten der nackten, sich Kilometer um Kilometer erstreckenden Savanne angelockt. Nur leider war es umgeben von einer stabilen doppelten Mauer aus trocken aufeinander geschichteten Steinen, eine Mauer von der Art, wie man sie in Apulien bereits vor zweitausend Jahren zum Schutz der Olivenbäume zu errichten wusste. Auf dem sandigen Boden wuchs alles in Hülle und Fülle, wenn nur genügend Wasser und Dünger vorhanden waren, vor allem aber die mediterranen Gemüsesorten, der Stolz und das Herzstück der italienischen Sommerküche: Paprika, Auberginen und Tomaten.

Um seine Tomaten wurde Carletto von allen beneidet.

Er pflanzte vor allem zwei Sorten an: Costoluto Emiliano und Cuore di Bue.

Diese Tomaten erreichten wahrhaftig beeindruckende Ausmaße, und während die erste Sorte von der Form eines glänzenden roten Kürbisses mit tiefen Einbuchtungen auch fast so groß wurde, schien die zweite Sorte tatsächlich so rot und reif wie das pulsierende Herz des Ochsen zu sein, dem sie ihren Namen verdankte.

Die Tomaten waren monströs, aber von einem ausgezeichneten Geschmack.

Carletto war ein Relikt aus vergangenen Zeiten, ein echter Gentleman, dessen Großzügigkeit und Gastfreundschaft bereits Legende waren. Er besaß den Mut, so zu leben, wie es ihm passte, und Essen und Trinken waren sehr wichtige Dinge für ihn.

Wenn es ums Essen ging, dann besaß Carletto ein weiches Herz, und ich hatte ihn nicht lange bitten müssen, mir einige seiner Tomaten zu schenken, um sie mit nach Hause zu nehmen, zu trocknen und die darin verborgenen Samen zu bergen und selbst auszusäen.

Aber Tomaten benötigen eine unglaubliche Menge an Aufmerksamkeit und Zuwendung.

Im heißen Klima Afrikas schießen buchstäblich über Nacht am Hauptstamm unzählige von jungen Trieben hervor, die sofort entfernt werden müssen. Die äußerst schädlichen weißen Fliegen lieben sie nämlich, und außerdem darf man Tomaten nie von oben gießen, da sonst die Blätter verfaulen.

Außerdem war der Boden von Kuti ganz anders als der von Colcheccio, und die Nächte waren viel kälter.

Ich stand also Wache bei meinen Tomaten, als wären sie Kinder. Ich pflanzte Koriander und Tagetes, um die Blattläuse und die weißen Fliegen zu vertreiben, und streute Asche an den Fuß der Pflanzen, um zu verhindern, dass die Insekten an den Stängeln hochkletterten.

Da meine Tomaten Hybride waren, regredierten einige Pflanzen zu winzigen und verkrüppelten Versionen ihrer Eltern und trugen nur kirschgroße Früchte. Andere entgingen dank der unermüdlichen und begeisterten Bestäubungsarbeit von Unmengen von Insekten auf wundersame Weise diesem Schicksal, sodass sich meine Tomaten zu einer prächtigen und unnachahmlichen Mischung aus beiden Varianten entwickelten. Es war normal, dass eine Tomate ein halbes Kilo wog, und Simon übertraf sich selbst bei der Zubereitung von Saucen und Konserven und anderen Gerichten auf der Basis gigantischer Tomaten mit wahrhaft himmlischem Geschmack.

Im Gegensatz zu Carlettos Garten war meiner nur von einem wackeligen Drahtzaun beschützt, der alles andere als stabil war. So waren die Elefanten von Ol Ari Nyiro auf den Geschmack gekommen und hatten – zu ihren üppigen Weidegründen – auch noch meine Guaven, Bananen und Zucchini entdeckt.

Vor allem ein Tier tat sich dabei hervor, ein mächtiger Elefantenbulle, der heute vielleicht fünfzig Jahre alt sein dürfte, mit langen, gebogenen Stoßzähnen und einem gierigen Funkeln in seinen kleinen Augen. Ich lernte bald, ihn von den anderen zu unterscheiden, und gab ihm schließlich sogar einen Namen – Njoroge. Als wir nach Ol Ari Nyiro zogen, war er ein draufgängerischer Jüngling von zwanzig Jahren und liebte es, sich im Dickicht der Akazien bei meinem Haus zu verstecken, seinem angestammten Territorium seit weit vor meiner Zeit.

Ich akzeptierte seine territorialen Vorrechte, aber trotz meines Respekts und meiner Zuneigung für Njoroge ließ ich natürlich nichts unversucht, ihn immer wieder auszutricksen.

In der Abenddämmerung traf ich ihn bereits an der *menanda* von Kuti an, manchmal mit seiner Familie oder mit einer Gruppe Junggesellen, wo er sich den Bauch mit wildem Spinat oder Pelargonie voll schlug, eine Grasart, die nach der Regenzeit in Hülle und Fülle aus dem fruchtbaren, gedüngten Boden schoss. Mit einer schnellen und geschickten Bewegung des Fußes rupfte er das Gras auf Höhe der Wurzeln aus, packte es mit dem Rüssel und führte es an den Mund, um gleich darauf wieder mit derselben Prozedur zu beginnen.

Es wurde mir nie langweilig, Elefanten beim Fressen zuzuschauen oder Zeugin ihrer ruhigen, friedfertigen Existenz zu sein. Und trotzdem verwandelten sich diese friedlichen Geschöpfe nachts – vor allem in der Trockenperiode vor den ersten Regenfällen – in gerissene Räuber. In vollkommener Lautlosigkeit (nur hin und wieder verrieten sie sich durch ein leichtes Rumpeln ihrer großen Mägen) trampelten sie den Zaun nieder, um an die Bäume im Garten heranzukommen, an die Palmen, Drachenbäume und Akazien, natürlich auch an die Bananen, Guàven und Zucchini.

Das war ein Kampf, den ich nur verlieren konnte.

Mit der Zeit lernte ich, dass die einzige Methode, die Elefanten von ihren geliebten Zucchini fern zu halten, darin bestand, diese verschwenderisch mit ihrem eigenen Kot zu düngen und sie mit einer Mischung aus Düngemittel und dem stärksten, in Wasser löslichen scharfen Paprika einzusprühen.

Aber bei den Bananen nützte alles nichts. Dass die Bananen mit ihren langen, saftigen Blättern in meinem Garten überhaupt überlebten, glich ohnehin einem Wunder bei den vielen Elefanten, die nachts in Kuti unterwegs waren. Wenn aus irgendeinem Grund unser Zaun ohne Strom war – durch einen Kurzschluss, den ein Dikdik oder ein herabgefallener Ast verursacht hatte –, starteten die Elefanten einen Überraschungsangriff und stürzten sich bevorzugt auf zwei Objekte: die Zucchini und die Bananen, von denen sie großzügig ein Blatt nach dem anderen pflückten und zu meinem großen Ärger nur dampfende Exkremente und zerkaute Fasern zurückließen.

Dann blieb einem nichts anderes übrig, als wieder von vorne anzufangen. Tröstlich war nur, dass hier in Afrika mit genügend Wasser und Pflege alles wieder in Windeseile wächst.

IX
Michael

Überlege nicht, was dein Land für dich tun kann,
sondern was du für dein Land tun kannst.

J. F. Kennedy

Zuerst herrschte Stille an diesem Morgen.
Doch dann, als die aufgehende Sonne den Osten korallenrot färbte, explodierte der Gesang der Vögel zu einem Chor, der den ganzen Garten erfüllte.
Ich erwachte zu diesem pulsierenden Gesang des Lebens, demselben wie jeden Morgen, ohne einen bewussten Gedanken zu fassen, aber mit einem Gefühl des Unbehagens. Ich wusste, dass heute alles anders war und dass die Stunden, die vor mir lagen, dass der morgige und alle weiteren Tage bis zum Ende meines Lebens dieselbe Leere in sich tragen würden, den verzweifelten Wunsch, es möge nur ein Albtraum und Emanuele möge noch lebendig und glücklich bei mir sein.
Von heute an hätte ich, auch wenn ich nicht daran dachte,

stets diese Leere in mir getragen: Das Gefühl, dass ein lebendiger Trieb, ein Ast von meinem Stamm amputiert worden war, dass jede Hoffnung auf Freude, jede Freundschaft und aller Stolz abgestorben waren.
Das Gefühl, dass ein Gesicht, ein Lächeln, eine Stimme bereits am Verblassen waren, hinwegschwebten ins nebulöse Land der Erinnerungen, ohne dass ich etwas dagegen hätte ausrichten können.

Am anderen Ende meines Gartens, dort, wo die Blumen von seiner Beerdigung bereits verwelkten und das Feuer der vergangenen Nacht nur noch schwach glühte, dort stand auf dem frischen Grab von Emanuele ein halb leeres Weinglas für einen letzten Toast, und eine kleine, frisch gepflanzte Fieberakazie erzitterte in der ersten Morgenbrise.
Gestern, zwei Tage nach seiner Beerdigung, hatten wir alle seine Schlangen freigelassen.
Mein Sohn war tot. Wir hatten ihn begraben. Wir hatten seine Schlangen freigelassen. Was blieb uns jetzt noch zu tun?
Der erste Tag eines Lebens ohne ihn musste ein Symbol der Hoffnung und der positiven Einstellung werden, mit der ich in Zukunft leben wollte.
Und ich wusste, wo der Schlüssel dafür zu finden war.
Ich zog mich an und ging in sein Zimmer.
Es war ein kleines, spartanisch eingerichtetes Zimmer, nicht sonderlich auffallend.
Eher etwas für einen kleinen Jungen, aber nichts mehr für den jungen Mann, der er geworden war: Es gab ein Stock-

bett, einen kleinen Schreibtisch, ein Regal aus rotem Zedernholz voller Bücher, einen Stuhl, einen Schrank mit einem großen Brett, auf das seine Schlangenhäute genagelt waren ... nichts Besonderes, kein spezieller Stil. Ich hätte es anders möblieren, neu einrichten, verschönern müssen. Wahrscheinlich hätte ich ihm ein neues und größeres bauen müssen.
Jetzt wäre keine Gelegenheit mehr dafür.
Er hatte mich nie um etwas gebeten.
Die Häute der Schlangen waren in einer bestimmten Ordnung aufgereiht; die der großen Puffotter war etwas abseits auf einer weichen Sperrholzplatte befestigt.
Die beiden Greifzangen für die Schlangen waren aufgeräumt und hingen seitlich am Regal.
Auf seinem Schreibtisch lag sein blaues Tagebuch.
In diesem Heft hatte er jeden Tag notiert, was sich in seinem und in unserem Leben ereignete: Menschen, die kamen und gingen, Tiere, die er sah. Die täglichen Zwischenfälle in einer afrikanischen Oase, wo die vielen wilden Tiere als normal galten und man überall Schlangen fand – in Gräben, im Innern umgestürzter Bäume oder in dem Gang zwischen Küche und Esszimmer –, wo es normal war für die Hunde, Löwen und Büffel zu verbellen, die zum Weiden in unseren Garten kamen.
Hier hatte ich erst gestern geschrieben:
»Heute haben wir Emanueles Schlangen alle freigelassen.«
Und heute, am fünfzehnten April 1983, war der erste Tag eines Lebens ohne ihn, dem ich einen Sinn geben musste.
Sveva war noch klein und zart und musste beschützt wer-

den. Ich musste ihr helfen heranzuwachsen. Ich musste ihr helfen zu lernen, dass das Leben Geheimnisse in sich birgt, dass es Schmerz und große Freude bereithält und dass man alles nehmen muss, wie es kommt, selbst eine Erfahrung wie diese. Man muss sich dem »Hier und Heute« stellen, muss ertragen, nach vorne zu schauen und sein Bestes zu geben. Man muss versuchen, der Tatsache eine Bedeutung zu verleihen, dass wir noch am Leben sind und eine weitere Lektion gelernt haben.

Das war nicht das Ende, es war der Beginn eines neuen Abschnitts.

Das Leben hatte einfach eine andere Seite aufgeschlagen. Es hatte keinen Sinn, sich zu beklagen.

In dem Moment, in dem wir zur Welt kommen, sind wir in Begleitung von Freunden, die einen Teil der Straße mit uns gehen; manche begleiten uns ein langes Stück des Weges, andere verlassen uns schon früher … Wir lassen alte Freunde hinter uns und begegnen neuen Menschen. Manche sind wichtiger als andere. Manche verletzen uns, und andere geben uns das Gefühl, im siebten Himmel zu sein. Manchen gelingt es, uns im Innersten zu berühren.

Wir sollten deshalb unser Herz nicht allzu sehr an Menschen hängen, sondern das Leben lieben, solange es dauert, und unseren Beitrag zu der Welt leisten, wie wir sie vorfinden, mit dem Ziel, dass sie ein wenig besser sein werde, wenn es an uns ist, zu gehen.

In meinem Innern war ich mir all dessen bewusst, mochte der Schmerz auch noch so groß sein, und ich wusste, dass es nicht nur leere Worte waren. Ich wusste, dass es in meiner Macht stand, mich für eine bestimmte Richtung zu

entscheiden, und dass meine einzige Hoffnung in dieser Wahrheit lag. Ich wusste, dass der Schmerz auch die Vision auf eine Zukunft barg.
Was immer mich erwartete, ich musste mein zukünftiges Leben so gestalten, dass daraus der Entschluss sprach, meinem Verlust einen Sinn zu geben und letzten Endes in ein Geschenk für Afrika und uns alle zu verwandeln.
Die Vergeudung eines Lebens sollte die Basis für viele Wohltaten werden, die nicht existieren würden, wenn dieses Leben sich nicht so entwickelt und das Ende gefunden hätte, wie es geschehen war. Ich wusste, dass ich die Macht dazu hatte und dass es nur von mir abhing.

Emanuele hatte jeden Tag in sein Tagebuch geschrieben. Seine Hände hatten diesen blauen Einband berührt. Er selbst hatte einen letzten Abschnitt formuliert, das Heft geschlossen und ein letztes Mal Ordnung auf seinem Schreibtisch gemacht.
Sein Schatten und seine liebevolle Präsenz durchdrangen dieses kleine Zimmer, und meine Kehle war vor Leid mit einem Mal wie zugeschnürt.
Ich hob den Blick. Seine Bücher standen ordentlich aneinander gereiht; Schachteln, Häute, ein Stück Holz, auf das eine Kinderhand »Pep« geritzt hatte, der Name, den er mir gegeben hatte.
Gelb und kraftvoll fiel die afrikanische Sonne durch die geschlossenen Vorhänge.
Wo war er? Beobachtete er mich? Wusste er um meinen Schmerz? War er traurig wegen meines Leids?
Warum konnte er nicht sacht meinen Kopf berühren, nur

um mich wissen zu lassen, dass er noch da war, nur ein Mal, ein einziges Mal?
Die unvermeidlichen Tränen drängten gegen meine Lider und rollten über meine Wangen, zwei feuchte, heiße Spuren hinterlassend.
Ich schlug das Notizbuch auf und knickte die leere Seite um. Dann blätterte ich bis zur ersten zurück, die vom ersten Januar 1983 stammte.
Dort entdeckte ich ein gefaltetes Stück Papier. Ich öffnete es.

Der Brief war an Michael Mayeku Werikhe gerichtet.
»Lieber Michael«, stand da in Emanueles ordentlicher, intelligenter Schrift. »Es würde mir viel bedeuten, dir meine Schlangen und dein erstes Nashorn zu zeigen ... Gib mir doch Bescheid, wann du nach Laikipia kommen kannst ...«
Michael war nur als grauschwarze Gestalt auf einem schlechten Abzug eines Fotos auf der ersten Seite des »East African Standard« zu erkennen gewesen. Ein junger Mann mit Brille, Rucksack und aufgespanntem Schirm.
»Mr Michael Werikhe«, lautete der Begleittext, »hat in seinem Urlaub zu Fuß die Strecke von Mombasa nach Nairobi zurückgelegt, um auf das Schicksal des Schwarzen Nashorns aufmerksam zu machen.« Oder etwas Ähnliches in dieser Art. Unser gemeinsamer Freund, der ihn in Nairobi beherbergte, kannte Emanueles Leidenschaft, und Michael hatte am selben Abend noch mit ihm telefoniert. Er hatte ihm gestanden, dass seine wahre Leidenschaft eigentlich den Schlangen galt: »... aber die Menschen hätten es nicht verstanden, wenn ich ihretwegen

diesen Marsch unternommen hätte.« Weiter hatte er Emanuele erklärt: »Aber da sie sich für Nashörner interessieren, nutze ich jede Gelegenheit und lasse hier und da auch noch eine Bemerkung über Schlangen einfließen. Ich erkläre den Menschen, dass es einen Grund für ihre Existenz gibt. Eine natürliche Ursache wie für alles Übrige auch. Für die Bäume, die Nashörner, uns.«
Ein wirklich ungewöhnlicher Mensch, der aus dem Rahmen fiel.
So war Michael in unser Leben getreten. Aber ich hatte ihn bisher noch nicht kennen gelernt, und Emanuele war nicht genügend Zeit geblieben.
Der unvollendete Brief – der letzte von Emanuele? – war an ihn gerichtet, und deshalb musste ich dafür sorgen, dass er ihn auch erhielt. Ich faltete ihn sorgfältig zusammen, fügte noch ein paar persönliche Zeilen hinzu, wobei ich erklärte, was geschehen war, und lud ihn ein, trotzdem zu uns zu kommen, da dies schließlich Emanueles Wunsch gewesen war.

So begann unser Briefwechsel. Ungefähr ein Jahr später lernte ich ihn persönlich kennen, im Vorzimmer von Richard Leakey im Museum.
Michael war ein fleißiger, ernsthafter junger Mann mit großer Brille und dicken Gläsern. Doch in dem Moment, als er anfing, über Nashörner zu sprechen, begann sein Gesicht zu leuchten, und ich war überrascht von seiner Leidenschaft und Energie.
In Laikipia schloss er sich sofort der Wildhüter-Patrouille von Faro One an und teilte ihr Leben im Busch. Hin und

wieder besuchte er mich in meinem Haus in Kuti und wusste begeistert von immer neuen Erlebnissen zu berichten: Er war über einen riesigen Python gestolpert, war einer Herde Elefanten begegnet, hatte nachts Löwen und Leoparden brüllen gehört.
Am dritten Tag nach seiner Ankunft bekam er das erste Nashorn seines Lebens zu Gesicht. Ein staubiges Männchen mit einem dicken, langen, nach oben gebogenen Horn. Wir tauften es ihm zu Ehren Michael.
Hin und wieder kam er, wie gesagt, zu mir ins Haus, um zu duschen, die Kleider zu wechseln oder eine warme Mahlzeit zu sich zu nehmen. Er fühlte sich wie im Paradies.
Eines Tages erbot er sich, mir ein Gericht aus *matoke** und Erdnüssen zuzubereiten, das ich köstlich fand. Es war eine Art vegetarischer Eintopf, mit gebratenen, mit frischen Zwiebeln vermischten Erdnüssen, Tomaten und Knoblauch, gewürzt mit Kardamom und serviert mit einem Püree aus über Dampf gekochten *matoke*, eine Erinnerung an seine Kindheit in Uganda.
Als er abfuhr, fand ich einen Brief von ihm vor:

> Die friedliche Heiterkeit der Umgebung hat mich in größte Begeisterung versetzt. Ich habe beschlossen, mein Leben den gefährdeten Tieren meines Landes zu widmen … Auch wenn Emanuele selbst nicht mehr da ist, sein Geist weilt unter uns … Jeder braucht in seinem Leben einen Helden, er ist der meine.

* grüne Bananen

Kurz danach besuchte er mich in Nairobi. In Erinnerung an Emanuele hatte er einen Preis ausgeschrieben, der an den keniatischen Studenten gehen sollte, der den besten Aufsatz über Schlangen schreiben würde.
Michael hatte seinen Fußmarsch für ein Tier zurückgelegt, das er in natura nie zuvor gesehen hatte. Und er hatte einen Preis erschaffen in Erinnerung an einen jungen Mann, dem er nie begegnet war.

Es vergingen einige Jahre, und eines Tages rief er mich an und sagte, dass er beschlossen habe, einen weiteren Marsch zu organisieren, dieses Mal durch ganz Ostafrika. Ich schenkte ihm ein kleines Zelt, das in seinen Rucksack passte. Dieses Mal hängte sich Michael auch noch zwei kleine Pythonschlagen um den Hals, um die Menschen darauf aufmerksam zu machen, dass jedes Geschöpf eine Berechtigung für seine Existenz besaß.
Während dieser Reise rief er mich oft von den entlegensten Orten aus an. Das Zelt benutzte er vor allem, um die Schlangen darin freizulassen, sodass sie sich recken und dehnen konnten, ohne zu fliehen.
Denjenigen, die sich ihm ein Stück des Weges anschlossen, hielt er Vorträge über Reptilien. Er war wirklich eine Ausnahmeerscheinung, eine Mischung aus heiligem Franziskus – dem Heiligen, der mit den Vögeln des Himmels und den Geschöpfen der Erde sprach – und einem gelehrten Mönch. Er besaß eine Ausstrahlung und Vitalität, die ansteckend waren. Und er war ein Mensch von großer Schlichtheit und Integrität.

Wieder einige Jahre später beschloss er, für seine geliebten Nashörner durch ganz Europa zu marschieren. Er begann in Assisi, wie ich ihm vorgeschlagen hatte. Die Italiener begriffen sofort den romantischen und exzentrischen Hintergrund seines Kreuzzuges: ein junger Afrikaner, der sich zu Fuß auf den Weg macht, um bedrohten Nashörnern zu helfen ... Sie schlossen ihn sofort in ihr Herz, begleiteten ihn singend und verpflegten ihn mit Salami, Pasta und einer Flasche Chianti. Schöne junge Mädchen reichten ihm zum Gruß die Hand, und junge Männer feuerten ihn an. Er genoss jede Sekunde und nahm während des Marschierens sogar zu.

Als ich erfuhr, dass ein holländischer Pilot ihn umsonst im Flugzeug nach England übersetzen würde, unterbrach ich meinen Urlaub und flog von Colorado aus, wo ich mit Sveva ein paar Wochen verbrachte, nach Ipswich, wo er landen würde, um mich dort mit ihm zu treffen.

Seine Augen leuchteten auf, als er Sveva – die er seinen »Sonnenstrahl« nannte – mit einem Strauß gelber Blumen auf sich zulaufen sah.

Im Lauf der Jahre trug Michael mehr als jeder andere zu einem positiven Bild Kenias bei. Er verlieh den Kräften des Landes Glaubwürdigkeit, die sich für den Schutz seiner wild lebenden Tiere einsetzten.

So brachte er den Naturschutz auch dem Mann von der Straße nahe.

Die Menschen fühlten sich ihm verbunden, sie waren stolz auf ihn, da er einer der ihren war. Wenn Michael eine Sache wichtig war, dann war es auch der Mühe wert, sich selbst darüber Gedanken zu machen. In einer Zeit, in der viele Afrikaner ihre Nashörner des Geldes wegen abschlachteten, gab es einen, der sich allein und quasi bei Null beginnend, ohne Freunde und ohne irgendeine Organisation im Rücken zu Fuß auf den Weg machte um die Schwarzen, vom Aussterben bedrohten Nashörner zu retten. Er hatte ja nichts weiter außer seinen Beinen und seinem Traum.

Die Liebe zur Umwelt und die Entschlossenheit, sie zu schützen, waren der gemeinsame Nenner unserer Freundschaft.

Michael wurde zu einer wichtigen Gestalt in unserem Leben; im afrikanischen Sinn des Wortes war er Teil unserer »erweiterten Familie«. Er hatte Sveva heranwachsen sehen, und ich hatte miterlebt, wie er eine internationale Berühmtheit geworden war, wie er Hellen geheiratet hatte, wie seine beiden Töchter zur Welt gekommen waren.

Ich erinnere mich noch gut daran, wie seine erste Tochter geboren wurde.

»Ich werde sie Acacia nennen«, verkündete Michaels glückliche Stimme am Telefon, »zu Ehren des Akazienbaums auf Emanueles Grab.«

Als Prinz Philip, Herzog von Edinburgh, der Schirmherr des WWF, nach Kenia kam, um nach Michaels letztem Marsch die Preise für den Schutz der Nashörner zu übergeben, standen wir beide nebeneinander und beobachteten Sveva, die in einem hübschen Kleidchen und mit einem Strauß Blumen in der Hand auf einer Treppe im Nationalpark von Nairobi wartete.

»Was muss ich denn da machen?«, hatte Sveva mich an diesem Morgen gefragt.

»Du musst dem Prinzen die Blumen übergeben, lächeln und einen Knicks machen. Wenn er dir eine Frage stellt, antworte ohne Angst, und sage immer ›Sir‹ zu ihm, wie zum Direktor deiner Schule.«

Das Grüppchen Würdenträger war pünktlich eingetroffen und stieg gerade aus der Maschine. Prinz Philip war der Erste, sportlich gekleidet mit khakifarbener Tropenjacke und Strickkrawatte. Alle anderen in seinem Gefolge trugen steife blaue Anzüge: Hugh Lamprey vom WWF, der englische Botschafter, der Tourismusminister des Landes, Muhoho, der Chef der Behörde zum Schutz der Wildpflanzen, Perez Olindo und andere Persönlichkeiten aus Kenia. Ein Journalist mit Fotoapparat rannte vor ihnen her und machte Schnappschüsse.

Mir fiel sofort auf, dass Sveva verunsichert war: Sie wusste nicht, wer von den illustren Herren nun der Prinz war, und betrachtete verwundert mal den einen, mal den anderen. Ein wenig besorgt, aber auch amüsiert, machte ich mich bei Michael bemerkbar.

»Sie weiß nicht, welcher es ist. Ich hatte vorausgesetzt, dass sie ihn erkennen würde, aber wie soll das gehen, sie ist ja erst sechs Jahre …«

»Sie wird schon eine Lösung finden«, ermutigte Michael mich, selbstsicher wie immer. In diesem Moment sahen wir Sveva, die, ein wenig rot im Gesicht, ihre Blumen mit einem raschen Knicks übergab.

Sie hatte eine Lösung gefunden.

Später sagte man uns, dass der Prinz, dem ihre Verun-

sicherung aufgefallen war, von ihr hatte wissen wollen: »Für wen sind denn die schönen Blumen?« Und Sveva hatte prompt geantwortet:
»Die muss ich dem Prinzen geben, Sir.«
»Dann sind sie ja für mich.«

Hin und wieder nahm Michael, wenn er uns besuchte, ein *matatu** bis ins nächste Dorf und legte die letzten Kilometer bis nach Laikipia zu Fuß zurück. Er kam oft, um an den Rodeos in Erinnerung an Emanuele teilzunehmen oder um den Kindern in unserem Zentrum Vorträge über eine umweltgerechte Erziehung zu halten.
Die Ernsthaftigkeit seiner Worte übertrug sich stets auf sein Publikum, und es ging eine große Faszination von seiner kleinen, entschlossenen Gestalt aus, die in Begleitung begeisterter Anhänger die Straßen der Welt bewanderte. Wenn er über Nashörner sprach, wurde er richtig lebhaft, und sein Gesicht veränderte sich: Seine Leidenschaft war mitreißend und ansteckend.
Er nahm an vielen Aktionen zur Rettung der Nashörner auf Laikipia teil, und ich war stolz, ihn schließlich zu bitten, dem Verwaltungsrat der Gallmann Memorial Foundation beizutreten.

An dem Tag, an dem ich erfuhr, dass er schwer krank war, rief ich ihn sofort an. Seine Stimme klang schwach und gedämpft, aber er schaffte es trotzdem, große Begeisterung hineinzulegen, als er mir kurz von der Umsiede-

---

* einheimisches Taxi

lung von Nashörnern in den Nationalpark von Tsavo erzählte.
Danach rief ich seinen Arzt an, um mich zu informieren. Es schien nur noch wenig Hoffnung zu geben: Die Behandlung war kostspielig und wäre wahrscheinlich auch zu spät gekommen. Ich bot trotzdem meine Hilfe an und beschloss, ihn die Woche darauf zu besuchen.

Ein Nachmittag im Sommer – Regenzeit in Laikipia.
»Ich muss ein männliches Nashorn kennzeichnen, einen großen Bullen, in der Nähe des kleinen Sees an der Schule«, drang eine Stimme aus dem Radio. Das kam mir seltsam vor, ein Nashorn am frühen Nachmittag. Unsere Nashörner in Laikipia sind alle Nachtschwärmer.
Ich empfand das als Zeichen, als merkwürdige Warnung, und musste an Michael denken, dem es so schlecht ging.
Es war der neunte August 1999, und ich fuhr eilig nach Hause. Ich beobachtete gerade eine Elefantenherde am *dam* von Ngobithu, als über unser internes Funknetz die Nachricht eintraf, dringend im Büro anzurufen.
Ein paar Minuten später sagte die Sekretärin mit leiser Stimme ins Satellitentelefon:
»Sie haben aus Mombasa angerufen. Michael Werikhe ist heute Morgen gestorben.«

Aus dem engen Hof drang uns Gesang entgegen.
Im Schatten eines gestreiften Plastikzeltes kauerten kleine Gestalten in trauernder Haltung und stimmten christliche Hymnen an, vermischt mit lokalen Swahili-Gesängen. Männer mit Trommeln und junge muslimische Frauen mit

weißen Trauerschleiern standen neben Jungen in blitzsauberen Hemden.
Es war heiß in Mombasa am Tag von Michaels Beerdigung. Das Flugzeug war überfüllt, und die pralle Sonne auf dem Dach des Flughafens hatte uns völlig benommen gemacht. Sveva, die einen langen, blauen Rock trug, hielt sich an meinem Arm fest.
Ich hatte eine Trauerrede geschrieben. Eine kleine afrikanische Kapelle intonierte Klagelieder, und in der Mitte stand auf einem Holzgestell der glänzende, offene Sarg.
Michael wirkte darin hager, in Frieden mit sich, und ohne seine Brille auch fast alterslos. Völlig anders als der gesunde und athletische junge Mann, der über alle Straßen dieser Welt gewandert war.
Vom Ufer des Indischen Ozeans aus war dieser unbekannte junge Mann aufgebrochen und hatte, entgegen jeder Wahrscheinlichkeit, eine bedeutsame Bewegung ins Leben gerufen, die auch sein physisches Ende überdauern würde.
Wie alle echten Führungspersönlichkeiten, deren Beispiel Generationen von Anhängern inspiriert, hatte Michael, nachdem sein irdischer Weg zu Ende war, eine Reihe von Spuren hinterlassen, denen wir nur zu folgen brauchten.
Sveva und ich, ein weißes Tuch auf dem Kopf, sagten ihm ein letztes Mal mit tränenden Herzen und trockenen Augen Lebewohl. Wir konnten uns glücklich schätzen, ihn gekannt zu haben.
Die schlichte, ja spartanische Einrichtung seines Hauses überraschte uns. Es bestand aus einem Labyrinth von Gängen, Treppen und Terrassen, wo Wäsche zum Trock-

nen hing und uns Kinder aus großen Augen schweigend beobachteten. Es gab kein fließendes Wasser, die Lampen waren mit Fliegen übersät, und ein Geruch nach gebratenen Zwiebeln und Kardamom durchdrang jeden Winkel. Barfüßige Frauen in *kangas* bereiteten auf einem Kohlenbecken, das auf drei Steinen ruhte, einfache, würzige Gerichte für den Leichenschmaus.

Michaels Töchter, Acacia und Kora, saßen daneben, gefasst, traurig und schweigend, angetan mit ihren besten weißen, gestärkten Spitzenkleidchen und Schuhen mit hohen Absätzen.

Sveva hatte rote Augen. Sie legte den blonden Kopf auf meine Schulter und sagte: »Er war wie ein Heiliger. Er war von einem Lichtschein umgeben. Schau nur, wie er lacht auf jedem Foto. Warum musste auch er gehen?«

Die Straßen von Mombasa, die zum Friedhof führten, waren übersät mit fauligen Abfällen. Die schweren Äste der Mangos, voller Blätter und orangeroter Früchte, hingen tief über die schlammige Straße und streiften das Dach unseres zerbeulten Taxis, dessen Fahrer geschickt den tiefen Pfützen auswich. In der Luft lag der schwere Geruch nach Jasmin, nach überreifen Früchten, nach Vanille und gerösteten *korosho*-Nüssen. Am Straßenrand grillten hagere Burschen in bunten Hemden Heuschreckenkrebse und *kebab*-Spieße auf Kohlebecken aus in der Mitte auseinander geschnittenen Dieselkanistern. Kleine Frauen, von Kopf bis Fuß in schimmernde *buibui** gehüllt, glitten

---

* traditionelles schwarzes Gewand muslimischer Frauen

durch die Menge und balancierten schwere Bündel und Körbe auf ihrem Kopf.

Das geschäftige Treiben des Alltagslebens an der Küste dominierte alles, und die Prozession aus Autos und Trauergästen, die zu Fuß dem Sarg folgten, bildete nur einen weiteren Aspekt dieses Daseins.

Ein in voller Blüte stehender Flammenbaum hatte seine roten, fleischigen Blütenblätter über den Boden des Friedhofs verstreut, und ein Blatt landete in dem ausgehobenen Grab, bevor sich Erde und Zement darüber schlossen.

Als ich nach oben sah, in den strahlend blauen Himmel, erblickte ich eine Möwe.

X
Der Hügel der verlorenen Ziege

Gott beschreitet merkwürdige Pfade,
um seine Wunder zu vollbringen.

William Cowper,
Olney Hymns

Als Sveva sich mit achtzehn Jahren mit Charles Hoffman verlobte, war mir klar, dass ich zur Feier ihrer Hochzeit einen außergewöhnlichen Ort auf Ol Ari Nyiro finden musste.
In Kenia geboren und aufgewachsen, fühlt Sveva sich selbst – und wird auch von anderen so empfunden – als echte Afrikanerin. Die Neuigkeit von ihrer Verlobung versetzte unsere ganze Nachbarschaft in Aufruhr.
»*Sisi nasikia arusi ya Makena nakaribia*«, sagte Selina, die Tochter von Mama Langeta. »*Na sisi ta kuja kuimba kwa yeye.* Wir haben erfahren, dass sich die Lächelnde bald verheiraten wird, und wir werden kommen und für sie tanzen und singen.«

Makenas Hochzeit war ein wichtiges Ereignis, da sie als Tochter eines Häuptlings galt und alle mit den entsprechenden Feierlichkeiten mit viel Pomp und Prunk rechneten.

Wie die Beschneidung ist auch die Hochzeit ein wichtiges Übergangsritual in der Tradition aller Stämme. Makena war die einzige Tochter, und ich wurde als »weise Alte« oder als »Mama Mzee« betrachtet und im Kreis der umliegenden Stämme auch als solche respektiert.

Um als *mzee* zu gelten, muss man nicht unbedingt ein ehrwürdiges Alter haben; es genügt, Kinder in die Welt gesetzt und eine gewisse Position in der Gesellschaft erreicht zu haben. Ich wusste aber, dass Ausmaß und Qualität der Rituale von größter Bedeutung für die *eshima*, unsere Ehre, waren, und so wollte ich sichergehen, dass das, was ich vorhatte, auch den Erwartungen aller entsprach.

Das Wichtigste war, den geeigneten Ort zu finden.

Die Sicht musste einfach atemberaubend sein, und man sollte das Gefühl haben, sich in einer von der Natur erbauten Kathedrale zu befinden.

Mit dem Jeep und zu Fuß erkundete ich jeden Winkel der Farm und fand schließlich, im südwestlichen Teil von Ol Ari Nyiro, den Höhenzug von Kurmakini, was in Massai so viel bedeutet wie der »Hügel der verlorenen Ziege.« Ein seltsamer Name, der wer weiß wie alt war und dessen Ursprung ich gerne gewusst hätte; aber niemand schien sich mehr daran zu erinnern.

Über einen gewundenen Pfad, den die Tiere auf dem Weg zur Wasserstelle getrampelt hatten, erklomm ich den Gipfel des kleinen Berges.

Der vertraute Anblick des Baringosees mit seiner in der Mitte gelegenen Insel wurde begrenzt von der tiefen Schlucht von Sambara, wo sich Täler ohne Ende zu einer Reihe samtiger grüner Abhänge überlappten, um schließlich in das Tal des Great Rift Valley abzufallen. Der Baringosee bildete den Abschluss, und dahinter erhob sich in der Ferne die blaue Kette der Hügel von Cherengani. Ein unglaublicher Ort, wo es einem den Atem verschlug und man in einem Panoramablick von dreihundertsechzig Grad alles geboten bekam: Mlima ya Kissu, einen langen, wie eine Schlange gewundenen Bergkamm, der in die Schlucht von Mukutan abfiel, Kenya Impia, Mlima ya Kati Kati und die sanft gerundeten Hügel von Kutwa. Es war genügend Platz für die Zelte vorhanden, wo die Gäste schlafen würden, dazu eine weite Lichtung, wo die Zelte für den Hochzeitsempfang stehen sollten. Das Plateau des Hügels, von wo aus man über die Täler blickte, würde als »Kirche« fungieren.
Es war wirklich der ideale Ort.
Am Tag darauf brachte ich Sveva dorthin. Ihre Augen leuchteten vor Freude und Aufregung. Sie war voll und ganz meiner Meinung.

Von dem Moment an begann eine Periode totaler Konzentration auf die Vorbereitungen für den großen Tag meiner einzigen Tochter, der unvergesslich werden sollte.
Als Erstes musste eine Straße gebaut werden. Unsere alte Planierraupe, die seit über einer Generation fast alle unsere Dämme aufgeworfen und Hunderte von Kilometern neuer Pisten angelegt hatte, rumpelte brüllend die Hügel

hinauf, wie verjüngt in dieser neuen Anstrengung, und walzte die Büsche zu rosafarbenen Staubwolken platt.
Dann musste Wasser an Ort und Stelle geschafft werden. Patrick Ali, ein großer Turkana mit sonnigem Gemüt, ein pfiffiger und guter Organisator, dem ich vollkommen vertraute, wurde mit der Oberaufsicht betraut.
Geboren auf Ol Ari Nyiro, kannte er dort jeden Einschnitt im Gelände. Er beauftragte die Mannschaft seines Bruders Nasike, die Rohre zu verlegen und sie mit den Quellen von Engelesha zu verbinden.
Wir erwarteten Hunderte von Gästen. Sveva und Charlie hatten viele Freunde, die über den ganzen Erdball verteilt waren. Da Ol Ari Nyiro weit entfernt von jeder Stadt liegt, würde der Großteil davon mit dem Flugzeug kommen.
Die Landebahn von Kuti lag jedoch viele Kilometer von der ausgewählten Zone entfernt, über eine Stunde Fahrt mit dem Auto. Aus diesem Grund legten wir eine neue Landebahn in einem Feld aus Schlitzwegerich an, auf einem langen, flachen Stück Weide unweit des Waldes und ganz in der Nähe unserer Pflanzstätte für einheimische Bäume.
Jetzt musste nur noch der endgültige Ort für den Hochzeitsempfang festgelegt werden.
Oben auf den Hügeln ist es normalerweise immer windig. Ein großes Zelt wäre wie ein Segel davongeflogen. So ließ ich eine feste Konstruktion errichten, in der Form eines orientalischen Zeltes, das ich in Zukunft auch für andere Zwecke hätte verwenden können, und stattete es üppigst aus mit Teppichen und Skulpturen, mit marokkanischen

Lampen und antiken Messingvasen. Als Wandbehänge wählte ich mit Glasperlen bestickte Häute im Stil der Pokot. Farblich herrschte eine Mischung aus afrikanischen Tönen vor, wie Sveva sie liebte: verschiedene Lachs- und Korallentöne, leuchtendes Sonnengelb und kräftiges Rot. Ich legte meine ganze Konzentration und Kreativität in die Einrichtung dieses Ortes, da auch noch das kleinste Detail stimmig sein musste.
Ich war Monate damit beschäftigt.
Der große Tag rückte näher, und die Zelte für die Gäste wurden wie bei einem mittelalterlichen Turnier in mehreren Reihen am Fuß des Hügels aufgestellt.
Patrick – der ein gutes Auge für die fantastische Schöpfungskraft der Natur besaß – entdeckte im Wald von Boromoko zwei majestätisch verkrüppelte, wilde Olivenbäume. Sie wurden auf das Plateau des Hügels transportiert und dort aufgestellt. Mit wildem Jasmin geschmückt, markierten sie den Eingang zur Kirche.

Es kam der Vorabend der Hochzeit.
Alle Bauten waren fertig. Girlanden aus Tausenden von winzigen Lichtern waren zwischen den Büschen verteilt und warteten nur darauf, angeschaltet zu werden und das Dunkel zu erleuchten wie ein zweites Firmament. Exotische Blumen in Rot und Gelb, wilde Lilien und Wolken aus Jasmin waren zu spektakulären Sträußen arrangiert, die Tische mit roten Servietten eingedeckt und mit Hunderten von Kerzen geschmückt.
Die Feuer brannten bereits in den Küchenzelten, und das Brautkleid mit der Schleppe hing in dem Zelt, in dem

Sveva sich, geschützt vor neugierigen Augen, für die Hochzeitszeremonie umziehen und schmücken würde. Meine Leute waren stolz auf ihre neuen Uniformen in leuchtendem Rot mit gelben Schärpen und Fez.
Der Chor von Muungano war in einem eigens für diese Gelegenheit gemieteten Bus aus Nairobi eingetroffen, und die Pokot-Frauen von Churo unter der Leitung von Selina und Esta waren bereit, zu singen und zu tanzen. Svevas Brautjungfern und ihr Page waren da; die Trauzeugen und die Zermonienmeister, wie sie in England Sitte sind, waren ebenfalls gelandet. Und schließlich war auch noch der Reverend Adam Ford, Svevas Lehrer an der Schule von St. Paul in London, der im Laufe der Jahre zu einem unschätzbaren und treuen Freund des Hauses geworden war, aus Europa eingetroffen, um die Trauung zu vollziehen. Die beiden Familien und viele Freunde befanden sich ebenfalls bereits in Kuti.

Mit Sveva und einigen anderen fuhr ich zu einer letzten Probe nach Kurmakini. Ich hatte zwar wirklich an jedes Detail gedacht, aber mir war doch bewusst, dass ich im Notfall am Wetter nichts würde ändern können – oder wenigstens dachte ich das.
Aber es schien keinen Grund zur Besorgnis zu geben; bisher waren die Tage immer heiter und voller Sonnenschein gewesen.
Normalerweise ist der September kein regnerischer Monat. Aber in unserer Zeit und angesichts der Umweltverschmutzung, die die Natur über sich ergehen lassen muss, ist nichts mehr vorhersehbar.

Am frühen Nachmittag begannen sich bedrohliche Wolken zu formieren, und kurz nach unserer Ankunft fing es zu regnen an.

Der Himmel war grau wie Blei, ein kalter Nebel stieg aus dem Tal hoch; der Baringosee war nicht mehr zu sehen, und ein kühler Wind blies. Die fantastische Landschaft versank im Dunst. Die kleinen Brautjungfern klapperten mit den Zähnen, die Pokot-Frauen wickelten sich noch fester in ihre Decken, die Mitglieder des Chors weigerten sich, aus dem Bus zu steigen aus Angst, ihre Stimmen könnten in der Kälte Schaden nehmen. Nur Adam, mit seinem Brevier unter dem Arm, war nicht aus der Ruhe zu bringen und lächelte, Zuversicht ausstrahlend wie immer.

Ich malte mir bereits aus, wie Monate sorgfältigster Vorbereitungen buchstäblich vom Winde verweht wurden. Ich stellte mir Svevas Verzweiflung vor, Autos, die im Schlamm stecken blieben, Flugzeuge, die nicht landen konnten, die für morgen erwarteten Gäste, die gezwungen wären, sich mit ihrer eleganten Garderobe auf nasse Stühle zu setzen; der Blumenschmuck zerfleddert, und die Gesänge untergegangen im heulenden Wind ... Die Stimmen und die Musik, das Brautkleid in Weiß und Gold ... Es war ein unerträglicher Gedanke, und das Schlimmste war das Wissen, dass ich nichts dagegen unternehmen konnte. Wirklich nicht?

In den dramatischsten Momenten meines Lebens, wenn alles verloren schien, ist mir stets mein Geist zu Hilfe gekommen.

Was konnte ich tun? Was konnten meine Schutzengel tun, um mir zu helfen? Welchen Zauber hätte meine Großmut-

ter sich einfallen lassen, wäre sie da gewesen? Hätten ihre kleinen Kreuzchen etwas gegen das Wüten der Elemente ausrichten können?
Aber wir befanden uns in Afrika, in einem Land, in dem Magie auch heute noch existiert und praktiziert wird.
Ich wickelte mich fester in den langen *kikoi**, um mich gegen den Wind zu schützen, und machte mich auf die Suche nach Cheptosai. Sie hatte sich zusammen mit Selina und einer Gruppe älterer Frauen in unseren Lastwagen geflüchtet.
Das fahle Licht verlieh ihrem faltigen, alterslosen Gesicht ein gespenstisches Aussehen. Ihre lebhaften Augen musterten mich aufmerksam.
»*Karam nyaman, Cheptosai.* Cheptosai, ich brauche deine Hilfe«, wandte ich mich voller Respekt an sie.
Sie fuhr fort, mich unbeweglich anzustarren.
»Ich weiß nur allzu gut, dass der Regen hier, wo wir leben, immer willkommen ist.«
Ich deutete mit dem Kopf auf das überall strömende Wasser.
»Wir wissen, dass der Regen ein großer Segen ist. Aber es gibt Gelegenheiten in unserem Leben – eine Zeremonie, eine Beschneidung –, wo wir ihn nicht brauchen können, nicht einmal für einen Tag. Hilf mir. Makenas *arusi* morgen darf nicht ruiniert werden. Ihre und meine *eshima* müssen intakt bleiben.«
Sie zuckte mit keiner Wimper.
Ich flehte sie an.

---

* weites Männergewand

»Es muss doch irgendein Ritual geben, irgendeinen guten Zauber, den du kennst. Du bist eine weise, alte Frau. Du kennst alle Mittel. Es muss etwas geben ... Ich bitte dich, bring es mir bei.«
Ihr überraschendes, zahnloses Lächeln wirkte auf mich wie eine Umarmung, die meine Lebensgeister wieder weckten.
Sie nickte.
»*Ndio, iko.* Ja, das gibt es.«
Und dann sagte sie es mir.
Die älteste Frau im *boma,* die Matriarchin – in diesem Fall ich –, musste allein am Ort der Zeremonie schlafen. Sie musste vor Sonnenaufgang aufstehen und sich ungesehen – das war sehr wichtig – an den genauen Platz begeben, wo die Zeremonie stattfinden würde.
Und dort, noch bevor das rosa Leuchten der aufgehenden Sonne das Grau der nächtlichen Savanne mit Leben erfüllte, musste sie die Erde mit einer neuen *panga* durchbohren und diese dort verstecken, bis der Regen von neuem willkommen wäre. Erst dann würde sie sie wieder entfernen können.
Ich umarmte Cheptosai und sagte zu keinem ein Wort.

Wir kehrten nach Hause zurück, ohne dass irgendeine Probe stattgefunden hätte, und alle im Wagen schwiegen deprimiert, außer Sveva, die mit ihrem von Paolo ererbten Optimismus versuchte, die Stimmung zu heben.
»Morgen wird die Sonne scheinen. Ich weiß es. Ich verspreche es euch.« Ich hoffte von Herzen, dass sie Recht haben möge.

Nach dem Abendessen verließ ich heimlich Kuti und die siebzig Gäste, die bereits zur Hochzeit eingetroffen waren, und lenkte im Schutz der Nacht den Wagen zum Hügel, eine sorgfältig in meine Decke eingewickelte neue *panga* neben mir.

Elefanten kreuzten vor meinem Wagen die Piste zum großen Damm, ihnen folgten nasse, schlammbedeckte Büffel, und nach ungefähr zwei Stunden begann ich langsam mit dem Aufstieg zum Hügel von Kurmakini.

Kurz vor dem Gipfel sah ich im Licht der Scheinwerfer zwei seltsame Gestalten, die über den Weg hetzten. Sie waren schneeweiß und leuchteten beinahe im Dunkeln; sie kamen mir vor wie zwei große, haarige Gazellen ... prähistorischen Ziegen mit langen Beinen ähnlich.

Schlagartig wurde mir der Name dieses Höhenzuges klar. Ich hielt den Atem an. Ich hatte sie mit eigenen Augen gesehen, die verlorenen Ziegen, die mythischen Gestalten der Legende existierten tatsächlich.

Es war ... es musste ein positives Vorzeichen sein.

Ich war angekommen. Das Gewitter hatte sich in einen leichten Regen verwandelt. In dem Zelt, in dem die Trauung stattfinden sollte, hatte ich ein großes Bett aufstellen lassen für den Fall, dass Sveva sich etwas ausruhen wollte.

Dort schlief ich. Oder besser gesagt, dort verbrachte ich eine unruhige Nacht, alle guten Geister meiner Großmutter und alle mächtigen Weisen Afrikas anrufend, auf dass der Zauber wirken möge.

Bevor die Sonne an einem perlmuttfarbenen Himmel aufging, schlüpfte ich aus dem Zelt und passte genau auf, dass nicht einmal ein überraschtes Dikdik Zeuge meiner magischen Handlung werden würde.

Ich zog meinen Kaftan enger um mich, kroch unter einen dunkelgrünen *mukignei*-Busch und säuberte mit der Hand eine kleine Fläche der roten Erde von Schmutz und abgestorbenen Blättern.

Das Herz voller Liebe für meine Tochter und alle Zweifel verscheuchend, die meine geistige Hingabe vergiftet hätten, bat ich die Götter um Vergebung für diesen Akt der Gewalt. Dann hob ich den Arm und durchbohrte die Erde.

Die Klinge drang tief in den Boden ein.

»Paolo, Emanuele, Großmutter«, betete ich stumm. »Ich bitte euch, helft mir.«

Das Licht war blau mit korallenroten Rändern, die Luft unbeweglich und mild. Die bleichen Hügel reichten bis zum Horizont.

In einer traumhaften Kulisse, vor dem grandiosen Hintergrund aus sonnenbeschienenen Tälern und umgeben von seinen Trauzeugen erwartete Charles seine Braut.

Die Pokot-Frauen fingen an zu singen.

Es war ein perfekter Abend.

Die beiden dicken Bündel aus *mukignei*, die mit einem roten Band umwickelt waren, wurden von Gatwele und Mwangi – ein prächtiger Anblick in ihren Uniformen – wie eine Tür beiseite gerückt, und ich hatte meinen Auftritt mit Sveva am Arm, einem schimmernden Traum in Gold und Honig.

Vor uns schritten Ali und Nyaga und strichen symbolisch

mit rituellen Ästen über die Matten zu unseren Füßen. Sechs Brautjungfern und ein Page, prachtvoll anzusehen in gelber Seide, folgten uns, unter ihnen auch die beiden Töchter von Michael Werikhe.

Das elegant gekleidete Publikum erhob sich und drehte sich zu uns um.

Nicht ein Lufthauch regte sich.

Ich drückte Svevas Hand. Die Sonne verlieh ihrer makellosen Haut und ihren langen, blonden Haaren einen bernsteinfarbenen Schimmer. Sie strahlte von innen heraus.

»Malaika, nakupenda Malaika ... Engel, ich liebe meinen Engel«, fing der Chor zu singen an.

Der See glitzerte, und die Abendsonne stand dunkelrot und schwer an einem wolkenlosen Himmel.

Als wir an Cheptosai vorbeikamen, die stolz ihren Kopfschmuck aus Perlen trug, trafen sich für einen Augenblick unsere Augen, wir sahen uns an, und mir schien, als zwinkerte sie mir zu.

Der Zauber hatte gewirkt.

XI
Für immer Afrika

Und er rief mit donnernder Stimme:
»Ihr sollt nicht verwüsten die Erde, nicht das Meer
und nicht die Pflanzen.«

Apokalypse, *VII, 3*

In manchen windigen Nächten schien es in Laikipia mehr Hyänen als sonst zu geben. Dann vereinte sich ihr Geheul mit dem Tosen des Nordwinds, und die Hunde verbellten wütend die Schatten unsichtbarer Tiere: den Leoparden von Paolos Damm, die Zebras und die sensiblen Elenantilopen, die sich zum Äsen bis an die Landebahn wagten, die Elefanten, die sich majestätisch im Dunkeln unter den um den Wassertank von Kuti wachsenden Eucleapflanzen bewegten – gelassen, unsere Gegenwart ignorierend.

Und an den Abenden im Juli, wenn der Regen trommelnd auf das Dach schlug und die Frösche einen wilden Gesang auf das Leben anstimmten, lauschte ich dem Gebrüll der Löwen auf den fernen Hügeln.

In der ersten Zeit in diesem Land dachte ich oft, dass ich mir das Privileg, hier in Afrika zu leben, irgendwie verdienen müsste, indem ich etwas Eigenständiges und Großartiges in die Welt setzte. Mein Dasein auf der Hochebene von Laikipia sollte der Erde und den scheuen, schutzbedürftigen Tieren zum Vorteil gereichen, die magischen, teilweise noch unerforschten Landschaften sollten davon profitieren, und auch die Menschen sollten etwas davon haben.

Wie ich dieses Ziel erreichen wollte, war mir allerdings ein Rätsel, das mich nächtelang wach hielt. Nur ich konnte es lösen, und ich wusste wohl, wie wichtig das war.

Ich führte ein außergewöhnliches Leben, und ich wollte mir dieses außergewöhnliche Privileg auch verdienen.

Impalas setzten in hohem Bogen vor meinem Wagen über die Ebene, Büffel hoben witternd die schweren Schädel, im hohen Gras der Savanne hingestreckte Löwen (wenn ich das Glück hatte, hinter einer Kurve der Piste auf ein Rudel zu stoßen) beobachteten mich aus alten, gelben, berechnenden Augen, Paviane flüchteten keckernd mit ihren Jungen, die sich bedrohlich schief am Rücken der Mutter festklammerten, Wasserantilopen mit langen Haaren wandten mir ihren Blick zu, unerschütterlich in ihrer Schönheit, während schüchterne, spröde Waldgazellen mit braunem, samtigem Fell anmutig die Abhänge hinuntersprangen. Mit Freude und auch mit Furcht trug ich schwer an der ungeheuren Verantwortung, für den Schutz ihrer bedrohten Existenz verantwortlich zu sein.

Ich wusste, dass nichts von dem hätte existieren können, hätte ich damals beschlossen, dass der Schutz der Tier- und Pflanzenwelt von Ol Ari Nyiro über meine Kräfte gehen und auch meine Mittel übersteigen würde.

Nach Paolos und nach Emanueles Tod erwachte erneut das Verantwortungsgefühl, das ich stets empfunden und mit ihnen geteilt hatte, und verwandelte sich in eine Vision, die mich wieder ins Leben zurückholte und mir Hoffnung und ein Ziel schenkte.

Ich beschloss, dass an dem Ort, den sie am meisten geliebt hatten, etwas Einzigartiges und Nützliches zu ihrem Andenken entstehen müsse. So gründete ich die Gallmann Memorial Foundation. Und als das Wilderness Education Center – die Umweltschule für Kinder – zur Erinnerung an Emanuele ins Leben gerufen wurde und anschließend The Institute for African Humanities and Biodiversity entstand und sich junge Menschen aus aller Welt anschickten, Teil des Traums zu werden und Afrika kennen zu lernen, während ihre Altersgenossen aus Kenia zu uns kamen, um ihre Wurzeln wieder zu entdecken, da spürte ich, dass ich eines meiner wichtigsten Ziele erreicht hatte: Durch die Augen, Herzen und Erinnerungen dieser jungen Menschen würde Ol Ari Nyiro für immer lebendig bleiben.

Wenn Emanuele nicht mehr in der Lage war, es zu beschützen, würden andere an seine Stelle treten, eine neue Generation, die aus unserem Planeten einen besseren Ort machen würde. Denn mehr als alles andere wünschte ich mir, dass Emanueles Leben nicht vergeudet war und dass nach seinem Weggang aus der Welt des Greifbaren aus der

Liebe zu ihm etwas entstehen sollte, das das Opfer seines Verlustes aufwog.

Die Jahre vergingen.
Das so sehr herbeigesehnte und gefürchtete Millennium kam und verstrich ohne sichtbare Veränderungen, ohne Dramen, fast schon banal, verglichen mit den übertriebenen Vorbereitungen, den Unglücksprophezeiungen, der Gewissheit, welche überraschenden, weit reichenden und auffallenden Umwälzungen dies auf die Welt haben würde.
Natürlich war alles wie zuvor, vor allem in Afrika.
Die wahre Katastrophe für Kenia war die große Dürre im Frühjahr und Sommer 2000 – die schlimmste seit Menschengedenken –, die die Erde austrocknete, den Boden aufplatzen ließ und noch den letzten Rest an Feuchtigkeit aus den Stängeln der Pflanzen saugte.
Nicht einmal mein Regenstab funktionierte mehr: kleine, Holz fressende Käfer hatten ihn entdeckt, und die im Innern abgelegten Larven, die einen unwiderstehlichen Klang erzeugten – wie das Prasseln eines tropischen Platzregens –, hatten ihn zu hauchfeinem Staub zerfallen lassen, dem keinerlei magische Kraft mehr innewohnte.
Auch auf Ol Ari Nyiro wütete die große Dürre. Der Baum – meine Schwester, die weise, alte Akazie, die auf dem Gipfel des Hügels von Mugongo ya Ngurue wuchs – war vertrocknet und gestorben.
Sie starb aufrecht, im Stehen, der dicke, dunkelgraue Stamm, seit Generationen von Sonne und Regen verwittert. Aber auf den alten, verdorrten Ästen, dick verkrustet

von vertrockneten und verkalkten Blättern einer letzten unwahrscheinlichen Blüte, auf der Haut der toten alten Matriarchin wuselten immer noch Kolonnen schwarzer Ameisen, und das Leben ging weiter.
Für mich war das das Ende einer Ära, dem Hinscheiden einer geliebten und respektierten Freundin gleich. Ich hatte diesen Baum immer als Beschützerin, als Wächterin von Ol Ari Nyiro angesehen, und sein Ende erschien mir wie eine düstere Mahnung, wie unsicher und vergänglich doch alles war.
Irgendwie hatte ich nie erwartet, dass die alte Dame tatsächlich einmal sterben könnte, da sie seit ewigen Zeiten dort zu stehen schien.
In mancher Hinsicht ähnelte sie Cheptosai, der Matriarchin der Pokot, die mit ihrer stolzen Haltung dem Zerstörungswerk der Jahre trotzte, dürr wie eine braune Heuschrecke und ebenso beweglich und nüchtern.

Normalerweise fiel mir der Beginn der Trockenzeit immer am Zustand meines Rasens auf, der sich von meinem Zimmer bis zu den Gräbern hinter dem Pool erstreckte. Wenn das Wasser langsam knapp wurde, ließ ich den Pool zu einem Teich eintrocknen, zu einer grünlichen Miniaturlagune voller Algen – einem Paradies für Frösche –, und verwendete das Wasser zum Gießen des Rasens.
Und dann eines Tages, am Höhepunkt der Trockenzeit, hörte auch das Wasser, das von Paolos Damm kam, zu fließen auf. Unseren Wasserhähnen entwich nur noch ein gurgelnder Laut, und mein Gärtner, Abraham Muiteria, bemerkte mit einem Achselzucken und einem freundli-

chen Lächeln im sympathischen Gesicht: »*Ni ndofu: kwisha kata ferechi.* Das sind die Elefanten, sie haben die Rohre gekappt.«
Die Elefanten witterten nämlich das Wasser und betasteten mit ihren Rüsseln die Rohrleitungen. Um an das begehrte Nass zu gelangen, bogen sie die Rohre so weit in die Höhe, bis sie platzten und unsere Wasserversorgung unterbrochen war. Kurz danach versiegte auch noch der letzte Rest Wasser im Damm und ließ am Boden eine dicke, schokoladenbraune Schlammschicht zurück, die in den Rohrleitungen trocknete und hart wie Ton wurde. Wieder hatte Abraham Muiteria Grund zur Klage: »*Hakuna magi, na kauka kwa pipe.* Jetzt haben wir überhaupt kein Wasser mehr, es ist in den Leitungen eingetrocknet.«

Überall, und praktisch vor unseren Augen, verfärbte sich das Gras gelb. Die Halme verdorrten und starben ab. Entweder wurden sie ein leichter Raub der Flammen, oder sie wuchsen irgendwann als grüne Triebe wieder nach, wie der natürliche Ansatz bei blond gefärbten Haaren. Muiteria drehte mit einem Schubkarren seine Runden, holte Wasser aus dem Pool und wanderte mit tropfenden Eimern von einem verdörrten Beet zum anderen.
Die Dürre brachte Feuersbrünste und Zerstörung über ganz Laikipia.
Unser Gras stand hoch und trocken, und ich wusste, dass es sofort lichterloh brennen würde. Ich rechnete mit dem Schlimmsten. Schon vor Monaten hatte ich neue »Feuerbremsen« anlegen lassen, das heißt, Traktoren hatten von den Pisten jede Vegetation entfernt und nur die Steine

übrig gelassen, sodass Schneisen entstanden, wo die Flammen, die dort keine Nahrung mehr fanden, buchstäblich verhungert wären.

Um endlose Brände zu entfachen, die fast nicht mehr zu löschen waren, genügte es bereits, wenn ein Honigsammler unachtsam war oder wenn der Wind die Funken eines Feuers herantrug. In anderen Teilen von Laikipia und auch im Wald von Aberdares wütete das Feuer bereits seit Tagen und zerstörte jedes Leben und jede Vegetation.

Aidan kam uns zu Hilfe, indem er uns von seinem Flugzeug aus neue Brandherde meldete, und das Personal auf Ol Ari Nyiro war vierundzwanzig Stunden am Tag in Alarmbereitschaft.

Eines Abends, als ich voller Sorge einen wirklich theatralischen, blutroten Sonnenuntergang betrachtete, dessen Strahlen sich weit über den Hügel von Mugongo ya Ngurue ausbreiteten, bemerkte ich mit klopfendem Herzen einige Rauchsäulen, die in der Gegend von Kutwa aufstiegen, und löste Alarm aus.

Wir beeilten uns, auf unsere Posten zu kommen. Bleigraue Rußwolken, aus denen orangerote Funken schlugen, erhoben sich in der Dämmerung, und kräftig lodernde Flammen fraßen sich durch das Buschwerk, über dem Falken und andere Raubvögel kreisten, um sich auf die von dem Brand aufgescheuchten Insekten zu stürzen.

Im Verlauf von zwei Monaten mussten wir noch zehn weitere Male mitten in der Nacht ausrücken, oft nur mit Ästen bewaffnet, mit denen wir auf das brennende Gras einschlugen.

Zwischen den Menschen, die an diesen Aktionen teilnahmen, bildete sich eine ganz besonders enge Kameradschaft heraus, so, als vereinten uns die Bemühungen, den Wald von Ol Ari Nyiro und die dort lebenden, wehrlosen Tiere zu retten, in einem Kreuzzug. Mit rußgeschwärzten Gesichtern, die Augen rot von Asche, hielten wir hin und wieder erschöpft inne und ließen die Feldflasche mit Wasser kreisen, ehe wir den Kampf gegen unseren gemeinsamen Feind fortsetzten.

Jeden Tag suchte ich den Himmel im Osten ab in der Hoffnung, eine Regenwolke zu entdecken, ebenso die Gerardie-Akazien nach Anzeichen einer bevorstehenden Blüte, die normalerweise dem Einsetzen der Regenzeit vorausgeht.

Jede Nacht lag ich wach in meinem Bett, warf mich hin und her und wartete darauf, das Klatschen der Regentropfen auf dem Dach zu hören. Dabei fiel mein Blick auf die alten, mit einem roten Band am Kopfende meines Bettes befestigten Schlittschuhe – Paolo hatte sie mir vor langer Zeit nach meiner ersten Operation in Bern geschenkt –, und ich überlegte mir, wie weit mein symbolischer Marsch mich doch geführt hatte.

Falls Paolo mich sehen konnte, dann lächelte er, das wusste ich.

Dann eines Morgens, in der schlimmsten und bedrückendsten Phase der Dürre, bemerkte ich, dass die Webervögel eifrig damit beschäftigt waren, Papyrusblätter aus dem Fischbecken zu rupfen, und ich wusste, dass der Regen jetzt nicht mehr lange auf sich warten lassen würde. Wenn die zerbrechlichen, Körben ähnelnden Nester dieser Vögel wie Trauben an den Fieberakazien hingen und in ihrem Innern die kleinen, hellblauen Eier beherbergten, aus denen bald der Nachwuchs schlüpfen würde, dann endlich begann die Regenzeit, und die Savanne und der Wald waren wieder einmal gerettet.

Wie hat die schleichende Zerstörung unserer Umwelt eigentlich begonnen?
War unsere Entdeckung von Ol Ari Nyiro nicht vielleicht auch der Anfang einer Reise ohne Wiederkehr? Ein so faszinierender Ort, so grenzenlos und doch so zerbrechlich in seinem Gleichgewicht, der von allen Seiten verschiedensten Gefahren ausgesetzt war.
Wie wertvoll und selten ein intakter, zusammenhängender Waldbestand war, wurde erst im Lauf der Jahre auf dramatische Weise sichtbar, als rings um unser Land immer mehr Grund und Boden in kleine Einheiten aufgeteilt wurde.
Während um mich herum die stolze und zauberhafte afrikanische Landschaft Stück für Stück starb, begriff ich, wie privilegiert ich gewesen war, sie noch in ihrer Ursprünglichkeit gekannt zu haben; mich an eine Reise wie an die nach Nyahururu als ein schrittweises sich Annähern an den Himmel erinnern zu dürfen; noch Zeiten zu kennen, in denen ich den Wagen auf der Piste aus roter Erde anhalten musste, um die Herden von Elenantilopen vorbeiziehen zu lassen, die so sehr an die vergessenen Antilopen auf den alten Felsenzeichnungen erinnerten.

Vieles ist heute anders. Ich sitze auf dem Hügel von Engelesha und blicke auf hässliche Blechdächer, die die prähistorische Landschaft aus kahlen Hügeln verunstalten, wo früher – es ist noch kein Vierteljahrhundert her – die großen Kudus* regierten.

Ich schaue Richtung Süden, wo sich einst die Colobus-Farm befand. Antonietta hatte sie letztendlich doch verkauft und dadurch, ohne es zu wollen, die Zerstörung der biologischen Vielfalt dieses wilden und außergewöhnlichen Landstrichs eingeläutet. Sie erteilte mir damit eine Lektion, die ich nie vergessen werde.

Heute ist ihre Farm in Hunderte von kleinen Äckern unterteilt, und alle *mutaragwa*- und *mutamayo*-Bäume sind schon seit langer Zeit zu Holzkohle geworden.

Gummibäume und australische *Grevillea*, die nicht in das hiesige Ökosystem gehören – kein Vogel und kein Insekt aus diesem Teil Afrikas kennt sie –, grenzen handtuchgroße, mit Kartoffeln und Mais bepflanzte Parzellen ab; überall gepflügte Erde, wo sich früher gewundene Pfade einen Weg durch den dichten Wald aus Zedern und Podobäumen bahnten. Nichts ist mehr von der alten, intakten afrikanischen Natur übrig geblieben.

Das Haus der Buonajutis wurde in eine Schule umgewandelt, in die Mwenje Secondary, in deren Verwaltungsrat ich sitze.

Aber wenigstens in dem Namen lebt die Erinnerung an die Vergangenheit fort, in diesem Spitznamen der Kikuyu, unter dem Giannetto Buonajuti bekannt war: »Mwenje«, der Ort des Menschen, der sich die Haare rasierte.

---

* große, relativ seltene Antilopenart

Auf Ol Ari Nyiro hingegen ist die Zeit stehen geblieben. Im Wald springen die Colobusaffen immer noch von Ast zu Ast, Büffel überqueren brüllend die Straße, und Elefanten belagern, wie gewohnt, meinen Garten – auch jetzt, da ich das schreibe. Und gerade erst gestern Nacht hat ein Löwe, angelockt vom Geruch frischen Kamelfleisches, versucht, in den Garten einzudringen. Um schlafen zu können, musste ich den Kopf unter das Kissen stecken, da sein ausgehungertes Hecheln meine Hunde verrückt spielen ließ.

Vergangene Woche wurde ich eingeladen, in einer Schule, in Ol Arabel, einen Vortrag zu halten. Sie liegt nur wenige Kilometer von unserer Haupteinfahrt entfernt, kurz vor dem Dorf Kinamba, das in den letzten Jahren am Ende der Asphaltstraße entstanden ist. Die Schüler sind oft auf Ol Ari Nyiro gewesen und haben ihren ersten Elefanten in unserem Umweltzentrum gesehen, das ich zum Andenken an Emanuele gegründet habe.

Kaum war ich aus dem Wagen gestiegen, brandete Beifall auf, und ehe ich wusste, wie mir geschah, sah ich mich von hundert singenden Frauen in Festtagskleidung regelrecht in die Höhe gehoben. Jede von ihnen trug einen grünen Zweig in der Hand, den sie als Zeichen des Friedens und des Festes schwenkte. Es waren sehr alte Frauen darunter, krumm und zahnlos, auf einen Stock gestützt, und andere, die noch sehr jung waren. Es war eine riesige Menschenmenge, und alle waren Freunde.
Die Schule hatte in zwei aufeinander folgenden Jahren den

ersten Preis unserer Kampagne zur Wiederaufforstung gewonnen, und heute wachsen überall in der Gegend kräftige, gesunde Bäume. Stolz begleitete mich der Direktor der Schule in die Mitte eines freien Platzes, wo geschrieben stand »Gallmann Square«. Auf zwei Seiten wuchsen je eine junge Akazie mit einem Schild am Stamm. Auf dem einen stand »Paolo«, auf dem anderen »Emanuele«.

Schüler und Schülerinnen tanzten und sangen abwechselnd, der Direktor der Schule und der Leiter ihres »Wildlife Clubs« hielten Reden, und alle applaudierten.
Auch die Frauen tanzten und sangen traditionelle Lieder, die ich bereits vergessen glaubte. Sie nahmen mich in ihre Mitte, damit ich mit ihnen tanzte.

Mit einer Gruppe afrikanischer Frauen zu tanzen, die sich frei der Musik und dem Rhythmus ihrer Stammesgesänge hingeben, gehört zu den ganz besonderen Erinnerungen an mein Leben in Kenia.
Im Busch ist der Gesang der Pokot-Frauen bereits zu hören, lange bevor man sie sieht, so gut getarnt sind sie mit ihren rotbraunen Gewändern in derselben Farbe wie der Wald, aus dem sie treten. Meist beginnen ihre Gesänge mit einem lang gezogenen »Haa-heheee, haa-heheee«. Ihr Singsang vibriert so stark, dass selbst die Luft noch mitzuschwingen scheint. Der Klang trifft einen mitten ins Herz und umhüllt einen, physisch spürbar, wie eine Decke, real wie die Sonne, die einem auf die Haut brennt.
Die Wirkung ihrer Musik ist so mächtig, dass ich jedes Mal einen Schauer an Emotionen verspüre, auch Freude

und Stolz auf ihr Können. Und immer ist es, als würde ich ihrem Gesang zum ersten Mal lauschen.

Ich fühle mich glücklich, wenn ich von ihren kleinen, agilen Körpern umgeben bin, von ihren hüpfenden Ketten und den mit Fett eingeriebenen Zöpfen. Ihre Lederröcke schwingen im Rhythmus des Tanzes, und ihre Arme heben sich mit einem schnellen Schnalzen ihrer Armreife aus Giraffenschwanzfell in einer grüßenden Geste über den Kopf. Ihr Geruch nach Asche und Milch, nach Schweiß, Ziegenfett und Rauch ist das Aroma Afrikas, so wie es der Duft des *lelechwa* in der Sonne ist, die moschusartigen Ausdünstungen der Büffel und Elefanten, der Duft der Lemuria-Blüten, der Geruch der ersten Regentropfen auf dem roten Staub, der gerösteten Heuschreckenkrebse in der Glut oder der Geschmack der reifen Mangos und Bergpapayas.

Die Kikuyu-Frauen, die an diesem Tag in Ol Arabel um mich herum tanzten, waren von prächtiger Wildheit und Ernsthaftigkeit in ihrer spontanen Inbrunst und Hingabe an den Gesang. Ich fühlte mich zutiefst geehrt und bewegt von der ungehemmten, offenen Demonstration ihrer Zuneigung.

Eine alte Frau näherte sich mir tanzend und schenkte mir einen Gürtel aus rotem Leder, eine andere legte mir einen *shuka* um die Schulter, einen wie sie ihn trugen, und eine dritte wickelte mir auf Kikuyu-Art das Band um den Kopf, das einen neuen *kiondo**, randvoll mit Früch-

---

* traditioneller Korb mit einem langen Ledergriff

ten, zusammenhielt, auf dem mit Bast gestickt war: »Kuki.«

Die Begeisterung, die Gastfreundschaft und die menschliche Wärme, die sie verströmten, trieben mir die Tränen in die Augen.

In meiner Rede auf Swahili sprach ich von Zeiten, in denen das Dorf Kinamba noch nicht existierte; als die Straße von Nyahururu nach Ol Ari Nyiro noch aus roter Erde bestand und ich meinen Wagen viele Male anhalten musste, um die Herden wild lebender Tiere vorbeiziehen zu lassen; von Zeiten, als wir noch glaubten, dass die Natur für immer intakt bliebe.

Und nun haben die Söhne und Töchter dieser Frauen ihre ersten Wildtiere ausgerechnet auf Ol Ari Nyiro beobachten können.

Daraufhin trat ein alter Mann aus der Menge und stellte sich vor alle hin. Mit stockender Stimme, die aber umso sicherer wurde, je länger er sprach, warf er mir einen Blick voller Respekt zu und sagte auf Swahili:

»*Mama Kuki: uligiua bwana yako na kijana yako pia.* Ich kannte deinen Mann, und ich kannte auch deinen Sohn. Wir wissen, dass du große Verluste erlitten hast, *pole sana**, aber du bist geblieben. Und wir alle wissen nur allzu gut, dass du es warst, die sich entschloss, uns zu helfen. Wir beten jeden Tag für dich, denn wenn du nicht in Ol Ari Nyiro wärst, hätte auch unser Leben nicht weitergehen können.«

---

* Das tut uns sehr Leid.

Ich wusste, dass er damit auf die Viehdiebstähle durch die Hirtenstämme anspielte, vor denen wir sie beschützten.
Er ließ seinen Blick über die Menge schweifen, machte eine Pause und fügte etwas völlig Unerwartetes hinzu, das mir vor Rührung die Kehle zuschnürte.
»Ich möchte euch bitten, euch zu erheben, den Kopf zu entblößen und zwei Minuten zu schweigen in Erinnerung an Emanuele, an den Sohn, den diese *mama* verloren hat.«
Im Schweigen dieses Nachmittages war nicht einmal das Surren einer Fliege zu vernehmen. Für alle von ihnen, auch für die kleinsten Kinder, die noch nicht einmal geboren waren, als Emanuele starb, war er in diesem Moment lebendig und real.
Der Tatsache, dass er gelebt hatte, hatten sie die abenteuerlichen Tage zu verdanken, die sie auf Ol Ari Nyiro verbringen konnten. Ihm hatten sie indirekt zu verdanken, dass ihre Klassen über Bücher verfügten und dass ausländische Studenten zu ihnen in diesen abgelegenen Winkel auf der Hochebene kamen und ihnen Geschenke und einen Hauch der weiten Welt mitbrachten.
So wie es auch mit Mwenje der Fall ist, leben Paolos und Emanueles Namen hier weiter, hier in diesem Winkel Afrikas. Ihr Dasein war von Bedeutung, es hat Zeichen gesetzt und im Laufe der Jahre Ergebnisse gezeigt.
In dem Moment begriff ich, dass so Legenden entstehen. Ob die Menschen nach mir sich an Nyawera, Kuki oder Mama one, wie sie mich jetzt nennen, erinnern werden? Wird auch mein Schatten auf den Gipfeln der Berge und über den Tälern umherziehen wie ein unsichtbarer Wachposten? Wird sich die Erinnerung an meine Stimme mit

dem Schnauben und dem Trompeten der Elefanten, dem Zwitschern der Vögel, dem Gesang der Kinder und dem Klang des afrikanischen Windes, den ich so liebe, vereinen?

Und wird mein Körper zu einem Baum werden als Nahrung für die Bienen, Unterschlupf für die Turakos, Schattenspender für meine noch ungeborenen Enkelkinder?

Die Antwort ist ganz tief in meinem Herzen zu finden, dort, wo die wahrhaftigsten Träume zu Hause sind. Sie liegt in dem Wissen um eine mit absoluter Sicherheit getroffene Entscheidung, mit dem Bewusstsein um meine Zukunft vor Augen.

Ich lausche in die Nacht, die Stille ist voller Stimmen. Die Hunde hocken nebeneinander auf dem Rasen und starren in die Dunkelheit. Das Feuer lodert unter den Fieberakazien und wirft gelbe Reflexe auf die beiden nahen Steine. Die Elefanten sind wieder im Garten.

Ich weiß, dass auch aus mir eines Tages Afrika werden wird.

Anhang

Früchte der Erde

Essen ist wichtig, auch weil es uns Freude bereitet. Und deshalb sollten wir unserer Mutter Erde danken und respektvoll das zu uns nehmen, was sie uns bietet, denn dadurch werden wir Teil der Schöpfung. Wir sollten aufmerksam und neugierig das zu schätzen wissen, was das Leben mit sich bringt.
Ich hoffe, dass diese Haltung auch in meinem Buch zum Ausdruck kommt.

Damit Sie die hier geschilderten Geschichten besser nachvollziehen beziehungsweise nachschmecken können, habe ich beschlossen, einen Anhang mit Rezepten anzufügen. Meine Freunde werden sicher das eine oder andere Lieblingsgericht aus meiner Küche in Kuti wieder erkennen. So ist eine Mischung aus Rezepten entstanden, die teils noch aus meiner Kindheit stammen und an längst verstorbene Menschen, an weit entfernte Orte und an weit zurückliegende Ereignisse erinnern. Da mein Koch Simon weder lesen noch schreiben noch Englisch sprechen kann, tragen einige von ihnen Namen in Swahili. Hin und wieder sind sie etwas abgewandelt, damit er bestimmte Gerichte besser erkennen kann, die er entweder mit dem Tag in Verbindung bringt, an dem wir sie zum ersten

Mal gemeinsam kochten, oder aber mit gewissen Personen – sei es der Erfinder des Rezeptes oder jemand, der dieses Gericht besonders gerne aß.
Allen Rezepten habe ich eine Liste mit Zutaten vorangestellt, wie sie auch in Europa verwendet werden. Sie entsprechen ungefähr den originalen, hier aber nur schwer zu findenden Ingredienzien.
Ein Ei ist kleiner oder größer als ein anderes, ebenso der Appetit oder die Anzahl der Gäste. Ich war noch nie besonders gut darin, exakte Mengen- und Gewichtsangaben zu machen. Wenn es um das Mengenverhältnis zwischen den verschiedenen Zutaten meiner Rezepte ging, habe ich stets auf meinen Instinkt und meinen gesunden Menschenverstand zurückgegriffen.
Deshalb überlasse ich die exakte Dosierung, bis auf wenige Ausnahmen, dem Leser oder der Leserin. Schließlich handelt es sich hier nicht um ein Kochbuch, sondern um die Geschichte eines in Europa und Afrika verbrachten Lebens, bei dem die Tafelfreuden stets eine wichtige Rolle spielten und noch spielen.
Frische und Zutaten von bester Qualität sind unabdingbare Voraussetzungen bei der Zubereitung von Speisen, aber noch wichtiger sind Geschmack, Fantasie, Kreativität, Leidenschaft und vor allem Liebe zum Kochen, um auch aus dem einfachsten Gericht noch etwas Besonderes zu zaubern.

Essen tun wir alle. Da wir nicht darauf verzichten können, sollten wir ein Ritual daraus machen, eine Erfahrung voller Fantasie und Sinnlichkeit, die uns Gelegenheit bietet, dem Leben und der Natur auf lustvolle Weise Respekt zu erweisen.

Und eines sollten wir auf keinen Fall vergessen, dass wir nämlich in erster Linie mit den Augen essen.

Venezianischer Reis mit Erbsen à la Nonna
Muchele ya kisima na harufu ya nona

Erbsen aus Kisima
Eine gehackte weiße Zwiebel
Ein Glas trockener Weißwein
Hühnerbrühe
Italienischer Arborio-Reis
Eine geraspelte Karotte
Frisch geriebener Parmesan
Butter
Petersilie
Maisöl

Mein Freund Aidan hatte das große Glück, Enkel zu haben, die wie er ein »goldenes Händchen« besaßen. Das heißt, es gelang ihnen stets, aus allen ihren Unternehmungen ein Maximum an Gewinn herauszuholen. Unter ihren Händen schien einfach alles zu florieren.
Da war zum Beispiel Kisima, eine ihrer Farmen. Sie war nach einer Trinkwasserquelle benannt, die dort mitten auf dem Anwesen entsprang. Auf dieser Farm produzierten

sie Merinowolle, die sie nach England verkauften. Zweimal im Jahr konnten sie Weizen ernten. Sie pflanzten Bohnen und Blumen für den europäischen Markt und stellten knusprige Haferflocken her, nicht zu vergessen schließlich: die köstlichsten Erbsen der Welt – klein, hellgrün und zuckersüß, von einem außergewöhnlich zarten Geschmack und absolut unvergleichlich.

Bevor die Köstlichkeiten aus Kisima auf den Markt gekommen waren, hatten sich die ostafrikanischen Erbsen vor allem durch ihren Panzer aus zähen Hülsen ausgezeichnet und in ihrer Konsistenz an Gewehrkugeln erinnert. Sie waren praktisch ungenießbar, was an dem viel zu heißen Klima lag.

In Venedig wurden die zarten Erbsen, die im Mai auf den Markt kamen, schon immer auf hunderterlei Arten zubereitet. Man kann sich also meine Freude vorstellen, als ich endlich in der Lage war, diese Rezepte auch in Kuti auf unseren Speiseplan zu setzen.

Mit den »Erbsen von Kisima« änderte sich in unserer Küche alles, und zwar zum Positiven. Mit ihnen kam Abwechslung in unsere Mahlzeiten. Bald waren sie so beliebt, dass Simon Itot mit seinen rudimentären Englischkenntnissen und seinem bescheidenen, aber ausdrucksstarken Küchenwortschatz anfing, alle Erbsen »Kisima« zu nennen.

Und hier ist das Rezept: Erbsen kochen, die Hälfte durch ein Gemüsesieb passieren, mit der heißen Brühe vermengen und beiseite stellen. Die Brühe wird noch gebraucht, um das Risotto aufzugießen. Wenn man will, kann man die Brühe noch mit einigen der im Sieb verbliebenen Hülsen anreichern. Zwiebel, Karotte und fein gehackte Petersilie in einer Mischung aus Butter und wenig Maisöl kurz anbraten, dann ein Viertel der restlichen ganzen Erbsen und den Reis hinzufügen. Umrühren, bis der Reis alles aufgesaugt hat und zu köcheln anfängt. Mit dem Wein aufgießen und Flüssigkeit verdampfen lassen. Anschließend die heiße Brühe mit den Erbsen schöpflöffelweise zugeben, dabei immer darauf achten, dass der Reis nie zu trocken wird. Etwa zwanzig Minuten ausquellen lassen, je nach Geschmack auch länger oder kürzer. Man sollte nur darauf achten, dass der Reis am Ende immer noch bissfest ist. Die restlichen Erbsen hinzufügen und reichlich mit geriebenem Parmesan würzen. Das Risotto mit frisch gehackter Petersilie bestreuen und mit Petersilienblättern anrichten. Es sollte leicht cremig und noch etwas flüssig sein.

Erbsenauflauf mit Pilzen und Käse
Cheese kupindua na kisima na mushroom

Dicke, cremige Béchamelsauce
Eine Tasse mit geriebenem Parmesan
und eine mit geriebenem Gruyèrekäse
Eine Prise Muskatnuss
Sechs Eigelb, sechs Eiweiß
Zarte Erbsen aus Kisima
Eine gehackte weiße Zwiebel
Petersilie

Hühnerbrühe
Frische, in Scheiben geschnittene Pilze
Getrocknete, in heißem Wasser eingeweichte Steinpilze
Butter, Mehl
In Würfel geschnittener gekochter Schinken
Salz und Pfeffer

Den Käse (etwas von dem Parmesan beiseite stellen), die Eigelb (einzeln) und die Muskatnuss an die heiße Béchamelsauce geben. Nach Belieben salzen und mit etwas frisch geriebenem Pfeffer würzen.

Eiweiß steif schlagen, eine Prise Salz zugeben und vorsichtig unter die Sauce heben. Alles in eine gebutterte und bemehlte runde Auflaufform geben. Im Wasserbad eine Dreiviertelstunde ziehen lassen, bis der Auflauf fest und leicht goldgelb ist.

Die gehackte Zwiebel in wenig Butter anbraten, mit Salz und der Hälfte der gehackten Petersilie würzen. Erbsen hinzufügen, mit reichlich Hühnerbrühe aufgießen, zum Kochen bringen. In ungefähr acht Minuten dürften die Erbsen weich sein. Zum Schluss die restliche Petersilie und die Schinkenwürfel hinzufügen. Beiseite stellen.

Die Pilze in wenig Butter anbraten und mit etwas Brühe aufkochen lassen. Den Auflauf auf eine runde, vorgewärmte Platte stürzen. Das Loch in der Mitte mit einem Teil der Erbsen auffüllen und den Rest ringsum verteilen. Die Pilze um und auf den Auflauf geben und mit dem restlichen Parmesan bestreuen. Sofort servieren.

Risotto mit Termitenpilzen
Muchele ya mboga ya mussua

*Arborio-Reis: Eine Tasse pro Person plus
eine zusätzliche Tasse
Getrocknete, eine Stunde in heißem Wasser
eingeweichte Steinpilze und
frische, in Scheiben geschnittene Pilze
Gehackte Petersilie und Knoblauch
Butter und Olivenöl
Eine gute Brühe, vorzugsweise vom Huhn.
Zur Not tut es auch ein Brühwürfel
mit einem Schuss Sherry
Trockener Weißwein
Geriebener Parmesan
Salz und Pfeffer*

Falls es sich einrichten lässt und Sie mit dem Wagen in der Savanne unterwegs sind, sollten Sie unbedingt die Pilze sammeln, die nach der Regenzeit auf den Termitenhügeln wachsen. Sie sind weiß, heben sich deutlich von der roten Erde ab und sind leicht zu erkennen. In Europa können Sie auch die Hüte von Parasolpilzen verwenden.

Das Wasser, in dem die Pilze eingeweicht wurden, beiseite stellen. Butter und Öl zu gleichen Teilen in einen Topf geben, den Knoblauch und einen Teil der Petersilie andünsten, anschließend die ausgedrückten Steinpilze und die frischen Pilze zugeben und rasch anbraten. Vom Feuer nehmen und die Hälfte beiseite stellen.

Den Topf wieder auf das Feuer stellen, den Reis zugeben und unter Rühren glasig dünsten. Mit Weißwein aufgießen und Flüssigkeit unter ständigem Rühren verdampfen lassen. Risotto fertig kochen, indem man schöpflöffelweise die heiße Brühe und das Pilzwasser zugibt, salzen und pfeffern. Nach achtzehn, zwanzig Minuten müsste der Reis fertig und noch bissfest sein. Die zuvor beiseite gestellten Pilze zugeben, mit einem Schuss Sherry verfeinern und umrühren. Das Risotto vom Feuer nehmen, etwas Butter, eine Tasse geriebenen Parmesan und die restliche gehackte Petersilie kräftig, aber mit Gefühl unterrühren. Vor dem Servieren das Risotto mit dem geriebenen, mit Petersilie vermischten Parmesan bestreuen.

Pilzsteaks
Mushroom ya Kuchoma

Große, frische Hüte von Termitenpilzen
Olivenöl
Knoblauch: Eine zerdrückte Zehe pro Hut
Gehackte Petersilie
Frisch gemahlenes Salz und Pfeffer

Die Pilze marinieren. Man kann sie entweder kalt essen oder rasch auf den Grill legen und mit Zitronenvierteln servieren.

Herzhafter Salat à la Nonna
Salad kwbua ya jojo mzee

Neue Kartoffeln
Frühlingszwiebeln
Rote Beete
Gekochte Eier
Olivenöl und Weinessig
Salz und Pfeffer

Die Kartoffeln in einem Topf mit kaltem, gesalzenem Wasser ansetzen und zum Kochen bringen. Frühlingszwiebeln und Rote Beete zugeben.
Das Gemüse zwanzig Minuten kochen, bis es eine rötliche Färbung angenommen hat. In Scheiben schneiden und noch heiß mit Öl, Essig, Salz und Pfeffer anmachen.
Den Salat kalt und mit geviertelten, harten Eiern servieren.

Sommergemüse à la Freundin Marisa
Mboga ya rafiki mama Marisa

Zwei große Paprika, eine gelbe und eine rote
Eine große Aubergine
Zwei weiße Zwiebeln
Zwei große neue Kartoffeln
Olivenöl
Salz

Kerne und Zwischenhäute sorgfältig aus den Paprika entfernen. Das Gemüse in nicht zu kleine Stücke schneiden, mit Öl beträufeln und salzen. Die Mischung in eine gläserne Auflaufform geben und eine Dreiviertelstunde im Ofen garen, dabei hin und wieder umrühren. Das Gemüse muss weich, darf aber nicht zu Brei verkocht sein.
Eine ausgezeichnete Beilage zu Roastbeef oder gegrilltem Fleisch.

Spinat mit Kardamom, Zwiebeln und Tomaten
Karanga with Cardamom and onion and dania

Wilder Spinat, gut gewaschen und grob gehackt
Eine große rote, gehackte Zwiebel
Eine große, nicht allzu reife, zerkleinerte Tomate
Frischer, gehackter Koriander
Zwei oder drei Kardamomkapseln
Maisöl
Salz und Pfeffer

Auch Elefanten lieben wilden Spinat *(spinach ya mustoni)*, und so sieht man häufig kleinere Herden von ihnen auf den Feldern weiden. Die Tiere sind Meister darin, die Pflanzen erst mit einem Ruck aus dem Boden zu rupfen, sie sozusagen mit ihren spitzen Nägeln abzuschneiden, sie dann mit dem Rüssel zu umschlingen und an den Mund zu führen. Wilder Spinat wächst immer in der Nähe von fließenden Gewässern. Spiralförmig wuchern seine Stiele über die fruchtbare rote Erde der Felder. Um den Spinat zu ernten, brechen die Frauen meist gegen Mittag auf. Sie binden ihn zu dicken Büscheln und bereiten ihn zu Hause mit wilden Zwiebeln und Koriander zu, als Beilage zu *posho*.

Die Zwiebel auf kleinem Feuer in wenig Maisöl zusammen mit etwas Koriander und den zerdrückten Kardamomkapseln anbraten. Den Kardamom wieder herausnehmen, den Spinat hinzufügen und unter ständigem Rühren ungefähr zehn Minuten erhitzen. Nach fünf Minuten die Tomate und den restlichen Koriander untermengen. Mit Salz und Pfeffer nach Belieben würzen.

Rohe Zucchini
Melenge bichi

Kleine, rohe Zucchini
Ganze, frische Walnüsse
Olivenöl
Zitronensaft
Saure Sahne
Salz und Pfeffer

Die Zucchini in feine, runde Scheiben schneiden und mit etwas Zitronensaft beträufeln.
Die saure Sahne mit Olivenöl, Zitronensaft, Salz und Pfeffer zu einer dicken Creme vermischen und über die Zucchini geben. Gut vermengen und mit den Walnüssen dekorieren. Den Salat kalt und mit fritierten oder frischen Zucchiniblüten servieren.

Kalte Avocadosuppe
Supu barridi ya avocado

Eine reife Avocado, noch nicht ganz weich
Kalte Hühnerbrühe
Eine fein gehackte weiße Zwiebel
Zitronensaft
Fettarme Sahne
Worcestersauce
Frische Minze (nach Belieben)

Die Avocado schälen und das Fleisch durch ein feines Sieb passieren. Mit Zitronensaft beträufeln, damit es nicht schwarz wird. Fein gehackte Zwiebel und Sahne unter das cremige Fruchtfleisch mengen und mit der kalten Brühe aufgießen. Suppe auf kleine Schüsseln verteilen und mit einem Schuss Worcestersauce abschmecken.
Mit einem Klecks Sahne und einem Zweig frischer Minze dekorieren.

Avocado nach Art von Eiern
Avocado kama maiai

Eine reife Avocado
Zitronensaft
Joghurt
Knoblauch (nach Belieben)
Tabasco (nach Belieben)
Salz

Im Grunde genommen handelt es sich hier um eine Mayonnaise aus Avocadofleisch.

Mit einer Gabel das Fleisch der Avocado zerdrücken, mit dem Zitronensaft beträufeln und den Joghurt unterrühren. Nach Belieben mit zwei, drei zerdrückten Knoblauchzehen, etwas Salz und einem Spritzer Tabacosauce würzen. Die Mayonnaise schmeckt hervorragend zu:
– kaltem Fisch, Pellkartoffeln und Kapern
– Garnelen oder gekochten *samaki ya mugu*
– harten Eiern, Thunfisch und Radieschen

Pikante Tomaten
Kachumbari

Fein gehackte Tomaten
Eine gehackte rote Zwiebel
Eine grüne, scharfe Pfefferschote, fein gehackt
Frischer Koriander
Ein paar Tropfen Zitronensaft
Salz

Kachumbari ist eine köstliche Sauce von exotischem Geschmack, die – wie die Senfsauce oder die noch pikantere Salsa Raita – am besten zu kurz gebratenem Fleisch und Fleischspießchen passt.

Alle Zutaten einige Stunden vor dem Verzehr der Sauce vermengen und kalt stellen.

In einer Holzschüssel servieren und mit einem kleinen Holzlöffel zu dem gebratenen Fleisch geben.

Brot und Tomaten nach italienischer Art
Mukate na nyana detsuri italiani

*Zwei große, reife Tomaten,
am besten Eiertomaten Napoli
Vier Scheiben Bauernbrot oder
leicht getoastetes Baguette
Vier große Knoblauchzehen
Etwas Zitronensaft
Olivenöl extravergine
Salz
Frischer Basilikum (nach Belieben)*

Köstlich als kleiner Imbiss, als Vorspeise oder als Appetithappen zum Aperitif vor dem Essen. Die Bruschetta, wie sie in Italien heißt, war früher eine typische Vesper, wie sie die Maurer zu sich nahmen. Sie macht sich hervorragend bei einem Barbecue und im Picknickkorb.

Glänzende, rote Fleischtomaten, im eigenen Garten in der Sonne gereift, von schwieligen Händen über einem knusprigen, hausgemachten Brot, das zuvor kräftig mit einer Knoblauchzehe eingerieben wurde, ausgedrückt, ein wenig Olivenöl darüber und eine schöne Flasche Rotwein dazu: Fertig ist die ursprüngliche Bruschetta, ein wahrhaft königlicher Imbiss.

Im Lauf der Zeit wurde sie dann mit Basilikum, Zitronensaft, schwarzen Oliven und Sardellen verfeinert, zum Aperitif oder auch als leichte Vorspeise serviert und zu einem raffinierten Edelimbiss weiterentwickelt.

Mir ist jedoch immer noch die einfache, ursprüngliche

Bruschetta am liebsten, die aus in der Sonne aufgewärmtem Brot besteht und im Freien verzehrt wird. Am schönsten ist es natürlich, wenn man dabei auf einem Felsen sitzen und entspannt in die grelle Mittagssonne blinzeln kann.
Aber denken Sie daran – was immer Sie an Zutaten noch hinzufügen mögen, das Geheimnis der Bruschetta ist ihre Knusprigkeit. Sie muss stets frisch zubereitet und sofort gegessen werden.

Die Brotscheiben vierteln und auf beiden Seiten anrösten. Darauf achten, dass sie nicht zu dunkel werden. Die noch heißen Brote mit einer geschälten Knoblauchzehe kräftig einreiben. Zuvor den Keim entfernen, der unverdaulich ist. (Unbedingt immer daran denken, wenn Sie Knoblauch verwenden.) Auf einem Gitter abkühlen lassen.
Den restlichen Knoblauch pressen und mit einer Prise Salz vermengen. Die Tomaten zerkleinern.
Tomaten und Knoblauch unter Zugabe von wenig Zitronensaft und etwas Olivenöl vermischen. Eine kleine Menge davon auf den gerösteten Brotscheiben verteilen. Auf einem großen, flachen Teller servieren, mit frischen Basilikumblättern dekorieren.

Raita oder Milchsauce nach indischer Art
Sauce ya massiua lala detsuri ya wahindi

Magermilchjoghurt
Gehackte Minze
Eine gehackte Gurke
Eine halbe gehackte Schalotte
Frischer Koriander (nach Belieben)
Etwas Zitronensaft

Eine frische Sauce, passt hervorragend zu gebratenem Fleisch und Currygerichten.
Alle Zutaten sorgfältig vermengen und die Sauce in eine Schüssel aus Steingut geben oder auf mehrere kleine Schüsseln verteilen. Mit frischem Koriander dekorieren.

Deckelpizza mit getrockneten Tomaten und Fisch aus der Dose
Pizza ya flat na nyana ile dry na samaki ya mukebe

Pizzateig
Reife, geschälte, in Scheiben geschnittene Tomaten
Getrocknete, gehackte Tomaten
Sardellen
Knoblauch
Rucola
Olivenöl
Würziger, in Streifen geschnittener Käse
und geriebener Parmesan

Salz
Schwarze Oliven (nach Belieben)
Pfefferschoten (nach Belieben)

Den Teig in zwei Hälften teilen und zu einer dünnen Platte ausrollen. Die gehackten oder in Stücke geschnittenen Zutaten darauf verteilen, zum Schluss die Rucolablätter und den Käse. Mit etwas Öl beträufeln, mit der zweiten, dünn ausgerollten Teighälfe bedecken und die Ränder sorgfältig umklappen. Die Oberfläche der Pizza mit einer Gabel mehrmals anstechen, damit die Luft entweichen kann. Mit Olivenöl bestreichen und mit etwas Meersalz bestreuen. Im vorgeheizten Ofen – am besten natürlich im Holzofen – mehrere Minuten backen. Die noch heiße Pizza in Quadrate schneiden und sofort mit einem frischen Rucola-Fenchel- Salat servieren.

Gebackene Pizza à la Simon
Pizza fritta ile ya Simon

Brotteig
Reife Fleischtomaten
Basilikum und Oregano
Weicher, in Würfel geschnittener Cheddarkäse
(oder Gorgonzola)
Olivenöl extravergine
Öl zum Frittieren
Salz und Pfeffer
Sardellen (nach Belieben)

Die Tomaten in Stücke schneiden, Kerne und Saft abgießen. Den gewürfelten Käse, die klein geschnittenen Sardellen, etwas Oregano, gehackte, frische Basilikumblätter und einen Teelöffel Olivenöl hinzugeben. Nach Belieben salzen und pfeffern.

Den Brotteig wie eine normale Pizza dünn ausrollen und runde Scheiben in der Größe einer Untertasse ausstechen. Eine Portion der Tomaten-Kräutermischung in die Mitte jeder Scheibe geben und wie eine Pizza Calzone einklappen. Die Teigtaschen in heißem Öl frittieren, auf Küchenpapier abtropfen lassen und sofort mit einem frischen Rucolasalat servieren.

Die Füllung kann mit schwarzen, entkernten Oliven, Kapern, und Knoblauch variiert werden.

Man kann auch die Kräuter völlig weglassen und an Stelle der Tomaten gehackten Schinken oder Spinat und gekochte Eier hernehmen; gut schmecken auch fein geschnittene Pilze mit Knoblauch.

Diese Teigtaschen passen hervorragend in jeden Picknickkorb, da sie mit der Hand gegessen werden können und man weder Teller noch Besteck benötigt.

Suppe aus Fischen mit Füßen
Supu ya samaki ya mugu

Lebende Süßwasserkrebse,
die mindestens eine Woche in sauberem Wasser
gehalten wurden, um sie von Schlamm und eventuellen
Nahrungsresten zu säubern
Eine große Dose geschälter Tomaten oder ein Kilo reife,
geschälte Tomaten (um die Tomaten leichter zu schälen,
einige Minuten in kochendes Wasser tauchen)
Eine gehackte Zwiebel
Knoblauch
Petersilie
Stangensellerie mit Blättern
Eine Flasche trockenen Weißweins
Dill
Fenchelsamen
Olivenöl extravergine
Einen Schuss Whisky
Saure Sahne
Tabasco
Salz und Pfeffer

Die Krebse in einem Sud aus halb Wein, halb Wasser mit reichlich Dill kochen. Abgießen, die Flüssigkeit beiseite stellen und die Krebse schälen.
Die Schalen in einem Mörser zu einem Brei zerstampfen. In die Flüssigkeit geben, ebenso die Tomaten, Gewürze, Fenchelsamen und übrigen Kräuter. Den Sud zwei Stunden köcheln lassen. Durch ein Sieb gießen, den restlichen

Wein, einen Esslöffel Olivenöl und den Whisky hinzufügen. Mit Salz und Pfeffer abschmecken.
Zum Schluss die gekochten Krebse hineingeben, dazu einen Schuss Tabasco und etwas saure Sahne.
Weißbrotscheiben in mit Knoblauch aromatisiertem Olivenöl rösten und als Beilage zur Suppe reichen.

Fische mit Füßen auf Bananenblättern à la Kuki
Samaki ya mugu na matawe ya banana

Geschälte Süßwasserkrebse
Butter
Salz und Pfeffer, frisch gemahlen

Zu jeweils gleichen Teilen:
Zerdrückter Knoblauch
Geriebene Limettenschale
Frisch geriebener Ingwer
Gehacktes Zitronenkraut
Koriander
Limettensaft

Zum Garnieren:
In Quadrate geschnittene Bananenblätter und Akaziendornen zum Verschließen. Man kann stattdessen auch große Blätter Kopfsalat und Zahnstocher verwenden

Die Krebse in der heißen Butter mit Salz und Pfeffer ein paar Minuten erhitzen und aus dem Topf nehmen. Bis auf den Zitronensaft alle Zutaten in die Butter geben. Die Krebse auf den Bananenblättern anrichten, mit etwas Zitronensaft und der Gewürzbutter beträufeln. Die Blätter zu einem Paket einschlagen und mit den Dornen oder Zahnstochern verschließen. Vor dem servieren noch ein paar Minuten in den heißen Ofen schieben.

Risotto aus Fischen mit Füßen
Muchere na samaki ya mugu

Süßwasserkrebse
Sud aus zerdrückten Schalen, Knoblauch,
reichlich Sellerie
und trockenem Weißwein
Gewaschener Arborio-Reis
Öl
Knoblauch
Petersilie
Eine halbe Zitrone
Trockener Weißwein
Frische Petersilie
Einen Schuss Cognac
Pfeffer

Knoblauch und Petersilie in Öl anbraten.
Die Hälfte der geschälten und gekochten Krebse hinzufügen. Den Reis und den Wein unterrühren. Sobald der Wein verdampft ist, schöpflöffelweise den Sud hinzufügen (Zubereitung siehe Rezept »Fischsuppe«).

Kurz bevor der Reis gar ist, die restlichen Krebse dazugeben, vom Feuer nehmen, kräftig umrühren, Pfeffer, etwas Zitronensaft und Cognac zugeben. Mit Petersilie bestreuen und servieren.

Überbackene Fische mit Füßen
Samaki ya mugu na chapati na pombe na jibini

Geschälte Süßwasserkrebse
Sud aus zerdrückten Krebsschalen, Knoblauch,
reichlich Sellerie und trockenem Weißwein
Béchamelsauce aus dem Krebssud, Magermilch und
einem Schuss Sherry
Frische Pilze
Getrocknete Steinpilze
Geriebenen Parmesan oder Gruyère
Einen Schuss Cognac
Butter, Semmelbrösel, Pfeffer

Die Krebse in der heißen Butter erhitzen und eine kleine Menge Béchamelsauce einrühren. Die benötigte Anzahl kleiner Auflaufformen vorbereiten, mit Butter bestreichen und mit Semmelbrösel bestreuen. Die Krebse und die Pilze darin verteilen und mit der restlichen, mit Cognac verfeinerten Béchamelsauce beträufeln. Mit dem geriebenen, mit Semmelbrösel vermischten Käse bestreuen, pfeffern und im Ofen goldgelb überbacken. Schmeckt hervorragend zu Sellerie-Fenchel-Salat und Pilawreis.

Geräucherte Tilapien mit dem Kraut, das nach Ouzo riecht
Tilapia ya moshi na majani ya arufu ya uzo

Eine mittelgroße Tilapie pro Kopf,
oder wahlweise
eine gleich große Forelle
Einen Kräuterstrauß aus Dill, Thymian und Rosmarin
Limetten
Salz

Für die Dillbutter:
Frische Butter
Einen Esslöffel saure Sahne
Ein paar Tropfen Limettensaft
Eine Messerspitze Senfpulver
Frischen, gehackten Dill

Zum Garnieren:
Etwas Dillsamen
Ein frisches Blatt Kopfsalat pro Fisch

Zuerst die Dillbutter zubereiten.
Alle Zutaten vermengen, bis auf die Dillsamen, die in einer Schüssel kühl gestellt werden.
Auf den Gitterrost des Rauchfangs die gesäuberten und mit den gehackten Kräutern gefüllten Fische legen. Salzen.
Eine dünne Schicht Zedernholzsägespäne auf dem Boden des Rauchfangs verstreuen und schließen. Den Fisch

zwanzig Minuten erhitzen, und den Rauchfang erst öffnen, wenn er vollständig erkaltet ist.
Jeden Fisch auf einem frischen Salatblatt anrichten und den Teller mit frischem Dill, einer Limettenscheibe, einem Stückchen Dillbutter, etwas Dillsamen und einem kleinen Blättchen Dill servieren.

Tilapienfilet mit grüner Sauce
Salala ya tilapia na sossi ya rangi ya majani

Tilapien- oder Seezungenfilets
Zitronensaft
Knoblauch
Öl zum Braten
Mehl
Bier
Ein Eiweiß
Kapern, Petersilie und Zitronenscheiben
Salz und Pfeffer

Für die grüne Sauce:
Griechischer Joghurt
Kapern
Petersilie

Für die grüne Sauce Kapern und Petersilie klein schneiden und vorsichtig unter den Joghurt heben.
Aus Mehl, Bier, Eiweiß, Salz und Pfeffer einen dünnen Teig herstellen.

Die Fischfilets mit Zitronensaft und zerdrücktem Knoblauch würzen, im Teig wenden und goldbraun herausbraten.
Mit frischen Kapern bestreuen und die Servierplatte mit Petersilie und Zitronenscheiben dekorieren. Die grüne Sauce in kleinen Schüsseln reichen und den Fisch damit beträufeln.

Nilbarschfilet süßsauer vom Turkanasee
Salala ya samaki ya Turkana ya fri

Filets vom Nilbarsch oder vom Kabeljau
Rote Zwiebeln
Sultaninen und Pinienkerne
Rosmarin
Öl zum Braten
Einen Esslöffel Mehl,
mit Salz und Pfeffer vermischt
Weißweinessig

Die Filets in fingerdicke Streifen schneiden und im Mehl wenden. Die roten Zwiebeln in Ringe schneiden. Das Öl erhitzen und schnell die Zwiebelringe rösch anbraten; sie dürfen aber nicht zu dunkel werden. Aus der Pfanne nehmen und beiseite stellen. Im selben Öl die bemehlten Fischstreifen herausbraten. Auf einem Teller anrichten und mit den Zwiebelringen bestreuen. Die Sultaninen, die Pinienkerne und den Rosmarin kurz in das heiße Öl geben und anschließend über den Fisch gießen.

In der Zwischenzeit den Essig zum Kochen bringen und heiß über den Fisch gießen, bis er vollständig bedeckt ist. Der Essig wird in kürzester Zeit absorbiert sein. Dieses Gericht ist wirklich vorzüglich und passt hervorragend zu einem Salat aus frischem Fenchel oder zu zarten, in Streifen geschnittenen Kohlblättern. Es hält sich gut einige Tage lang und wird kalt gegessen.

Fisch vom Turkanasee à la Kuki
Samaki ya Turkana injia ya Kuki

Ein mittelgroßes Filet vom Nilbarsch oder vom Kabeljau, ungefähr ein Kilo schwer
Limettensaft
Sojasauce
Olivenöl extravergine
Frische Korianderblätter
Zerdrückter Knoblauch
Salz und Pfeffer

Den Fisch eine Stunde lang in einer Mischung aus Limettensaft, zerdrücktem Knoblauch, Koriander, heller Sojasauce, Salz und Pfeffer einlegen. Ein paar Esslöffel Öl daran geben und bei mittlerer Temperatur in den Ofen schieben. Mit Sojasauce, neuen Kartoffeln und gebratenen Auberginen servieren.

Fisch von Antoniettas See, der auf der Reise gegessen wird
Samaki ya damu ya Antonietta injia ya Safari

Mehrere frische, mittelgroße Seebarsche
Rosmarin
Salz und Pfeffer
Knoblauch (nach Belieben)

Den Fisch ausnehmen und putzen, aber nicht schuppen. Innen mit Salz, Pfeffer und reichlich Rosmarin würzen. Wenn Sie möchten, können Sie auch ein paar Knoblauchzehen beigeben. Die Fische fest in nasses Pergamentpapier einwickeln; man kann auch alte Zeitungen verwenden.
In die heiße Glut schieben. Wenn das Papier verkohlt ist, die Päckchen aus dem Feuer nehmen und das Papier wegwerfen. Der Fisch ist im eigenen Saft fertig geschmort. Gut schmeckt dazu ein frischer Salat aus Avocados mit etwas Sojasauce oder Limettensaft.
Statt Rosmarin können Sie auch Dill, Koriander, Zitronenkraut oder frischen Ingwer hernehmen. Ein köstliches und leicht zu bereitendes Gericht, vor allem, wenn man mit dem Zelt unterwegs ist. Den Süßwasserbarsch können Sie auch durch große Forellen oder Meerbarsche ersetzen.

Huhn à la Sveva, mit Waldhonig
Kuku ya Makena na asali ya mustoni

Ein halbes Huhn pro Gast
Eineinhalb Esslöffel Honig pro Portion
Einen Esslöffel Öl pro Portion
Rosmarin
Eine Orange pro Huhn
Zitronensaft
Salz und Pfeffer, frisch gemahlen

Die Hühnerhälften mit Zitronensaft einreiben. Aus allen anderen Zutaten eine Marinade bereiten und das Fleisch gut damit bedecken. Mindestens zwei Stunden kalt stellen.

Die Hühner im Ofen bei mittlerer Temperatur ungefähr eine halbe Stunde braten, bis die Haut goldgelb und karamellisiert ist, dabei regelmäßig mit der Marinade begießen. Mit Orangenschalen und einem Rosmarinzweig dekorieren.

Als Beilagen passen dazu: süßsauer eingelegte Zwiebel, Kartoffelpüree und ein frischer Kopfsalat mit Rucola.

Brüstchen vom Frankolinhuhn auf Polentaplätzchen
Bresti ya nguare na posho ya roundi

*Pro Gast die Brust eines Frankolinhuhns,
eines großen Rebhuhns oder eines jungen Fasans
Butter
Einen Schuss Cognac
Thymianzweige
Salbeiblätter
Zwei dünne Scheiben Bauchspeck pro Huhn
Mehrere Scheiben Polenta (oder posho) in der Größe
einer Frankolinhuhnbrust, gebraten und mit Parmesan
und ein paar Tropfen mit Trüffeln aromatisiertem
Olivenöl verfeinert
Salz und Pfeffer*

Die Hühnerbrüstchen an mehreren Stellen einschneiden, mit Thymianzweigen spicken und mit dünnen Scheiben Bauchspeck umwickeln. Die Butter mit den Salbeiblättern anbräunen und die Brüstchen darin anbraten, bis der Speck knusprig und das Fleisch in der Mitte noch rosig ist. Salzen und pfeffern. Jede Brust auf einer Scheibe Polenta anrichten. Den Cognac und etwas frische Butter an den Bratenfond geben, bei starker Flamme erhitzen und über die zuvor in Scheiben geschnittenen Hühnerbrüste gießen. Mit einem kleinen Thymianzweig dekorieren und servieren. Guten Appetit!

Gefülltes Frankolinhuhn ohne Knochen
Nguare bile ya ngossi na jasa ya vitu

Ein entbeintes Frankolinhuhn pro Kopf
Zerkleinertes Weißbrot ohne Rinde
Geriebener Parmesan
Eigelb
Muskatnuss
Ein Kräuterstrauß aus Salbei, Rosmarin, Thymian,
Majoran und Lorbeerblättern
Getrocknete Steinpilze
In Scheiben geschnittene Champignons
Eine gehackte Zwiebel
Klein geschnittene Frankolinhuhnleber
Mehrere Scheiben Bauchspeck
Portwein und einen Schuss Cognac
Brühe
Sahne, Butter
Meersalz und Pfeffer

Das Frankolinhuhn waschen und mit einem scharfen Messer ausbeinen.
Die Steinpilze in der Brühe (man kann auch einen Würfel hernehmen) aufkochen, abseihen. Für die Füllung den heißen Pilzsud über das zerkleinerte Weißbrot gießen. Die gehackte Zwiebel zusammen mit der Leber und den Kräutern anbraten, mit Salz und Pfeffer abschmecken. Alles mit dem eingeweichten Brot vermischen, den Parmesan, etwas Muskatnuss und das Eigelb hinzufügen. Die Frankolinhühner damit füllen und mit Küchengarn zu-

nähen. Dabei darauf achten, dass sie optisch den Eindruck eines ganzen Vogels mit Knochen erwecken.
Beine zusammenbinden und die Flügel des Frankolinhuhns mit Salbeiblättern belegen und mit dünnen Speckscheiben umwickeln. Kurz und scharf anbraten und bei mittlerer Hitze im Ofen fertig garen, dabei regelmäßig mit Butter und Portwein begießen.
Die Vögel aus der Kasserolle nehmen, Speckscheiben entfernen. Den Bratenfond mit Sahne und einem Schuss Cognac aufgießen. Die Sauce heiß und getrennt servieren. Die Champignons und die gekochten Steinpilze in Butter separat anbraten und die Frankolinhühner auf einem »Nest« aus Pilzen anrichten.
Als Beilage zu diesem Gericht eignet sich hervorragend ein leichtes Artischockenpüree oder auch ein Spinatauflauf. Noch leckerer schmeckt dazu ein mit Pilzen und Sauce angerichteter Käse-Grieß-Auflauf.
Ein wahrhaft üppiger Festtagsbraten, eines wichtigen Anlasses würdig.

Perlhuhnterrine
Pate ya khanga

*Ein gut abgehangenes Perlhuhn (oder ein Fasan),
entbeint, gehäutet und in Stücke zerteilt
Butter
Ein Eigelb
Rotwein
Salbei
Knoblauch
Ein weiße, gehackte Zwiebel
Ein Lorbeerblatt
Nelken
Gehackte Perlhuhnleber
Mehrere Blätter Kopfsalat
Wacholderbeeren
Portwein
Cognac
Gelatine
Essig
Salz und Pfeffer*

Für die Cognacbutter das Eigelb unter die frische Butter ziehen und nach Belieben Cognac zugeben. Pro Gast ein kleines Butterdöschen füllen und erkalten lassen.

Die Perlhuhnstücke vierundzwanzig Stunden in einer Marinade aus trockenem Rotwein, Zwiebeln, Knoblauch, Nelken, Wacholder, Lorbeer, Salz und Pfeffer ziehen lassen. Gut absehen und die durch ein Sieb gegossene Flüssigkeit beiseite stellen.

Die Zwiebel in der Butter mit Salbei anrösten und die Perlhuhnstücke zugeben. Von allen Seiten goldbraun anbraten, die Leber hinzufügen und einige Minuten stark erhitzen. Die Marinade an den Bratensaft geben und verdampfen lassen.

Das Fleisch unter Zugabe von Bratensaft fein zerkleinern, wiegen und die gleiche Menge an frischer Butter untermengen. Möchten Sie, dass die Pastete cremiger wird, einfach mehr frische Butter unterrühren.

Die Gelatine in heißem Wasser mit Essig und Portwein auflösen, mit Salz abschmecken und erkalten lassen. Etwas davon an die Farce geben, den Cognac hinzufügen und die Terrinenmasse in kleine Pastetenformen geben. Mit Gelatine bedecken und fest werden lassen.

Je ein Salatblatt auf die Teller verteilen und die Förmchen darauf stürzen. Mit gerösteten Weißbrotscheiben und der Cognacbutter servieren.

Perlhuhn mit Reis und gelber Sauce à la Paolo
Khanga na muchere ile ya Paulo

Ein Perlhuhn oder ein Fasan
Ein Kapaun oder Suppenknochen,
um daraus die Brühe zu bereiten
Sellerie
Karotten
Zwiebel
Magermilch
Maismehl

Butter
Drei Eigelb
Zitronensaft, Sherry

Am besten reichen Sie zu diesem Gericht ein köstliches Weißweinrisotto.
Für die Brühe die Gemüse und das Fleisch in einem Topf mit kaltem Wasser ansetzen. Sobald das Wasser sprudelt, das Perlhuhn dazugeben und weich kochen. Das zuvor entbeinte und gehäutete Perlhuhn bleibt bis zum Servieren in der heißen Brühe.
In der Zwischenzeit bereiten Sie das Weißweinrisotto zu, das Sie zum Schluss mit reichlich Parmesan und frisch gemahlenem Pfeffer würzen.
Für die gelbe Sauce einen Esslöffel Mehl, etwas Magermilch und Brühe unter die frische Butter rühren, bis eine sehr flüssige Béchamelsauce entsteht, die nach Kraftbrühe schmeckt. Die Eigelb einzeln hinzufügen, zum Schluss den Zitronensaft. Die Sauce muss wirklich gelb sein.
Zum Servieren das Risotto auf eine Vorlegeplatte geben, das zerteilte Perlhuhn darauf anrichten und alles mit der gelben Sauce übergießen.
Sofort zu Tisch bringen, aber nicht vergessen, Ihren Gästen zuvor die mit Sherry verfeinerte Brühe als Suppe anzubieten.

Pfannkuchensuppe à la Nonna
Supu ya consome na omelette ya jojo

Kraftbrühe vom Perlhuhn
Eier
Parmesan
Gehackte Petersilie
Sherry
Salz und Pfeffer

Meine Großmutter in Italien hatte eine besondere Vorliebe für diese köstliche Suppe.

Die Eier mit dem Parmesan, der Petersilie, Salz und Pfeffer verquirlen.

Zu hauchdünnen Pfannkuchen ausbacken (pro Küchlein genügt ein Esslöffel Teig).

Erkalten lassen, zusammenrollen und in dünne Streifen schneiden. In jede Suppentasse einen Löffel voll geben und mit kochender Brühe und einem Schuss Sherry auffüllen.

Mit frisch geriebenem Parmesan bestreuen.

Hasenfleisch mit vielen Gewürzen und Polenta
Nyama ya sungura naiva ya kutosha na arufu minghi na posho

Ein oder zwei wilde afrikanische Kaninchen (sungura) oder einen großen Hasen, an den Gelenken entlang in kleine Stücke zerteilt

Für die Marinade:
Rotwein
Klein gehackte Zwiebel, Karotten, Sellerie
Wacholderbeeren
Schwarze Pfefferkörner
Eine ganze, mit Nelken gespickte Zwiebel
Salbei
Rosmarin
Maisöl
Salz

Die Fleischstücke mindestens zwei Tage lang in der Marinade einlegen, dabei häufig wenden. Die Flüssigkeit durch ein Sieb gießen und aufheben.
Öl erhitzen und darin die Stücke Kaninchenfleisch rundum anbraten. Zwiebel, Karotten und frischen Sellerie hinzufügen und mit der Marinade aufgießen. Langsam zwei Stunden köcheln lassen, bis sich das Fleisch vom Knochen löst und die Sauce gut eingedickt ist. Mit Polenta oder *posho* und Pilzen servieren.

Gefülltes Kaninchen mit Rosmarin
Sungura bile ya mafupa na arufu ya rosemary

Ein junges, mittelgroßes, entbeintes Kaninchen
Kaninchenklein und eine gehackte,
kurz angebratene Salami
Trockener Weißwein
Salbei
Thymian
Rosmarin
Knoblauch
Semmelbrösel
Öl
Salz und Pfeffer

Das aufgeschnittene Kaninchen auf den Tisch legen, salzen, pfeffern und mit den Semmelbröseln bestreuen.
Aus Salbei, Rosmarin, Thymian und Knoblauch eine gestoßene Kräuterpaste zubereiten. Das Kaninchen damit bestreichen und mit einer Schicht aus zerkleinerten Innereien und angebratener Salami belegen. Zu einer Rolle formen und mit Küchengarn zusammennähen. Mit Semmelbrösel bestreuen.
Im heißen Öl von allen Seiten scharf anbraten, mit reichlich Wein begießen und anschließend die Hitze drosseln. Wenn das Fleisch gut angebraten ist, in Silberfolie einschlagen und im Ofen eine Stunde fertig garen. Abkühlen lassen, in Scheiben schneiden und auf einem Bett aus frischem, mit Rosmarin besteuten Rucola anrichten. Servieren.

Filet mit Kräuterbutter
Salala na siagi ya majani

Filets vom Büffel (mbogo),
wahlweise auch von einem jungen Ochsen,
in dicke Scheiben geschnitten
Majoran, Thymian und Petersilie
Senf
Butter
Olivenöl extravergine
Knoblauchsalz und Pfeffer

Senf und Butter verrühren und etwas von dem gehackten Thymian hinzufügen.

Die Filets mit einer Mischung aus den gehackten Kräutern, Öl, Knoblauchsalz und Pfeffer bestreichen.

Auf den vorgeheizten Bratrost legen und fünf Minuten von der einen, drei Minuten von der anderen Seite anbraten.

Auf jedes Filet einen Klecks Senfbutter geben und mit Rucolasalat, Kartoffeln und roten Bohnen sofort zu Tisch bringen.

Büffelschmorbraten mit Polentabrei
Stiu ya mbogo na ugali

*In grobe Würfel geschnittene Oberschale vom Büffel
oder vom Rind
Ein Pfund gehackter Sellerie, Karotten und Zwiebeln
Thymian, Salbei und Rosmarin
Rotwein
Vier große Knoblauchzehen
Öl
Einen Schuss Cognac
Salz und Pfeffer*

Den Knoblauch im Öl anrösten, bis er braun ist, aus dem Öl nehmen und darin das Fleisch anbraten. Das Gemüse und die gehackten Kräuter beigeben und einige Minuten lang mit braten, bis sie angeschmort sind. Das Ganze mit Salz und Pfeffer abschmecken, mit Rotwein begießen und eineinhalb Stunde langsam garen. Der Wein muss völlig verdampft sein. Mit einem Schuss Cognac verfeinern. Dazu *posho*-Brei oder Polenta servieren. Die Polenta auf einen flachen Teller streichen, mit Knoblauchöl und etwas heißem Bratenfond verfeinern.

Braten von der Elenantilope in Brotkruste
Nyama roasti ya siruai na mukate
chop chop

Filet von der Elenantilope
oder eine große Nuss vom Rind
Geriebenes Weißbrot ohne Rinde
Eine weiße Zwiebel
Eine halbe Zitrone
Eine halbe Flasche trockenen Weißweins
Maisöl, Brühe
Salz und Pfeffer

Das Fleisch der Elenantilope ist praktisch völlig fettfrei und enthält folglich auch kein Cholesterin. Es ist leicht verdaulich und schmeckt nach den aromatischen Kräutern, von denen sich das Tier ernährt. Am besten ist das Fleisch eines Tieres, das in der Nacht von einem Löwen gerissen und noch vor Sonnenaufgang, bevor die Hyänen den Kadaver entdecken konnten, gefunden wurde.
Normalerweise frisst der Löwe zuerst die Eingeweide.
Das Filet herausschneiden und zwei Tage am kühlsten Ort in der Küche abhängen lassen, am besten in einem kleinen Schrank aus luftdurchlässigen Fliegengittern, wo es vor neugierigen Katzen sicher ist.
Europäische Leser können für dieses Rezept auch Rindfleisch verwenden, es sollte nur von einem jungen, frisch geschlachteten Tier stammen. Wünschenswert wäre, wenn es zusätzlich noch aus Freitierhaltung stammen

würde. Ein hervorragender Ersatz wäre beispielsweise ein Aberdeen Angus-Rind, auch wenn dieses Fleisch röter und von kräftigerem Geschmack ist.

Vor allem meine Mutter liebte dieses Gericht, die es bevorzugt vom Rind und aus der Nuss zubereitete. Aber es schmeckt ebenso vorzüglich, wenn man dasselbe Fleischstück von einer jungen Elenantilope verwendet.

Das ganze Geheimnis des Rezeptes besteht darin, das Fleisch gut anzubraten, damit es nicht trocken, innen aber noch rosig ist. Ein optimaler Ersatz ist übrigens eine Nuss vom Kalb.

Die Nuss mit Küchengarn gut zusammenbinden, damit das Fleisch die Form hält. Von allen Seiten in den geriebenen Weißbrotkrumen wälzen.

Öl in einer Kasserolle erhitzen und die in Ringe geschnittene Zwiebel anbraten; sie darf aber nicht braun werden. Die Nuss mit der halben Zitrone hineingeben und von allen Seiten vorsichtig anbraten. Dabei auf die Brotkruste achten, dass sie nicht reißt. Zwiebel und Zitrone herausnehmen und beiseite stellen.

Die Hälfte des Weißweins in die Kasserolle gießen und das Fleisch bei mittlerer Hitze zu Ende garen. Wenn es zu trocken wird, löffelweise mit etwas heißer Brühe begießen. Eine Viertelstunde vor dem Herausnehmen den restlichen Wein und die durch ein Sieb passierte Zwiebel hinzufügen, salzen und pfeffern. Den karamellisierten Bratensatz vom Boden lösen und das Fleisch damit begießen.

Die Nuss, die innen zwar durch, aber noch rosig und nicht

grau ist, in Scheiben schneiden und mit dem Bratenfond übergießen.

Nach diesem vermeintlich so einfachen Gericht würde sich selbst ein König die Finger ablecken. Man muss nur aufpassen, dass die Kruste aus Brotkrumen nicht verbrennt und das Fleisch nicht zu trocken wird.

Mit frischem Kopfsalat mit Radieschen und wahlweise drei der folgenden Beilagen servieren:

– Karamellisierte Zwiebeln
– Geschmorter Hallimasch
– Kartoffelpüree
– Karamellisierte Karotten
– Pürierter Spinat
– Geschmorter Rosenkohl

Filet à la Kuki
Salala a la Kuki

Ein frisches Filet von der Elenantilope
oder vom Rind, gut zusammengebunden
Butter und Olivenöl extravergine
Ein volles Glas Zitronensaft
Reichlich frischen Rosmarin
Grüne, entkernte Oliven zum Dekorieren
Foccaccia (Pizzabrot) mit Rosmarin
Salz und Pfeffer

In einer Kasserolle, in der das Filet gut Platz hat, die Butter mit dem Rosmarin schmelzen lassen.

Das Filet hineingeben und von allen Seiten scharf anbraten, bis sich eine Kruste bildet; dabei auf keinen Fall in das Fleisch stechen. Salzen, den Zitronensaft in die Kasserolle gießen und das Filet herausnehmen. Der Saft ist notwendig, um den Bratenfond vollständig vom Boden zu lösen. Wenn nötig, verwenden Sie mehr Saft. Die Sauce beiseite stellen.

Einen großen Deckel auf das Filet legen und mit einem Stein oder einem anderen Gewicht beschweren. Erkalten lassen.

Das Fleisch in dünne Scheiben schneiden, auf einer Platte anrichten und mit Rosmarin und den grünen Oliven dekorieren, mit Olivenöl beträufeln und mit frisch gemahlenem Pfeffer würzen. Mit der Zitronensauce und der Rosmarin-Foccaccia – wenn möglich, selbst gemacht – servieren.

**Filet mit grünem Pfeffer
à la Ciccio Mantovani
Salala ingia ya rafiki ya mama**

*Ein frisches Filet
Grüner Pfeffer
Saft von zehn Zitronen
Olivenöl
Rosmarin
Salz und Pfeffer*

Am Tag zuvor das Filet an einen kühlen Ort stellen und in einer Beize aus allen Zutaten ziehen lassen.
Den Backofen auf höchste Stufe stellen und das fest mit Küchengarn umwickelte Filet eine halbe Stunde oder länger garen, bis es innen dunkelrot ist.
In Scheiben schneiden, mit dem grünen Pfeffer bestreuen und dazu das Sommergemüse à la Freundin Marisa reichen.

Honigkrapfen
Mandazi na asali

Brotteig
Ricotta
Gehackte Mandeln und Pistazien
Vanillearoma
Kandierte Orangenschale
Honig
Öl zum Frittieren

Den Teig ausrollen und kleine, runde Scheiben ausstechen.
Die kandierten Orangenschalen, etwas gehackte Mandeln und Pistazien unter die Ricotta mischen, Honig und ein paar Tropfen Vanillearoma hinzugeben.
Die Scheiben mit der Mischung bestreichen, zu kleinen Teigtäschen schließen und rasch in heißem Öl herausbacken.
Mit erhitztem Honig beträufeln, die restliche Mandel-Pistazien-Mischung darübergeben und sofort servieren.
Mit Orangenspalten dekorieren.

Crêpes mit heißem Honig
Pancakes na asali moto

Milch
Gesiebtes Mehl
Butter
Ein Ei
Heißer Honig
Mascarpone
Kardamom

Crêpes einmal anders.
Die Butter schmelzen und im Mixer mit dem Mehl, der Milch und dem Ei verrühren. Ein paar Tropfen Kardamomessenz hinzugeben und ruhen lassen.
Eine Crêpe-Pfanne mit dickem Boden erhitzen, mit einem mit Gaze umwickelten Stück Butter einfetten und dünne Crêpes herausbacken. Ein Löffel Teig pro Crêpe genügt.
Mit einer Füllung aus Mascarpone, Kardamomessenz und Honig bestreichen, zusammenklappen. Honig erhitzen, mit wenig kochendem Wasser verdünnen und die Crêpes damit beträufeln. Cremige Kokosmilch dazu reichen.

Honigeis mit Macadamianüssen
Ais ya asali na macadamia

Sahne
Milch
Ein Ei
Vanille
Eine Prise Salz
Honig

Für das Krokant:
Macadamianüsse
Essig
Rohrzucker

Sahne, Milch, Vanille, eine Prise Salz und das Ei verquirlen und in die Eismaschine geben.

Das Krokant aus den grob gehackten Nüssen, dem Rohrzucker und ein paar Tropfen Essig bereiten. Sobald es erkaltet, in Stücke brechen und beiseite stellen.

Wenn das Eis anfängt zu gefrieren, einen Teil des Krokants unterrühren, zum Schluss noch etwas flüssigen, aber kalten Honig zugeben.

Das Eis mit dem Krokant bestreuen und mit ganzen Nüssen verzieren.

Lemuria-Gelee
Lemuria jam

Die Früchte des Wilden Jasmins sehen aus wie Blaubeeren, schmecken wie eine Mischung aus Blaubeeren und Brombeeren und haben einen leichten Nachgeschmack nach Himbeeren.
Die Marmelade wird auf traditionelle Weise zubereitet.
Die Beeren waschen und abseihen. Vorsichtig mit einem sauberen Holzlöffel*, der nur für Marmeladen und Gelees verwendet wird, zerdrücken. Es darf aber kein allzu flüssiger Brei werden.
Die Beeren in einen Topf geben, mit Wasser bedecken und weich kochen; durch ein Sieb streichen.
Möchte man Marmelade und kein Gelee zubereiten, sollte man die Hälfte der gewonnenen Kerne und Schalen der Früchte zurückbehalten und später zugeben.
Anschließend das dicke, rote Fruchtmus mit der Flüssigkeit wiegen und Dreiviertel des Gewichts an Zucker untermengen.
Die zurückbehaltenen Kerne und Schalen in ein Stoffsäckchen aus Musselin oder Gaze füllen (um es wieder leichter herausnehmen zu können), an einem Holzlöffel befestigen und in die Flüssigkeit hängen. Diese erhitzen und

---

* Schneidebretter und Löffel aus Holz nehmen leicht Geschmack an. Es gibt kaum eine schwerwiegendere kulinarische Sünde, als auf demselben Brett Zwiebeln und Obst zu schneiden oder mit demselben Holzlöffel pikante Speisen und Marmeladen und Gelees umzurühren. Schmeckt eine Marmelade oder ein Pudding nach Zwiebeln, war jede Mühe vergebens.

mehrmals aufkochen lassen, bis sie Blasen wirft. Es ist ratsam, sich einen großen Schurz umzubinden und sich der kochenden Masse zum Umrühren nur mit Vorsicht zu nähern, da die Flüssigkeit sehr heiß ist und die Blasen normalerweise über den Topf hinausschießen und Gesicht, Arme und Kleidung schmerzhaft und unschön in Mitleidenschaft ziehen können.

Die Fruchtmasse ist fertig, sobald sie geliert, wenn man einen Tropfen davon auf einen Teller gibt. Zum Schluss noch etwas Zitronensaft hinzufügen, damit das Gelee nicht zu süß wird.

Bei Marmeladen zur Hälfte der Garzeit eine Hand voll Kerne und grob zerdrückte Beeren hinzufügen und generell etwas mehr Wasser an die Mischung geben. Sie sollte keine gummiartige, sondern eher eine sirupartige Konsistenz haben.

Lemuria-Sauce
Lemuria jelly sosi

Lemuriabeeren
Zucker
Wasser
Zitronensaft
Ein Stoffsäckchen aus Gaze mit ein paar
zerdrückten Beeren und Kernen
Oder: bereits fertiges Lemuria-Gelee

Das Lemuria-Gelee nach dem Rezept von Seite 318 zubereiten. Für die Sauce eine entsprechende Menge Gelee in heißes Wasser einrühren und im Wasserbad erhitzen. Vorsichtig umrühren, bis die Masse vollständig aufgelöst ist. Anschließend mehr oder weniger kompakt eindicken lassen. Möchte man die Sauce zu Kokoseis oder zu Vanillepudding reichen, ein halbes Glas Weinbrand oder Himbeerlikör hinzufügen. Soll die Sauce eher zu Wildgerichten passen (besonders vorzüglich schmeckt sie zu einer Keule von Gazelle oder Damhirsch), ein volles Glas alten Calvados unterrühren.

Nicht vergessen, zum Dekorieren des Serviertellers und der Sauciere ein paar Zweige und Blätter der Pflanze übrig behalten. Die frischen Beeren und Blüten der Pflanze sehen wunderhübsch aus, wenn man sie auf oder um das Dessert herumlegt.

Überbackene Bananen à la Simon
Banana ya jiko injia ya Simon

Reife Bananen
Orangen- oder Passionsfruchtsaft
Brauner Zucker
Kokosmilch
Zimt
Nelken
Kardamom
Muskatnuss oder Muskatblüte
Orangenschale
Rum

Die Bananen mit allen Gewürzen in dem Obstsaft einlegen, mit Zucker bestreuen und mindestens zwei Stunden bei Zimmertemperatur ruhen lassen, abtropfen.
Die Butter schmelzen. Sobald sie heiß genug ist, die Bananen goldgelb anbraten. Aus der Pfanne nehmen und in eine Auflaufform geben. Die Marinierflüssigkeit abseihen, in die Pfanne gießen und eindampfen lassen, bis sie fast karamellisiert ist. Über den Bananen verteilen, Butterflöckchen darüber geben und für ein paar Minuten in den heißen Ofen schieben. Zucker und Orangenschale unter den Rum rühren, erhitzen, über die Bananen gießen und kurz vor dem Servieren flambieren. Als Sauce Kokosmilch dazu reichen.
Man kann zu den Bananen auch noch Mangos geben oder von vornherein nur Mangos verwenden.

Süße Avocadocreme
Avocado ya sukari na nat

Eine reife Avocado
Etwas Zitronensaft
Sahne
Streuzucker
Süßer Sherry
Macadamianüsse oder
geröstete und klein gehackte Mandeln

Das Fruchtfleisch der Avodaco zerdrücken und mit Zitronensaft beträufeln. Den Zucker im erhitzten Sherry auflösen und zusammen mit der Sahne an die Creme geben. In hohen Gläsern servieren und mit Mandeln oder gehackten Nüssen bestreuen. Statt Sherry kann man auch Amaretto di Saronno verwenden.

Charlotte mit Macadamianüssen
Keki ya chocolate na biscuti

Ein Pfund frische, ungesalzene Butter
Zwei große Tassen gesiebten Streuzuckers
Zwei Eigelb
Ein paar Tropfen Vanillearoma
Zwei Tassen Kakao, geschlagene Sahne
Ein Päckchen in grobe Stücke zerbrochene Kekse
Eine Tasse geröstete und gehackte Macadamianüsse

*Ein halbes Glas Anislikör oder Rum
(der Anis verleiht dem Rezept eine unnachahmliche
Note, schmeckt aber nicht jedem)*

Ein köstliches Dessert, das immer gelingt und im Voraus zubereitet werden kann.

Butter und Zucker schaumig schlagen, die Eigelb einzeln unterrühren und das Vanillearoma hinzugeben. Den Kakao, die Nüsse und die Kekse unterheben und gut vermischen. Den Likör beifügen, aber darauf achten, dass die Kekse nicht durchweichen.

Eine Dessertform mit Aluminiumfolie auskleiden, die Teigmasse einfüllen und fest andrücken. Das Dessert muss vor dem Verzehr mindestens einen Tag im Kühlschrank ruhen.

Die Charlotte aus der Form nehmen, mit geschlagener Sahne bestreichen und mit kandierten Veilchen verzieren. Zum Servieren in dünne Scheiben schneiden und mit blühenden Jasminzweigen dekorieren.

Papaya mit den roten Früchten, die den Vögeln so schmecken
Papaia na matunda nyukundu ile ndege napenda

Einige reife, aber noch harte Papayafrüchte
Frische Erdbeeren
Erdbeergelee
Zitronensaft
Zucker

Die Papayas schälen, den Stielansatz abschneiden und die Kerne entfernen. Das Innere der Papaya mit Zitronensaft beträufeln und sofort wieder abtropfen lassen.
Das Erdbeergelee dem Rezept entsprechend zubereiten und die frischen Erdbeeren gut einzuckern. Die Erdbeeren unter das noch warme Gelee geben und zusammen in die Papayas füllen.
Die Früchte kalt stellen. Zum Servieren in dicke Scheiben schneiden. Das Gelee mit den Erdbeeren sollte gut steif sein.

Mango-Blumen mit verbranntem Zucker
Maembe na sukari choma

Eine halbe, sehr reife Mango pro Kopf
Zucker
Macadamianüsse oder gehackte und
geröstete Mandeln und Haselnüsse

Die Mango in der Mitte durchschneiden und den Kern entfernen.
Mit einem spitzen Messer das Fruchtfleisch über Kreuz mehrmals einschneiden, ohne die Schale zu verletzen. Klappt man die Schale dann nach oben, öffnet sich die Mango wie eine Blüte, und das Fruchtfleisch ist in einzelne Würfel unterteilt.
Den Zucker karamellisieren lassen, einen Teil der gehackten Nüsse an die Flüssigkeit geben und unterrühren. Sofort über die halben Mangos geben, mit den restlichen Nüssen bestreuen und servieren.

Creme à la Nonna
Crimi injia ya jojo ya mama

Eier
Rohrzucker
Milch
Vanille
Einen Esslöffel Maismehl
Maraschino

Die Eier mit der Vanille und dem Zucker schaumig schlagen, bis eine dicke Creme entsteht, den Löffel Mehl und die heiße Milch hinzufügen und die Masse köcheln lassen, bis die Creme die erwünschte Konsistenz hat.
In eine große, flache Schüssel füllen und erkalten lassen. Mit Rohrzucker bestreuen und über offener Flamme ein Messer mit breiter Schneide glühend heiß machen. Den

Zucker verbrennen, bis er glasig und braun geworden ist. Den Maraschino über das Dessert träufeln und flambieren. Sofort servieren.

Likör aus zwanzig Kaffeebohnen
Pombe ya mbegu ya kahawa harbaini

Eine große Orange
Zwanzig Kaffeebohnen
Vierzig Stückchen Würfelzucker
Einen Liter Wodka

Wichtigste Voraussetzung für ein Gelingen dieses Rezepts ist die Wahl des geeigneten Tages. Dieser Likör muss nämlich bei abnehmendem Mond angesetzt werden. Würde man ihn bei zunehmendem Mond zubereiten, wären die Folgen katastrophal.
Vierzig Löcher in eine große, makellose Orange stechen. Zusammen mit den Kaffeebohnen und dem Zucker in ein großes Einweckglas geben. Mit Wodka auffüllen. Vierzig Tage an einem dunklen Ort stehen lassen.
Abseihen und kosten. Der Likör schmeckt köstlich zu Eis, sollte aber tunlichst nicht bei Vollmond genossen werden.

Glossar

bogani	Ebene
boma	ein mit stacheligen Sträuchern umfriedetes Gehege
buibui	traditionelles schwarzes Gewand muslimischer Frauen
chai	Tee
changaa	starkes, verbotenes, weil süchtig machendes alkoholisches Gebräu
dam	Teich
eshima	Stolz, Ehre
jikos	primitiver Holzofen zum Kochen, der mit Reisigkohle befeuert wird
kikoi	weites Männergewand
kiondo	traditioneller Korb mit langem Ledergriff
lelechwa	wilder Salbei
manyatta	traditionelle Behausungen einer Stammessippe innerhalb einer Einfriedung
matatu	einheimisches Taxi
matoke	grüne Bananen
menanda	Desinfektion des Viehs und Ort, an dem dies stattfindet
moran	junger Krieger
mukignei	immergrüner Eukalyptusbusch

murram	rote, körnige Erde
mutamayo	wilder Olivenbaum
mutaragwa	Zeder
panga	Machete
posho	einheimische Polenta, Maisbrei
shuka	Umhang
sufuria	Töpfe
toto	Kinder
wasungu	Europäer, Weißer

Danksagung

Mein besonderer Dank gilt Joy Terekiev vom Mondadori-Verlag. Ihr Vertrauen in mich war nicht zu erschüttern. Ich danke Marco Vigevani, meinem Lektor der italienischen Fassung, für seine Aufmerksamkeit, seine Kompetenz und seinen Sinn für Humor; für die Zeit, die wir miteinander verbrachten, um den Text durchzugehen, über Essen zu sprechen – und es gemeinsam zu genießen. Ihm habe ich eine vergnügliche und unvergessliche Reise zu verdanken: Die Übersetzung meines Buches von meiner englischen Wahlsprache, in der ich schreibe, in meine italienische Muttersprache. Das Resultat ist eine Freundschaft, die lange anhalten wird.

Kuki Gallmann
Ich träumte von Afrika

Der Roman zum Film

Kuki Gallmann hat ihren Traum verwirklicht – doch der Preis, den sie dafür bezahlen musste, war grausam hoch. Dieses Buch ist die bewegende Geschichte einer Frau, die in ihrer Wahlheimat Afrika ihren Mann und ihren Sohn verlor, die trotz aller Härten des Schicksals Mut bewies und nicht nachließ in ihrer Liebe zu diesem Land, zu seinen Menschen und zu den gefährdeten Schönheiten seiner Natur.

Kuki Gallmanns Erinnerungen
wurden verfilmt mit Kim Basinger und Vincent Perez
in den Hauptrollen!

Knaur Taschenbuch Verlag

Kuki Gallmann
Die Nacht der Löwen

Erzählungen

Aus dem Englischen von
Ulrike Wasel und
Klaus Timmermann

»Ich werde mich auch an das erinnern, das ich nicht aufgeschrieben habe. Denn die Arbeitsweise unseres Verstandes ist komplex und erfindungsreich. Und die Farben und Klänge und Lichter werden wiederkommen, unerwartet, irgendwann in vielen Jahren.«

Ob Bestsellerautorin Kuki Gallmann die erste Begegnung mit einem Löwen schildert oder die Wirkung eines heidnischen Fluches – stets verleihen die Fremdartigkeit und der Zauber des Schwarzen Kontinents ihren Erzählungen etwas Magisches.

Knaur Taschenbuch Verlag

Kobie Krüger
Ich trage Afrika im Herzen

Unser Leben im Krüger-Nationalpark

Aus dem Englischen von
Sigrid Langhaeuser

Als Kobie Krüger mit ihrer Familie in einen der entlegensten Winkel der Welt zieht, fragt sie sich besorgt, ob sie die unvermeidbare Einsamkeit und Langeweile ertragen wird. Doch ihre Erinnerungen an das Leben in dem berühmten südafrikanischen Krüger-Nationalpark klingen wie Schilderungen aus dem Paradies. Schließlich gehören zu ihrem Alltag nicht nur Mann und Kinder, sondern auch Zebras, Elefanten, Giraffen und Löwen.

Knaur Taschenbuch Verlag